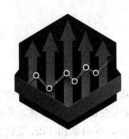

高等教育财会类
创新应用型系列教材

财务管理学

张艳玲　主编　　刁顺桃　程秋芳　副主编

化学工业出版社
·北京·

内容简介

《财务管理学》主要包括财务管理基本认知、财务管理相关理论和方法、筹资管理、投资管理、营运资金管理和收益分配管理等内容。本书合理把握教学内容的广度和深度，力求深入浅出，通俗易懂，并结合大量案例，进行全面而又有重点的阐述。针对该课程是一门应用性学科的特点，本书采用 PBL 项目式模式，引入企业经营管理过程中或家庭生活中真实的财务管理知识点运用场景，将理论与实践相结合，突出应用性和可操作性。为贯彻落实立德树人的教育理念，本书融入思政元素，在教材内容中嵌入理想与人生目标、大局观、理性消费观、诚实守信、公平公正、创新创业、节约成本、风险意识等思政教育，实现专业内容与德育的有机融合，助力培养德智体美劳全面发展的高素质应用型人才。

本书适用于会计学、财务管理、审计学、大数据与会计、大数据与审计等专业学生学习财务管理相关理论知识和掌握专业技能之用，也可以作为财会类专业相关人员培训学习的参考用书。

图书在版编目（CIP）数据

财务管理学/张艳玲主编；刁顺桃，程秋芳副主编. —北京：
化学工业出版社，2022.8
高等教育财会类创新应用型系列教材
ISBN 978-7-122-41640-7

Ⅰ.①财… Ⅱ.①张…②刁…③程… Ⅲ.①财务管理-高
等学校-教材 Ⅳ.①F275

中国版本图书馆 CIP 数据核字（2022）第 100375 号

责任编辑：王淑燕 金 杰 装帧设计：张 辉
责任校对：王 静

出版发行：化学工业出版社（北京市东城区青年湖南街 13 号 邮政编码 100011）
印 装：高教社（天津）印务有限公司
787mm×1092mm 1/16 印张 11¼ 字数 286 千字 2022 年 9 月北京第 1 版第 1 次印刷

购书咨询：010-64518888 售后服务：010-64518899
网 址：http://www.cip.com.cn
凡购买本书，如有缺损质量问题，本社销售中心负责调换。

定 价：48.00 元

财务管理学是会计学、财务管理、审计学等专业的一门必修课程，兼有较强的理论性和实用性。

本教材从财务管理的基本概念入手，系统地阐述了财务管理目标、财务管理环境、货币时间价值和风险与报酬等基础理论和方法，重点介绍了筹资管理、投资管理、营运资金管理和收益分配管理等内容，为后续专业课程的学习以及实务操作打下基础。本教材的主要特色如下：

（1）融入思政元素。本教材将思政元素和财务管理知识点进行融合。从塑造学生正确的世界观、人生观和价值观出发，充分挖掘和积累专业知识中的德育元素，在教材内容中嵌入理想与人生目标、大局观、理性消费观、诚实守信、公平公正、创新创业、节约成本、风险意识等思政教育，实现专业内容与德育的有机融合，助力培养德智体美劳全面发展的高素质应用型人才。

（2）采用项目式（Project Based Learning，PBL）教学模式。打破教材内容的传统章节，改变传统"知识点＋例题"的设计方式，采用PBL项目式模式，对教材内容进行全盘地重新梳理和整合，引入企业经营管理过程中或家庭生活中真实的财务管理知识点的运用场景，设计项目或案例，让学生自主形成项目结果或案例答案，分小组进行思政讨论，充分发挥学生的主观能动性，理论与实践相结合，更能培养学生独立思考能力，让学生学会自主学习，养成终身学习的习惯。

（3）形式灵活，引人入胜。为了避免单纯理论叙述的生硬晦涩，本教材用了灵活新颖的编写方式。在每一个项目中，先提出教学目标，包含知识目标、能力目标和思政目标，给出一幅直观且清晰的项目导航——思维导图。接着重点安排了项目导入案例，通过项目问题引出，设计项目知识链接，同时分析和解决项目问题。项目交付完毕后，总结了项目关键词，还提供了项目练习和附有学习评价。

（4）构建完整案例资源库。PBL模式中设计的项目或案例，采用公司制企业经营管理运用场景，由项目导入案例出发，贯穿项目所有任务例题，形成关联性，从而构建完整的案例资源库。

（5）配备项目练习，建立数字资源。本教材配备项目练习题，供学生进行知识点巩固和实务强化训练。同时，项目练习通过二维码形式进行展示，建立数字资源，便于学生线上练习，实现线上与线下、学习与练习有机融合。

本教材由电子科技大学成都学院张艳玲老师担任主编，刁顺桃、程秋芳老师担任副主编，曾婷婷、赵雪、谢双霜、赵宇、周涛、亢智、黎晓桦等老师参与编写。本教材可供高等院校会计学、财务管理专业及其他经济管理类专业在校学生使用，也可供财务管理工作者、财务管理教师、经济管理者等进行自学、培训或继续教育使用。

　　本教材在编写过程中参考了大量的相关教材、论著及期刊论文等，在此一并向相关作者深表谢意！由于编者水平有限，疏漏和不足之处在所难免，恳请同行专家和广大读者批评指正。

编　者

2022 年 3 月

目录

项目一
财务管理基本认知

教学目标

1. 知识目标
（1）了解企业的财务活动和财务关系。
（2）掌握财务管理目标的主要理论。
（3）了解财务管理的环境。
2. 能力目标
（1）培养学生分析问题的能力。
（2）培养学生理论联系实际的能力。
3. 思政目标
（1）引导学生树立正确的消费观。
（2）引导学生树立理财意识。

项目导航

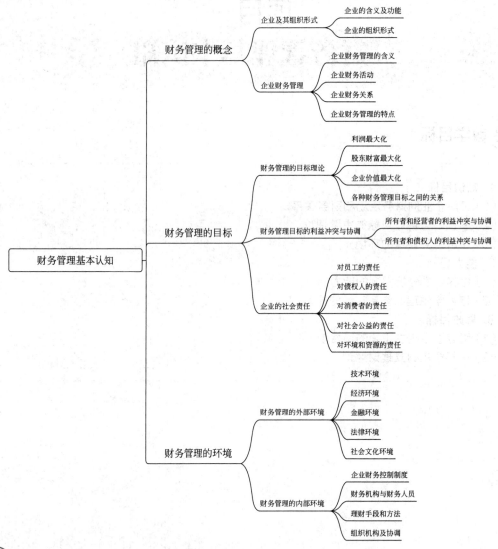

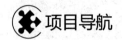 项目导入

从财务管理目标的角度看雷曼兄弟破产案

2008 年 9 月 15 日，拥有 158 年悠久历史的美国第四大投资银行——雷曼兄弟（Lehman Brothers）公司正式申请依据以重建为前提的美国联邦破产法第 11 章所规定的程序破产，即所谓破产保护。雷曼兄弟公司，作为曾经在美国金融界中叱咤风云的巨人，在 2008 年爆发的金融危机中也无奈破产，这不仅与过度的金融创新和乏力的金融监管等外部环境有关，也与雷曼兄弟公司本身的财务管理目标有着某种内在的联系。

雷曼兄弟公司成立于 1850 年，在成立初期，公司主要从事利润比较丰厚的棉花等商品的贸易，其性质为家族企业，且规模相对较小，公司的财务管理目标自然是利润最大化。在雷曼兄弟公司从经营干洗、兼营小件寄存的小店逐渐转型为金融投资公司的同时，公司的性质也从一家地道的家族企业逐渐成长为在美国乃至世界都名声显赫的上市公司。由于公司性质的变化，其财务管理目标也随之由利润最大化转变为股东财富最大化。

思考：

1. 随着雷曼兄弟公司的转型，财务管理目标发生转变的原因是什么？

2. 如果股东财富最大化的财务管理目标是雷曼兄弟公司破产的内在原因，结合本案例分析股东财富最大化的缺点有哪些？

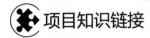 项目知识链接

任务 1　财务管理的概念

一、企业及其组织形式

（一）企业的含义及功能

企业是依法设立的，以营利为目的，运用各种生产要素（土地、劳动力、资本和技术等），向市场提供商品或服务，实行自主经营、自负盈亏、独立核算的法人或其他社会经济组织。在当前的市场经济环境下，企业存在于社会的各个行业，遍布每个角落。企业的目标是创造财富（或价值），企业在创造财富（或价值）过程中必须承担相应的社会责任。

当今社会，企业作为国民经济细胞，扮演着越来越重要的角色。

1. 企业是市场经济活动的主要参与者

市场经济活动的顺利进行离不开企业的生产和销售活动，离开了企业的生产和销售活动，市场就成了无源之水、无本之木。创造价值是企业经营行为动机的内在要求，企业的生产状况和经济效益直接影响社会经济实力的增长和人民物质生活水平的提高。只有培育大量充满生机与活力的企业，社会才会稳定、和谐而健康地发展。

2. 企业是社会生产和服务的主要承担者

社会经济活动的主要过程即生产和服务过程，大多是由企业来承担和完成的。许多企业要组织社会生产，通过劳动者，将生产资料作用于劳动对象，从而生产出商品，这个过程就是企业组织社会生产的过程，所以企业是社会生产的直接承担者。企业在组织社会生产过程中必然要在社会上购买其他企业的商品，再把本企业的产品销售出去，形成了服务（包括商品流通）的过程。离开了企业的生产和服务活动，社会经济活动就会中断或者终止。

3. 企业是经济社会发展的重要推动力量

企业为了在竞争中立于不败之地，就需要不断积极采用先进技术，客观上，这必将推动整个社会经济技术的进步。正因为如此，企业的发展对整个社会的经济技术进步有着不可替代的作用。加快企业技术进步，加速科技成果产业化，培育发展创新型企业，是企业发展壮大的重要途径。

（二）企业的组织形式

社会环境下，小到复印社、个体超市、餐饮连锁店，大到跨国公司，都是以企业的形态存在和经营的。然而，企业之间会有很多区别，其中，能够决定企业经营模式和财务特征的最根本因素就是企业的组织形式。企业组织类型中最主要的三种，分别是：个人独资企业、合伙企业和公司制企业。

1. 个人独资企业

个人独资企业是由一个自然人投资，归个人所有和控制的企业，包括依法设立个体工商户以及个体私营企业。个人独资企业是非法人企业，不具有法人资格。投资者既是企业的所有者，又是企业的经营者，因此，个人独资企业是所有权与经营权集于一身的企业组织形式。这是最简单，也是规范程度最低的企业形式，因此，其数量要多于其他任何形式的企业。

个人独资企业设置程序简单，企业的注册资本和投资人的出资数额、出资方式均未有强制性规定，具有机动性和较强的适应能力，容易规避经营风险，不需要缴纳企业所得税（只征收个人所得税）等优点。

个人独资企业的局限性表现为：①所有者要对企业承担无限责任，企业一旦发生亏损或倒闭，其损失的不仅仅是投入企业的资本，还需要以个人的私有财产来抵偿债务。②难以从外部获得大量资金用于经营。③企业的生命期是有限的，所有者的死亡宣告了企业寿命的终止。④企业的所有权很难转移，新的所有人必须买下整个企业，不但愿意交易的买方很难寻找，交易的价格也不易确定。

2. 合伙企业

合伙企业通常是由两个或两个以上的自然人（有时也包括法人或其他组织）合伙经营的企业。合伙企业分为普通合伙企业和有限合伙企业。

普通合伙企业由普通合伙人组成，所有的普通合伙人按照各自的出资比例分享利润或承担损失，而且每个合伙人都对企业的债务承担无限连带责任。如果一个合伙人没有能力偿还其应分担的债务，其他合伙人需承担连带责任，即有责任替其偿还债务。

有限合伙企业由普通合伙人和有限合伙人组成，普通合伙人对合伙企业债务承担无限连带责任，有限合伙人不参与经营，按照各自的出资比例分享利润和承担亏损，以其认缴的出资额为限对合伙企业债务承担责任。

合伙企业的生产经营所得和其他所得，按照国家有关税收规定，由合伙人分别缴纳所得税。除业主不止一人外，合伙企业的优点和缺点与个人独资企业类似。合伙企业法规定合伙人转让其所有权时需要取得其他合伙人的同意，有时甚至还需要修改合伙协议。

由于合伙企业与个人独资企业存在着共同缺陷，所以一些企业尽管在刚成立时以独资或合伙的形式出现，但是在发展到某一阶段后都将转换成公司的形式。

3. 公司制企业

公司制企业是依据《中华人民共和国公司法》（以下简称《公司法》）设立的以营利为目的的法人企业，其主要形式为有限责任公司和股份有限公司两种，公司是企业形式发展中的较高级形式，是现代企业制度中最重要的一种企业形式。

有限责任公司简称有限公司，是指股东以其认缴的出资额为限对公司承担责任，公司以其全部财产为限对公司的债务承担责任的企业法人。根据《公司法》的规定，必须在公司名称中标明"有限责任公司"或者"有限公司"字样。

股份有限公司简称股份公司，是指其全部资本分为等额股份，股东以其所持股份为限对公司承担责任，公司以其全部财产对公司的债务承担责任的企业法人。

有限责任公司和股份有限公司的区别具体表现在：①公司设立时对股东人数要求不同。有限公司的股东人数可以为1人或50人以下；股份公司，应当有2人以上200人以下的发起人。②股东的股权表现形式不同。有限公司的权益总额不作等额划分，股东的股权通过投资人所拥有的比例来表示；股份公司的权益总额平均划分为相等的股份，股东的股权是用持有多少股份来表示。③股份转让限制不同。有限公司不发行股票，对股东只发放一张出资证明书，股东转让出资需要由董事会或股东会讨论通过；股份公司可以发行股票，股票可以依法转让。

公司制企业的一个显著特征是所有权与经营权分离。股东选举出董事会成员，再由董事会成员任命高层管理者。股东决定着公司的发展方向、政策和行为。高层管理者管理公司的日常事务，为最大化股东的利益服务。

正因为如此，公司制企业具有个人独资企业和合伙企业无法比拟的优势：①由多人投资，实现了投资主体的多元化。②投资规模一般比较大，实现了筹集资金的规模化。③由于公司设置了专门的股东会议、董事会、监事会和经理等管理机构，内部管理实现了科学化。④公司的所有者权益被划分为若干股权份额，每个份额可以单独转让。⑤公司债务是法人的债务，不是所有者的债务。所有者对公司承担的责任以其出资额为限。当公司资产不足以偿还其所欠债务时，股东无须承担连带清偿责任。⑥公司制企业可以无限存续，一个公司在最初的所有者和经营者退出后仍然可以继续存在。

然而，公司制企业也存在缺陷：①公司都有最低注册资本的要求，入市门槛较高，一定程度限制投资者的积极性。②管理层次多，影响效率，容易产生道德风险：所有权和经营权分离后，所有者成为委托人，经营者成为代理人，代理人可能为了自身利益而伤害委托人利益。③公司作为独立的法人，其利润需缴纳企业所得税，企业利润分配给股东后，股东还需缴纳个人所得税，这就造成了重复纳税。从社会角度看，这种分配有失公正。

目前，公司制企业已经成为最重要的企业组织类型。因此，财务管理通常把公司理财作为讨论的重点，除非特别指明，本教材讨论的财务管理均指公司财务管理。

二、企业财务管理

（一）企业财务管理的含义

财务管理是组织企业财务活动、处理财务关系的一项经济管理工作。因此，要了解什么是财务管理，必须先分析企业的财务活动和财务关系。

（二）企业财务活动

企业财务活动是以现金收支为主的企业资金收支活动的总称。在市场经济条件下，一切物资都具有一定的价值，它体现了耗费于物资中的社会必要劳动量，在社会再生产过程中物资价值的货币表现就是资金。在市场经济条件下，资金是进行生产经营活动的必要条件。企业的生产经营过程，一方面表现为物资的不断购进和售出；另一方面则表现为资金的支出和收回。企业的经营活动不断进行，也就不断产生资金的收支。企业资金的收支，构成了企业经济活动的一个独立方面，即企业的财务活动。

企业财务活动可以分为以下四个方面：

1. 企业筹资引起的财务活动

在商品经济条件下，企业要想从事经营活动，必须要筹集一定数量的资金，通过发行股票、发行债券、吸收直接投资、向银行借款等方式筹集资金，表现为企业资金的收入。企业偿还借款、支付利息、支付股利以及付出各种筹资费用等，则表现为企业资金的支出。这种因资金筹集而产生的资金收支，便是由企业筹资引起的财务活动。

在进行筹资活动时，财务人员首先需要预测企业需要多少资金，是通过发行股票取得资金还是向债权人借入资金，两种方式筹集的资金占总资金的比重又各为多少等问题。财务人员在面对这些问题时，一方面要保证筹集的资金能满足公司经营与投资的需要，另一方面要使筹资风险处于公司的掌控之中，即一旦外部环境发生变化，公司不致因偿还外债而陷入破产。

2. 企业投资引起的财务活动

企业筹集资金的目的是把资金用于生产经营活动以取得盈利，不断增加企业价值。企业把筹集到的资金用于企业内部购置固定资产、无形资产等，便形成企业的对内投资；企业把筹集到的资金用于购买其他公司的股票、债券或与其他企业联营进行投资，便形成企业的对外投资。无论是企业购买内部所需各种资产，还是购买各种证券，都需要支出资金。而当企业变卖其对内投资的各种资产或收回其对外投资时，则会产生资金的收入。这种因企业投资而产生的资金收支，便是由投资而引起的财务活动。

在进行投资活动时，由于企业的资金是有限的，因此应尽可能将资金投放在能带给企业最大报酬的项目上。由于投资通常在未来才能获得回报，因此，财务人员在分析投资方案时，不仅要分析投资方案的资金流入与资金流出，而且要分析公司为获得想要的报酬需要等待多少时间。此外，投资项目很少是没有风险的，因此财务人员需要找到一种方法来对这种风险因素加以计量，从而判断选择哪个方案，放弃哪个方案，或者是将哪些方案进行组合。

3. 企业经营引起的财务活动

企业在正常的经营过程中，会发生一系列的资金收支。比如，企业要采购材料或商品，以便从事生产和销售活动，同时，还要支付工资和其他营业费用；当企业将产品或商品售出后，便可取得收入，收回资金；如果企业现有资金不能满足企业经营的需要，还要采取短期借款方式来筹集所需资金。以上各方面都会产生的资金收支，便是由企业经营引起的财务活动。

在企业经营引起的财务活动中，主要涉及的是流动资产与流动负债的管理问题，其中关键是加速资金的周转。流动资金的周转与生产经营周期具有一致性，在一定时期内，资金周转快，就可以利用相同数量的资金生产出更多的产品，取得更多的收入，获得更多的报酬，反之则亦然。因此，如何加速资金的周转、提高资金的使用效率，是财务人员在这类财务活动中需要考虑的主要问题。

4. 企业分配引起的财务活动

企业在经营过程中会产生利润，也可能会因对外投资而分得利润，这表明企业有了资金的增值或取得了资金报酬。企业的利润要按规定的程序进行分配，首先要依法纳税；其次，要用来弥补亏损、提取公积金；最后，要向投资者分配利润。这种因利润分配而产生的资金收支，便是由分配引起的财务活动。

在分配活动中，需要确定股利支付率的高低，即将多大比例的税后利润支付给投资人。财务人员需要考虑的是，过高的股利支付率会使较多的资金流出企业，从而影响企业再投资的能力；而过低的股利支付率，又有可能引起投资人的不满，对于上市公司而言，这种情况可能导致股价下跌，从而使公司价值下降。因此，财务人员要根据公司自身的具体情况确定最佳的分配政策。

上述财务活动的四个方面，不是相互割裂、互不相关的，而是相互联系、相互依存的。这四个方面构成了完整的企业财务活动，也是财务管理的四个基本内容：企业筹资管理、企业投资管理、营运资金管理、收益分配管理。

企业的财务活动，就是企业的资金活动，企业的资金运动体现着相关的人与人之间的经济利益关系的变化，当资金运动被财务管理人员组织和实施的时候，资金运动就是财务活动。

（三）企业财务关系

企业财务关系是指企业在组织财务活动过程中与各有关方面发生的经济关系。企业的筹资活动、投资活动、经营活动、收益分配活动与企业内部和外部的方方面面都有着广泛的联系。企业的财务关系可以概括为以下几个方面：

1. 企业同其所有者之间的财务关系

这主要是指企业的所有者向企业投入资金，企业向其所有者支付投资报酬所形成的经济关系。企业所有者主要有四类：①国家；②法人单位；③个人；④外商。企业的所有者要按照投资合同、协议、章程的约定履行出资义务，以便及时形成企业的资本金。企业利用资本金进行经营，实现利润后，应按出资比例或合同、章程的规定，向其所有者分配利润。企业同其所有者之间的财务关系体现着所有权的性质，反映着经营权和所有权之间的关系。

2. 企业同其债权人之间的财务关系

企业在生产经营过程中，必然发生各种融资行为，一切营运资金都依靠自己的力量既不现实，也不明智。因此，企业向债权人借入资金，并按借款合同的规定按时支付利息和归还本金所形成的经济关系即是企业同其债权人之间的财务关系。企业除利用资本金进行经营活动外，还要借入一定数量的资金，以降低企业资本成本，扩大企业经营规模。企业的债权人主要有：①债券持有人；②贷款机构；③商业信用提供者；④其他出借资金给企业的单位或个人。企业信誉好，能按时还贷，就能为企业的对外融资创造一个良好的环境；反之，融资难度将加大。因此，企业积极主动地协调好与金融部门等有关债权单位的财务关系，是建立良好合作关系的重要前提。

企业与债权人的财务关系是一种债权债务关系。借款合同一旦成为事实，资金到了企业，债权人就失去了控制权。企业可能不经债权人同意将资金投资于比预期风险高的新项目，也可能没征得债权人的同意发行新债而致使旧债券价值下降，损害债权人的利益。

3. 企业同被投资单位之间的财务关系

这主要是指企业将其闲置资金以购买股票或直接投资的形式向其他企业投资所形成的经济关系。企业向其他单位投资，应按约定履行出资义务，参与被投资单位的利润分配。企业同被投资单位之间的关系体现的是所有权性质的投资与受资的关系。

4. 企业同债务人之间的财务关系

这主要是指企业将其资金以提供借款、购买债券或商业信用等形式出借给其他单位所形成的经济关系。企业将资金借出后，有权要求其债务人按约定的条件支付利息和归还本金。企业同债务人的关系体现的是债权与债务关系。

5. 企业内部各单位之间的财务关系

这主要是指企业内部各单位之间在生产经营各环节相互提供产品或劳务所形成的经济关系。在实行内部责任核算制度的条件下，企业供应、生产、销售各部门单位相互提供产品和劳务要进行计价结算。这种在企业内部形成的资金结算关系，体现了企业内部各单位之间的利益关系。

6. 企业与职工之间的财务关系

这主要是指企业在向职工支付劳动报酬的过程中所形成的经济关系。企业要用自身产品的销售收入，向职工支付工资、津贴、奖金等，按照其提供的劳动数量和质量支付职工的劳动报酬。这种企业与职工之间的财务关系，体现了职工和企业在劳动成果上的分配关系。

7. 企业与税务机关之间的财务关系

这主要是指企业要按税法的规定依法纳税而与国家税务机关之间形成的经济关系。任何企业都要按照国家税法的规定缴纳各种税款，以保证国家财政收入的实现，满足社会各方面的需要。及时、足额地纳税是企业对国家的贡献，也是对社会应尽的义务。因此，企业与税务机关之间的关系反映的是依法纳税和依法征税的权利义务关系。

（四）企业财务管理的特点

1. 财务管理是一项综合性的管理工作

企业在实行分工、分权的过程中形成了一系列的专业管理工作，有的侧重于价值的管理，有的侧重于劳动要素的管理，有的侧重于信息的管理。社会经济的发展，要求财务管理主要运用价值形式对经营活动实施管理。通过价值形式，把企业的一切物质条件、经营过程合理地加以规划和控制，达到企业效益不断提高、财富不断增加的目的。因此，财务管理既是企业管理的一个独立方面，又是一项综合性的管理工作。

2. 财务管理与企业各方面有着广泛联系

在企业的日常经营活动中，一切涉及资金的收支活动，都与财务管理有关。企业各部门单位内部或各部门单位之间与资金不发生联系的情况是很少见的。企业每一个部门都会通过资金的使用与财务部门发生联系，每一个部门也都要在合理使用资金、节约资金支出等方面接受财务部门的指导，受到财务制度的约束，以此来保证企业经济效益的提高。

3. 财务管理能迅速反映企业生产经营状况

在企业管理中，决策是否恰当、经营是否合理、产销是否顺畅，都可以迅速地在企业财务指标中得到反映。财务管理工作既有其独立性，又受整个企业管理工作的制约。财务部门应通过自己的工作，向企业领导及时通报有关财务指标的变化情况，以便把各个部门的工作都纳入提高经济效益的轨道上，努力实现财务管理的目标。

任务 2 财务管理的目标

一、财务管理的目标理论

目标是系统所希望实现的结果，根据不同的系统所要解决和研究的问题，可以确定不同的目标。企业财务管理的目标，是指企业财务管理在一定环境和条件下所应达到的预期结果，它是企业整个财务管理工作的定向机制、出发点和归宿；是在特定的理财环境中，通过组织财务活动、处理财务关系所要达到的目的。确立合理的财务目标，无论是在理论上还是在实践上，都有重要的意义。

企业财务管理目标主要有如下三种具有代表性的理论。

（一）利润最大化

持利润最大化观点的学者认为：利润代表了企业新创造的财富，利润越多则企业的财富增加得越多，越接近企业的目标。以利润最大化作为财务管理的目标，有其自身的优越性，即有利于社会资源流向经济效益好的企业，因而有利于社会资源的合理配置。

但是，以利润最大化作为财务管理的目标仍然存在许多缺点：

（1）没有考虑资金的时间价值。从财务管理的角度看，发生于不同时间点的价值量是不能直接进行比较的。例如，某上市公司 2020 年实现利润 3 000 万元，2021 年实现利润 4 000 万元，尽管在数学上 4 000 万元是大于 3 000 万元的，但从财务管理学的角度，这两者发生于不同的时间点，不能直接进行比较，也不能得出 2021 年的经济效益一定较 2020 年好的结论。

（2）没有考虑企业经营的不确定性和风险问题。假如，A、B两个投资项目的利润都可以在当年获得，A项目的100万元利润全部为现金收入，而B项目的110万元利润全部为应收账款。在利润最大化的目标之下，企业很容易做出投资B项目的决策，但应收账款存在不能收回的风险。因此，如果在财务管理中忽略风险因素，可能导致错误的决策。

（3）没有考虑利润和投入资本之间的关系。假如，A、B两个投资项目的利润都可以在当年获得，A项目投入100万元可获得100万元的利润，B项目投入500万元可获得125万元利润，在利润最大化的目标之下，企业很容易做出投资B项目的决策，但A项目的投资回报比是100%，B项目只有25%。

（4）可能导致企业短期行为的倾向，影响企业长远发展。企业在追求利润最大化的过程中，会尽量减少和压缩投入大、见效慢的长期支出，比如新产品的研发、人才的开发等，因这些项目都投资巨大，易导致企业只顾眼前利益而忽视长远利益的片面行为。因此，单纯地追求利润的最大化是不科学的。

（二）股东财富最大化

股东财富最大化目标是以实现股东财富的最大化作为企业财务管理的目标。这一观点对于上市公司尤为适用。在上市公司，股东财富的大小是以其所持有的股票数量和股票价格两个因素来衡量的。在股东所持有的股票数量一定时，股票价格最高，股东的财富也就实现了最大化。

1. 以股东财富最大化为目标的优点

（1）考虑了风险因素。股价受多种因素的影响，为了保证股票价格的稳定，企业在经营过程中就会尽量避免各种风险。因而，这一观点克服了利润最大化目标下企业对风险的忽略。

（2）能够在一定程度上避免企业管理上的短期行为。既然股东财富是由股数和股价两个因素来衡量的，为了保证股价能够长期稳定地增长，企业就必须加大产品开发、人才开发的力度，从企业长远发展的角度来安排财务管理战略。因而，这一观点在一定程度上克服了利润最大化目标下的短期财务决策倾向。

（3）上市公司易于操作，为众多上市公司所采纳。

2. 以股东财富最大化为目标的缺点

（1）适用范围存在限制。股东财富最大化目标就是要尽可能提高普通股每股市价，该目标只适合于上市公司，不适合于非上市公司，因此不具有普遍的代表性。

（2）股价受众多因素影响，特别是企业外部的因素。股价不能完全准确反映企业财务管理状况，如有的上市公司虽然处于破产的边缘，但由于可能存在某些机会，其股票市价可能还在走高。

（3）更多强调的是股东利益，忽略了债权人等其他企业关系人的利益。

（三）企业价值最大化

企业价值最大化是指通过财务上的合理经营，采用最优的财务结构，充分考虑资金的时间价值和风险与报酬的关系，使企业价值达到最大。企业价值可以理解为企业所能创造的预计未来现金流量的现值。未来现金流量包含了货币的时间价值和风险价值两个方面，因为对未来现金流量的预测包含了不确定性和风险因素，而现金流量的现值是以货币的时间价值为基础对现金流量进行折现计算得出的。

1. 以企业价值最大化为目标的优点

（1）考虑了货币的时间价值因素。以企业预期能够实现的未来现金流量现值来衡量企业的价值，这本身就是资金时间价值观念的充分体现。因而，这一观点也克服了利润最大化目标下企业经营对风险的忽略。

（2）考虑了风险因素。既然以企业整个经营期间预期能够实现的现金流量作为衡量企业价值的标准，在追求其价值最大化的过程中，企业就必须预料到在可预见的未来所能面临的各种风险并采取措施来减少甚至避免风险，克服了利润最大化目标忽略了风险的缺陷。

（3）能够在一定程度上克服企业管理上的片面性和短期行为。企业价值最大化的实现是一个长期的过程，是其在整个存续期间追求的目标。同股东财富最大化目标一样，克服了利润最大化目标的片面性。

（4）用价值代替价格，克服了价格过多受外界市场因素干扰的弊端。

2. 以企业价值最大化为目标的缺陷

（1）企业价值计量方面存在两大问题。首先，把不同理财主体的自由现金流混合折现不具有可比性。企业自由现金流和债权人自由现金流，二者的性质和目的都不同，混合折现的合理性值得商榷。其次，把不同时点的现金流混合折现不具有说服力。在企业发展的不同阶段，自由现金流对企业做出的贡献显然不同。况且不同时点的现金流时刻存在变数，将其确定为某一个具体的数值，也不符合期权原则。

（2）没有考虑资本成本因素。在现代社会，股权资本和债权资本一样，不是免费取得的。就像企业要为债权人支付固定利息费用，企业也应给股东最低的投资机会成本。因为"经济人假设"告诉我们，股东是追求自身利益最大化的经济人，如果不能获得最低的投资报酬，他就会转移其资本投向。与传统的财务管理目标相似，企业价值最大化目标仍没有考虑股权资本费用，忽略了对股权资本成本的确认和计量。

（四）各种财务管理目标之间的关系

上述各种财务管理目标，都以股东财富最大化为基础。因为企业是市场经济的主要参与者，企业的创立和发展都必须以股东的投入为基础，离开了股东的投入，企业就不复存在。并且，在企业的日常经营过程中，作为所有者的股东在企业中承担着最大的义务和风险，相应地，也应该享有最高的收益，否则就难以为市场经济的持续发展提供动力。

以股东财富最大化为核心和基础，同样应该考虑其他利益相关者的利益。各国公司法都规定，股东权益是剩余权益，只有满足了其他方面的利益之后才会有股东的利益。企业必须依法纳税，给职工发放工资薪酬，给客户提供令其满意的产品和服务，最终才能获得税后收益。可见，其他利益相关者的利益都先于股东被满足，因此这种满足必须是有限度的。如果对其他利益相关者的要求不加以限制，股东就不会有"剩余"。没有股东财富最大化的目标，利润最大化、企业价值最大化的目标也就无法实现。因此，在强调公司承担应尽的社会责任之下，应当允许企业以股东财富最大化为财务管理的目标。

二、财务管理目标的利益冲突与协调

利益冲突是财务管理目标更深层次的问题，利益冲突的有效协调直接关系到财务管理目标实现的程度。而在所有的利益冲突协调中，所有者与经营者、所有者与债权人的利益冲突与协调至关重要。

（一）所有者和经营者的利益冲突与协调

在现代企业中，经营者一般不拥有占支配地位的股权，他们只是所有者的代理人。因此，当所有者和经营者分离后，他们二者之间的关系就成为一种委托代理关系，各自的目标不同导致两者会产生利益冲突。所有者的目标是股东财富最大化或企业价值最大化，经营者的目标是增加报酬、增加闲暇时间和避免风险。经营者的目标和所有者的目标不仅不完全一致，还有可能为了实现自身的目标而背离所有者的利益，从而"逆向选择"，追求较高的享受；另外，经营者还可能不尽最人努力工作，产生职业怠慢，出现"道德风险"。

为了协调这一利益冲突，通常可采取以下方式解决：

1. 解聘

这是一种利用所有者约束经营者的办法。如果经营者绩效不佳，工作出现严重失误或有严重违反法律法规的情况，所有者就解聘经营者。经营者为了不被解聘就需要努力工作，为实现企业的财务管理目标服务。

2. 接收

这是一种利用市场约束经营者的办法。如果经营者决策失误、经营不力，未能采取一切有效措施使企业价值达到最大，该企业就可能被其他企业强行收购或吞并，相应经营者也会被解聘。经营者为了避免这种接收，就必须努力实现企业的财务管理目标。

3. 激励

激励就是将经营者的报酬同其绩效挂钩，以使经营者更加自觉地追求企业的财务管理目标。激励通常有以下两种方式：

（1）股票期权。允许经营者在未来某一时期内以预先确定的价格购买股票，当股票的市场价格高于约定价格，经营者就会因此获取收益。假设经营者拥有在 5 年后以每股 10 元的价格购买 20 000 股股票的权利，那么他就有动力将股票市场价值提升到每股 10 元以上，从而也可以增加所有者的财富。

（2）绩效股。企业运用一定的业绩评价指标评价经营者的业绩，视其业绩好坏给予经营者数量不等的股票作为报酬。

（二）所有者和债权人的利益冲突与协调

当所有者获得债权人的资金后，两者也形成了一种委托代理关系。所有者的目标可能与债权人期望实现的目标发生矛盾。例如，所有者不征得债权人同意，投资比债权人预期风险更高的项目。如果项目成功，大部分盈余将归所有者，因为债权人的报酬被固定在初始的低风险利率上；如果项目失败，债权人也会遭受损失。对债权人而言，这种风险与报酬是不对等的。另外，所有者可能在未征得现有债权人同意的情况下，要求经营者举借新债，偿债风险自然增大，从而导致原有债权的价值降低。

所有者与债权人的利益冲突，通常可采取以下方式解决：

1. 限制性借债

债权人会在债务协议中设定限定性条件来保护自身利益免受侵害。

2. 收回借款或停止借款

债权人一旦发现企业企图侵蚀其债权价值时，便可拒绝与该企业有进一步的业务往来，或者要求较高的利率以补偿可能遭受的损失。

3. 寻求法律保护

在企业破产时，债权人优先接管、优先于所有者分配剩余财产等。

三、企业的社会责任

责任是一种职责或任务，它伴随着人类社会的出现而产生，有社会的地方就有责任存在，每一个在经济社会的个体或者团体都必须履行相关规定的责任。责任既有一定强制性，也有一定的自觉性。企业的社会责任是指企业在谋求所有者或股东权益最大化之外所负有的维护和增进社会利益的义务。主要包括以下几个方面：

（一）对员工的责任

人力资源是社会的宝贵财富，也是企业发展的支撑力量。为了满足国际上对企业社会责任标准的要求，也为了使中央关于"以人为本"和构建和谐社会的目标落到实处，我们的企业必须承担的责任有：①保护员工生命、健康和确保员工待遇。②遵纪守法，爱护企业的员工，做好劳动保护工作，实现安全生产，积极预防职业病。③建立公司员工的职业教育和岗位培训制度，不断提高员工的素质和能力。④完善工会、职工董事和职工监事制度，培育良好的企业文化。

（二）对债权人的责任

债权人是企业的重要利益相关者，企业应根据合同的约定以及法律的规定对债权人承担相应的义务，保障债权人的合法权益。企业对债权人承担的社会责任有：①按照法律法规和公司章程的规定，真实、准确、完整、及时地公布企业信息。②主动偿债，不无故拖欠。③确保交易安全，切实履行合法订立的合同。④诚实守信。

（三）对消费者的责任

企业价值的实现，很大程度上取决于消费者的选择。企业对消费者承担的社会责任有：①经营活动遵循自愿、平等、公平和诚实信用原则，严格依照法律法规，履行经营者的法定义务，维护消费者的合法权益。②推行严格的产品质量控制制度，确保消费者的产品安全保障权。③自觉推行定价策略的公平化，反对暴力政策。④加强人员培训，提供高质量的售后维修服务。

（四）对社会公益的责任

企业之所以要承担必要的社会公益责任，是因为良好的社会形象有利于企业的长远发展，消费者也更愿意从对社会负责任的企业购买产品。企业对社会公益的责任主要表现为捐赠，受捐赠的对象主要有社会福利院、医疗服务结构、教育事业机构、贫困地区、特殊困难人群等。

（五）对环境和资源的责任

随着全球和我国的经济发展，环境日益恶化，特别是大气、水、海洋的污染日益严重。野生动植物的生存面临危机，森林与矿产的过度开采，给人类的生存和发展带来了很大威胁，环境问题成了经济发展的瓶颈。为了人类的生存和经济的持续发展，企业一定要担当起保护环境、维护自然和谐的重任。

在要求企业自觉承担大部分社会责任的同时，也要通过法律法规等强制命令规范企业的社会责任，并让所有企业均衡地分担社会责任的成本，以维护那些自觉承担社会责任的企业利益。

任务 3 财务管理的环境

财务管理环境是指对企业财务活动和财务管理产生影响作用的企业内外各种条件的统称，环境构成了财务活动的客观条件，主要包括外部环境和内部环境。企业财务管理要想获得成功，必须深刻认识和认真研究自己所面临的各种环境。

一、财务管理的外部环境

（一）技术环境

财务管理的技术环境，是指财务管理得以实现的技术手段和技术条件，它决定着财务管理的效率和效果。会计信息系统是财务管理技术环境中的一项重要内容。

目前，我国进行财务管理所依据的会计信息是通过会计系统提供的，占到企业经济信息总量的60%~70%，这么大的信息量无疑需要有很好的技术环境系统予以支持，显而易见，财务管理的技术环境非常重要。

（二）经济环境

企业作为国民经济的基本单元，其发展变化必然受到经济环境变化的影响。在影响财务管理的各种外部环境中，经济环境最为重要。影响财务管理的经济环境因素主要有经济体制、经济周期、经济发展水平、宏观经济政策和通货膨胀水平。

1. 经济体制

经济体制，是指在一定的社会制度下，生产关系的具体形式以及组织、管理和调节国民经济的体系、制度、方式和方法的总称，分为宏观经济体制和微观经济体制两类。宏观经济体制是指整个国家宏观经济的基本经济制度，而微观经济体制是指一国的企业体制及企业与政府、企业与所有者的关系。宏观经济体制对企业财务行为的影响主要体现在，企业必须服从和服务于宏观经济体制，在财务管理的目标、财务主体、财务管理的手段与方法等方面与宏观经济管理的要求相一致。微观经济体制对企业财务行为的影响与宏观经济体制相联系，主要体现在如何处理企业与政府、企业与所有者之间的财务关系。

2. 经济周期

市场经济条件下，经济发展通常带有一定的波动性，大体上经历复苏、繁荣、衰退、萧条几个阶段的循环，这种循环叫经济周期。我国的经济发展与运行也呈现出特有的周期特征，存在一定的经济波动。过去曾多次出现经济超高速增长，发展过快，而不得不进行治理整顿或宏观调控的情况。

经济周期中的经营理财策略要点可归纳如表1-1所示。

表1-1　经济周期中的经营理财策略

复苏	繁荣	衰退	萧条
1. 增加厂房设备 2. 实行长期租赁 3. 增加存货 4. 引入新产品 5. 增加劳动力	1. 扩充厂房设备 2. 继续增加存货 3. 提高价格 4. 开展营销规划 5. 增加劳动力	1. 停止扩张 2. 出售多余设备 3. 停产不利产品 4. 停止长期采购 5. 削减存货 6. 停止扩招雇员	1. 建立投资标准 2. 保持市场份额 3. 缩减管理费用 4. 放弃次要部门 5. 削减存货 6. 裁减雇员

3. 经济发展水平

改革开放以来，我国的国内生产总值以较快的速度增长，各项建设方兴未艾。随着我国的现代化发展，也逐步给企业扩大规模、调整方向、打开市场，以及拓宽财务活动的领域带来了机遇。同时，由于高速发展中的资金短缺将长期存在，又给企业财务管理带来严峻的挑战。因此，企业财务管理工作者必须积极探索与经济发展水平相适应的财务管理模式。财务管理应当以经济发展水平为基础，以宏观经济发展目标为导向，从业务工作角度保证企业经营目标和经营战略的实现。

4．宏观经济政策

一个国家的宏观经济政策，如经济的发展计划、国家的产业政策、财政税收政策、金融政策、外汇政策、外贸政策、货币政策以及政府的行政法规等，对企业的财务活动都有重大影响。例如，财政税收政策会影响企业的资金结构和投资项目的选择；金融政策中货币的发行量、信贷规模，将影响企业投资的资金来源和投资的预期收益等。这就要求企业财务人员必须把握经济政策，更好地为企业的经营理财活动服务。

5．通货膨胀水平

通货膨胀不仅降低了消费者的购买力，也给企业理财带来了巨大困难。通货膨胀对企业财务活动的影响主要表现为：①引起资金占用的增加。②引起利率的上升，增加筹资成本。③引起有价证券价格下跌，给筹资带来困难。④引起利润虚增，造成资金流失。企业对通货膨胀本身无能为力，只有政府才能控制通货膨胀。鉴于上述因素，财务人员必须对通货膨胀有所预测，并采取相应措施，减少损失。

（三）金融环境

1．金融机构

社会资金从资金供应者手中转移到资金需求者手中，大多要通过金融机构。金融机构主要包括以下两类：

（1）银行。银行是指经营存款、放款、汇兑、储蓄等金融业务，承担信用中介的金融机构。银行的主要职能是充当信用中介、充当企业之间的支付中介、提供信用工具、充当投资手段和充当国民经济的宏观调控手段。我国银行主要包括：①中央银行，即中国人民银行，负责制定并执行国家货币信用政策，独具货币发行权，实行金融监管。②商业银行，包括国有商业银行（中国工商银行、中国农业银行、中国银行和中国建设银行）和其他商业银行（如交通银行、招商银行、光大银行等）。③国家政策性银行，如中国进出口银行、国家开发银行。

（2）非银行金融机构。非银行金融机构主要包括信托投资公司和租赁公司等。前者主要办理信托存款和信托投资业务，在国外发行债券和股票，办理国际租赁等业务；后者则介于金融机构与企业之间，它先筹集资金购买各种租赁物，然后出租给企业。

2．金融工具

金融工具分为基本金融工具和衍生金融工具两大类。常见的基本金融工具有企业持有的现金、从其他方收取现金或其他金融资产的合同权利、向其他方交付现金或其他金融资产的合同义务；衍生金融工具又称派生金融工具，是在基本金融工具的基础上通过特定技术设计形成的新的金融工具，常见的衍生金融工具包括远期合同、期货合同、互换合同和期权合同等，具有高风险、高杠杆效应的特点。

3．金融市场

金融市场是企业筹资和投资的场所，与企业的财务活动密切相关。金融市场上有许多资金筹集的方式，并且比较灵活。企业需要资金时，可以到金融市场选择适合自己需要的方式筹资；企业有了剩余资金，也可以灵活地选择投资方式，为其资金寻找出路；并且在金融市场上，企业可以实现长短期资金的转化。金融市场为企业理财提供有效的信息。金融市场的利率变动，反映资金的供求状况；有价证券市场的行市反映投资人对企业经营状况和盈利水平的评价。

金融市场是企业经营和投资的重要依据。从总体上看，建立金融市场，有利于广泛地积聚社会资金；有利于开展资金融通方面的竞争，提高资金使用效益；有利于国家控制信贷规模和调节货币流通。从企业财务管理的角度来看，金融市场作为资金融通的场所，是企业向社会筹集资金必不可少的条件。财务管理人员必须熟悉金融市场的各种类型和管理规则，有效地利用金融市场来组织资金的筹措和资本投资等活动。

（四）法律环境

法律环境是指企业与外部发生经济关系时所应遵守的各种法律、法规和规章。法律具有强制性和权威性，为企业提供了规范化、法制化的理财环境，在保护企业应享有的权利的同时，也要求企业的理财活动规范化、合法化，要受法律的约束与监督，履行法律规定的义务。法律环境主要包括：企业组织法规、财务会计法规和税法。

1. 企业组织法规

企业组织必须依法成立，不同类型的企业在组建过程中适用不同的法律。在我国，这些法律包括《公司法》《中华人民共和国个人独资企业法》《中华人民共和国合伙企业法》《中华人民共和国中外合资经营企业法》《中华人民共和国外资企业法》等。这些法规详细规定了不同类型的企业组织设立的条件、程序、组织机构、组织变更及终止的条件和程序等。

从财务管理的角度看，非公司制企业和公司制企业有很大的不同。个人独资企业和合伙企业都属于非公司制企业，企业主承担的是无限责任，一旦企业经营失败，其个人的财产也将纳入偿债范围。而公司制企业的股东承担的是有限责任，公司经营失败时，仅以股东的出资额为限来偿债。

2. 财务会计法规

财务会计法规主要包括《企业财务通则》《企业会计准则》《企业会计制度》。《企业财务通则》是各类企业进行财务活动、实施财务管理的基本规范。《企业会计准则》是针对所有企业制定的会计核算规则，分为基本准则和具体准则，实施范围是大中型企业。为规范小企业的会计行为，财政部颁布了《小企业会计准则》。为了规范企业的会计核算，真实完整地提供会计信息，根据《中华人民共和国会计法》及国家其他有关法律和法律，制定了《企业会计制度》，除不对外筹集资金、经营规模较小的企业，以及金融保险企业外，在中华人民共和国境内设立的企业（含公司），需执行《企业会计制度》。

除上述法规之外，与企业财务管理有关的经济法规还包括证券法规、结算法规等。财务人员在守法的前提下完成财务管理的职能，实现企业的理财目标。

3. 税法

税法是国家制定的用以调整国家与纳税人之间在征纳税方面权利与义务的法律规范的总称。税法是国家法律的重要组成部分，是保障国家和纳税人合法权益的法律规范。税法按征收对象的不同可以分为：

（1）对流转额课税的税法，以企业的销售所得为征税对象，包括增值税、消费税、营业税和进出口关税。

（2）对所得额课税的税法，包括企业所得税、个人所得税。

（3）对自然资源课税的税法，包括资源税、城镇土地使用税等。

（4）对财产课税的税法，以纳税人所有的财产为征税对象，主要有房产税。

（5）对行为课税的税法，以纳税人的某种特定行为为征税对象，主要有印花税、城市维护建设税等。

税负是企业的一种支出，因此企业都希望在不违反税法的前提下减少税负。税负的减少只能通过财务人员在财务活动中精心安排、仔细筹划，而不能靠逃避缴纳税款的方式来实现，这就要求财务人员熟悉并精通税法，为财务目标服务。

（五）社会文化环境

财务管理作为一种社会活动，必然受到社会文化各因素（包括教育、科学、广播电视、价值观念、道德水准等）的复杂影响，有的是直接的、明显的，有的是间接的、微弱的。

例如，随着财务管理工作的内容越来越丰富，社会整体的教育水平将越来越重要。事实表明，在教育落后的情况下，为提高财务管理水平所作的努力往往收效甚微。又如，科学的发展对财务管理理论的完善也起着至关重要的作用。经济学、数学、统计学、计算机科学等诸多学科的发展，都在一定程度上促进了财务管理理论的发展。

二、财务管理的内部环境

财务管理的内部环境是指对企业财务活动有影响作用的各种企业内部因素。在一定时期，不同的企业处在统一的外部财务环境中，但内部财务环境却是各异的，且许多因素经过企业自身努力是可以改善的。企业的内部财务环境主要有：企业财务控制制度、财务机构与财务人员、理财手段和方法、组织机构及协调。

（一）企业财务控制制度

合理有效的企业财务控制制度，才能使企业财务活动有章可循。企业应根据《企业财务通则》的规定建立健全适合本企业具体情况的筹资审批制度、投资可行性论证制度、存货和应收账款科学管理制度、现金收支规范制度、利润合理分配制度等，充分发挥财务管理对企业生产经营的保障和支持、控制和监督作用，深挖企业内部潜力，努力增收节支，促进企业效益的不断提高。

（二）财务机构与财务人员

加强企业的财务管理，必须根据本企业财务工作的需要设立财务管理机构，使财务机构脱离会计机构，有利于明确各自的职责，使企业的财务活动确实落到实处，满足企业生存、发展、获利对企业财务活动提出的要求。财务管理工作的有效开展，必须建立一支具有高素质的财务管理人员队伍，一方面企业应采取积极的人事制度，促使现有财务人员调整现有的知识结构，努力适应信息化、知识化理财的需要；另一方面企业应采取确实可行的人才计划，通过提高财务管理人才的住房、工资、福利医疗等方面的待遇，吸引高级财务管理人才，跟上世界先进步伐。

（三）理财手段和方法

互联网的普及与发展，对传统的理财手段提出了挑战，企业应抓住这一机遇，顺应时代的要求，加强网络财务建设，提高理财的效率与效果。实现财务管理的目标，除改善理财手段外，还应结合自身特点，选择适宜的理财方法，如成本控制法、计划控制法、制度控制法、责任控制法、流程图控制法、内部牵制控制法等，准确测定企业理财活动与控制标准的偏差，为企业减少资金占用、降低成本费用、提高经济效益指明方向。

（四）组织机构及协调

企业应根据现代企业制度的要求，结合自身特点，建立科学合理的内部管理机构体系，包括财务、会计、生产、销售、信用、人事、内部审计、监督等职能部门。合理的组织机构，不仅会提高管理效率，降低企业管理的成本，而且便于管理信息分类整理、权责分明。发挥财务管理在企业内部管理中的核心作用，合理的组织结构是前提，财务部门与企业其他管理机构之间协调工作、积极配合是手段。

任何一个现代企业，都不可避免地面临内部管理的压力和外部竞争的淘汰。现代企业要对财务管理环境进行研究、分析和预测，及时作出正确的决策，并付诸实施。只有适应变化的财务管理环境，才能在激烈的市场竞争中得以生存与发展。

 关键词

企业的组织形式、企业财务活动、筹资、投资、经营、利润及分配、企业财务关系、利润最大化、股东财富最大化、企业价值最大化、利益冲突与协调、企业的社会责任、财务管理的外部环境、经济环境、金融环境、财务管理的内部环境。

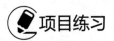 项目练习

扫码看练习及答案

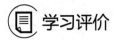 学习评价

专业能力测评表

（在□中打√，A掌握，B基本掌握，C未掌握）

业务能力	评价指标	自测结果	备注
财务管理的概念	1. 企业及组织形式 2. 企业财务管理的含义 3. 企业财务活动 4. 企业财务关系 5. 企业财务管理的特点	□A　□B　□C □A　□B　□C □A　□B　□C □A　□B　□C □A　□B　□C	
财务管理的目标	1. 财务管理的目标理论 2. 财务管理目标的利益冲突与协调 3. 企业的社会责任	□A　□B　□C □A　□B　□C □A　□B　□C	
财务管理的环境	1. 财务管理的外部环境 2. 财务管理的内部环境	□A　□B　□C □A　□B　□C	
教师评语：			
成绩		教师签字	

项目二
财务管理相关理论和方法

教学目标

1. 知识目标
（1）理解货币时间价值和风险报酬的基本概念。
（2）掌握货币时间价值的计算。
（3）掌握风险报酬的计量及资本资产定价模型。

2. 能力目标
（1）培养学生理论联系实际、分析问题、解决问题的能力。
（2）培养学生学会透过现象看本质的能力。
（3）培养学生自主思考与逻辑推理能力。

3. 思政目标
（1）引导学生树立科学、理性、健康的消费观。
（2）培养学生的诚信意识。
（3）加强学生风险管控意识的提升。

✖ 项目导航

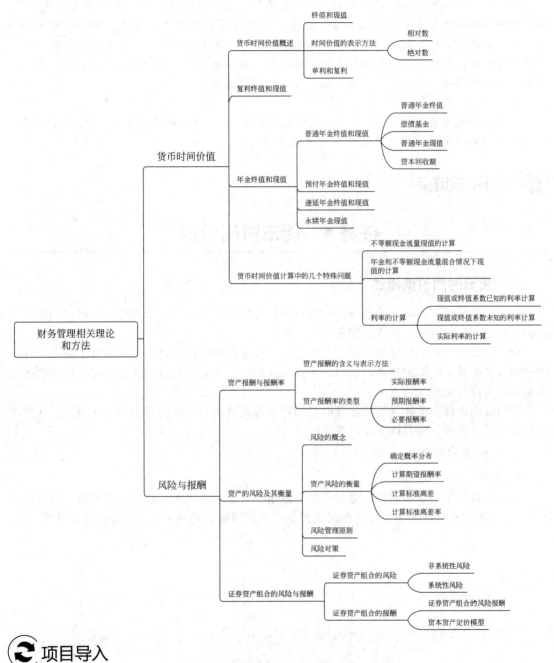

↻ 项目导入

一诺千金的玫瑰花案

　　1797 年 3 月，拿破仑在卢森堡第一国立小学演讲：为了答谢贵校对我，尤其是对我夫人约瑟芬的盛情款待，我不仅今天呈上一束玫瑰花，并且在未来的日子里，只要我们法兰西存在一天，我将派人在每年的今天都送给贵校一束价值相等的玫瑰花，作为法兰西与卢森堡友谊的象征。时过境迁，拿破仑穷于应付连绵的战争，最终惨败被流放到圣赫勒拿岛，把赠送玫瑰花的事忘了。谁都不曾料到，1984 年底，卢森堡人竟旧事重提，向法国政府提出违背"赠送玫瑰花"诺言案的索赔：要么从 1797 年起，用 3 路易作为一束玫瑰花的本金，以 5 厘复利计息全部清偿；要么法国政府在各大报刊上公开承认拿破仑是个言而无信的小人。法国政府当然不想有损拿破仑的声誉，但却又被电脑算出的数字惊呆了：原本 3 路易的许诺，至今本息竟高达 1 375 596 法郎。经过冥思苦想，法国政府终于给出了一个令双方都满意的解决方案：以后，无论在精神上还是物质上，法国将对卢森堡中小学教育事业予以支持与赞助，来兑现他们拿破仑将军那一诺千金的玫瑰花诺言。

思考：

1. 为何案例中每年赠送价值 3 路易的玫瑰花相当于 187 年后一次性支付 1 375 596 法郎？

2. 今天的 100 元钱与 1 年后的 100 元钱等价吗？

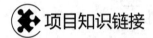 项目知识链接

任务 1 货币时间价值

一、货币时间价值概述

货币时间价值，是指在没有风险和没有通货膨胀的情况下，货币经历一定时间的投资和再投资后所增加的价值，也称为资金时间价值。

由于货币在周转使用过程中随时间的延续而形成差额价值，即一定量的货币资金，在不同时间分布上具有不同的价值。所以，不同时间的货币不宜直接进行比较，需要把它们换算到相同时点进行比较才有意义。

货币时间价值的计算就是将不同时点的货币按照其内在价值折算到同一时点上。在货币时间价值的计算中，涉及以下基本概念：

（一）终值和现值

1. 终值

终值又称将来值或本利和，是指现在一定量的资金在未来某一时点上的价值。通常记作 F。图 2-1 表示在时间数轴上将现在时点的货币折算到第五期（年）末价值的终值计算。

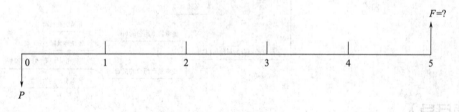

图 2-1　终值的计算

2. 现值

现值又称折现值，是指未来某一时点上的一定量资金折合到现在的价值，俗称"本金"。通常记作 P。图 2-2 表示在时间数轴上将未来第五期（年）末的货币折现到现在时点价值的现值计算。

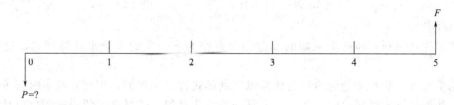

图 2-2　现值的计算

特别提示：在终值和现值的计算中，现值可以泛指资金在某个特定时间段的"前一时点"（而不一定真的是"现在"）的价值，终值可以泛指资金在该时间段的"后一时点"的价值；可以按照要求将该时间段划分为若干个计息期（这里的"计息期"，是指相邻两次计息的间隔，如一年、半年等。除非特别说明，一个计息期一般为一年），将某一时点的资金计算得出该笔资金相当于其他时点的价值是多少。

（二）时间价值的表示方法

1. 相对数

相对数，即时间价值率，增加的价值占投入资金的百分数。

2. 绝对数

绝对数，即时间价值额，是资金在周转使用过程中带来的真实增值额，即一定数额的资金与时间价值率的乘积。

实务中，人们习惯使用相对数表示货币的时间价值。通常以利息率（简称利率）来具体表现货币的时间价值率。具体地，将这一指标用于终值计算时称之为增值率，将其用于现值计算时称之为折现率。同时，该利率是在没有通货膨胀和没有风险的条件下资金市场的平均利率。没有通货膨胀时，短期国债利率可以视为货币的时间价值。

（三）单利和复利

1. 单利

单利即利不生利，即本金固定，到期后一次性结算利息，而本金所产生的利息不再计算利息。

（1）单利终值。

$$F = P(1 + n \cdot i)$$

式中，F 为终值；P 为现值；i 为计息期利率；n 为计息期数。

【例 2-1】　张明将 50 000 元存入银行，在年利率 5% 的情况下，假设银行按单利计息，求 10 年后的终值。

解：
$$F = P \cdot (1 + n \cdot i)$$
$$F = 50\ 000 \times (1 + 10 \times 5\%) = 75\ 000(元)$$

（2）单利现值。

$$P = F/(1 + n \cdot i)$$

式中，F 为终值；P 为现值；i 为计息期利率；n 为计息期数。

注意：单利终值和单利现值互为逆运算。

【例 2-2】　张明为了能在 10 年后从银行取出 45 000 元，在年利率 5% 的情况下，假设银行按单利计息，目前应存入银行的金额是多少？

解：
$$P = F/(1 + n \cdot i)$$

$$P = 45\ 000/(1+10\times5\%) = 30\ 000(元)$$

2. 复利

复利俗称利滚利，即把上一期的本金和利息作为下一期的本金来计算利息，逐期滚动计算。

就实质而言，资本运动的增长变化是以复利形式得以实现的，因而在确定时间价值变化方式时，就据此认定时间价值变化是一个复利的变化过程。这是进行货币时间价值计算时应该遵守的一个原则。

二、复利终值和现值

（一）复利终值

复利终值，是指现在的一定数量本金按复利方法计算在将来一定时间的本金和利息之和，简称本利和。复利终值的计算如图 2-3 所示。

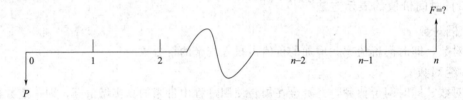

图 2-3　复利终值的计算

$F_1 = P + P \cdot i = P \cdot (1+i)$

$F_2 = F_1 + F_1 \cdot i = F_1 \cdot (1+i) = P \cdot (1+i) \cdot (1+i) = P \cdot (1+i)^2$

$F_3 = F_2 + F_2 \cdot i = F_2 \cdot (1+i) = P \cdot (1+i)^2 \cdot (1+i) = P \cdot (1+i)^3$

由此递推，可知经过 n 年的本利和为：$F_n = P \cdot (1+i)^n$

因此，复利终值的计算公式如下：

$$F = P \cdot (1+i)^n$$

式中，F 为终值；P 为现值；i 为计息期利率；n 为计息期数。$(1+i)^n$ 被称为复利终值系数，用符号 $(F/P, i, n)$ 表示，即：$F = P \cdot (F/P, i, n)$。为了便于计算，复利终值系数可通过查"复利终值系数表"（见附录一）得出。

【例 2-3】 张明将 50 000 元存入银行，在年利率 5% 的情况下，假设银行按复利计息，求 10 年后的终值。

解：
$$F = P \cdot (1+i)^n$$
$$F = 50\ 000\times(1+5\%)^{10} = 50\ 000\times1.628\ 9 = 81\ 445(元)$$

（二）复利现值

复利现值，是指未来某一时点的特定资金按复利方法计算的现在价值。或者说是为取得将来一定本利和，现在所需要的本金。复利现值的计算如图 2-4 所示。

已知 F、i、n 时，求 P。可将复利终值计算公式 $F = P \cdot (1+i)^n$ 移项，可得复利现值计算公式如下：

$$P = F \cdot (1+i)^{-n}$$

式中，$(1+i)^{-n}$ 被称为复利现值系数，用符号 $(P/F, i, n)$ 表示，即：$P = F \cdot (P/$

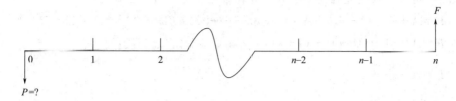

图 2-4　复利现值的计算

F, i, n)。为了便于计算，复利现值系数可通过查"复利现值系数表"（见附录二）得出。

【例 2-4】　张明为了能在 10 年后从银行取出 50 000 元，在年利率 5％的情况下，假设银行按复利计息，目前应存入银行的金额是多少？

解：
$$P = F \cdot (1+i)^{-n}$$
$$P = 50\ 000 \times (1+5\%)^{-10} = 50\ 000 \times 0.613\ 9 = 30\ 695(元)$$

三、年金终值和现值

年金是指等额、定期的系列收付款项，通常记作 A。按照收付时点和方式的不同可以将年金分为普通年金、预付年金、递延年金和永续年金四种。

（一）普通年金终值和现值

普通年金是指每期期末收付的年金，又称后付年金。普通年金的收付形式如图 2-5 所示。

图 2-5　普通年金的收付形式

1. 普通年金终值

普通年金终值是指最后一次支付时的本利和，它是每次支付的复利终值之和。普通年金终值的计算如图 2-6 所示。

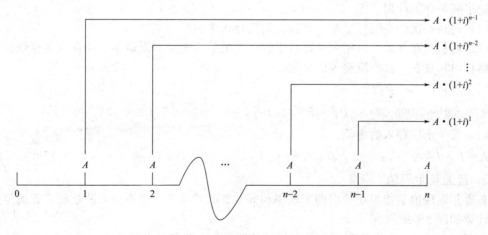

图 2-6　普通年金终值的计算

由图 2-6 可知，根据复利终值的方法计算普通年金终值的公式为：

$$F = A + A \cdot (1+i)^1 + A \cdot (1+i)^2 + \cdots + A \cdot (1+i)^{n-2} + A \cdot (1+i)^{n-1}$$

$$F = A \cdot [1 + (1+i)^1 + (1+i)^2 + \cdots + (1+i)^{n-2} + (1+i)^{n-1}]$$

$$F = A \cdot \frac{(1+i)^n - 1}{i}$$

式中，$\frac{(1+i)^n - 1}{i}$ 被称为年金终值系数，用符号 $(F/A, i, n)$ 表示，即：$F = A \cdot (F/A, i, n)$。为了便于计算，年金终值系数可通过查 "年金终值系数表"（见附录三）得出。

【例 2-5】 张明是位热心公众事业的人，自 2013 年 12 月底开始，他每年都要向一位失学儿童捐款。张明向这位失学儿童每年捐款 5 000 元，帮助这位失学儿童从小学一年级读完九年义务教育。假设年利率为 5%，则张明 9 年的捐款在 2021 年底相当于多少钱？

解：
$$F = A \cdot (F/A, i, n)$$
$$F = 5\,000 \times (F/A, 5\%, 9) = 5\,000 \times 11.026\,6 = 55\,133(元)$$

2. 偿债基金

偿债基金是指为使年金终值达到既定金额每期期末应支付的年金数额。实际上就是已知普通年金终值 F，求年金 A。

根据普通年金终值计算公式：$F = A \cdot \frac{(1+i)^n - 1}{i}$

可知：$A = F \cdot \frac{i}{(1+i)^n - 1}$

式中，$\frac{i}{(1+i)^n - 1}$ 被称为偿债基金系数，是普通年金终值系数的倒数，用符号 $(A/F, i, n)$ 表示，即：$A = F \cdot (A/F, i, n)$。偿债基金系数可根据普通年金终值系数求倒数确定。

特别提示： 偿债基金和普通年金终值互为逆运算；偿债基金系数和普通年金终值系数互为倒数。

【例 2-6】 甲公司计划第 10 年末获得 2 000 000 元本利和，在年利率 5% 的情况下，为此拟定了两种存款计划：

(1) 现在一次性在银行里存一笔钱，则应存入多少？

(2) 若从现在开始，每年末在银行里存入一笔等额资金，则每年末应存入多少钱？

解：（1）现在一次性应存入的金额：

$$P = F \cdot (P/F, i, n)$$
$$P = 2\,000\,000 \times (P/F, 5\%, 10) = 2\,000\,000 \times 0.613\,9 = 1\,227\,800(元)$$

(2) 每年末应存入的金额：

$$A = F \cdot (A/F, i, n) = 2\,000\,000 \times (A/F, 5\%, 10) = 2\,000\,000 \times 0.079\,5 = 159\,000(元)$$

3. 普通年金现值

普通年金现值是指为在每期期末取得相等金额的款项现在需要投入的金额。普通年金现值的计算如图 2-7 所示。

由图 2-7 可知，根据复利现值的方法计算普通年金现值的公式为：

$$P = A \cdot (1+i)^{-1} + A \cdot (1+i)^{-2} + \cdots + A \cdot (1+i)^{-(n-2)} + A \cdot (1+i)^{-(n-1)} + A \cdot (1+i)^{-n}$$

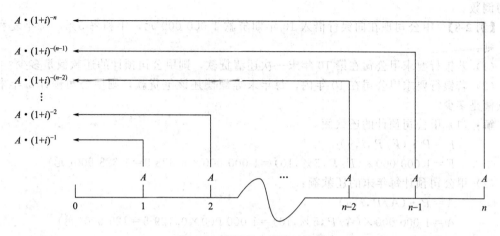

图 2-7　普通年金现值的计算

$$P = A \cdot [(1+i)^{-1} + (1+i)^{-2} + \cdots + (1+i)^{-(n-2)} + (1+i)^{-(n-1)} + (1+i)^{-n}]$$

$$P = A \cdot \frac{1-(1+i)^{-n}}{i}$$

式中，$\dfrac{1-(1+i)^{-n}}{i}$ 被称为年金现值系数，用符号 $(P/A, i, n)$ 表示，即：$P = A \cdot (P/A, i, n)$。为了便于计算，年金现值系数可通过查"年金现值系数表"（见附录四）得出。

【例 2-7】 甲公司拟购买一台机器设备，现有两种付款方案可供选择。

方案一：现在立即付款 1 450 000 元；

方案二：采用分期付款方式，每年末付款 500 000 元，分 3 年付清。

假设年利率为 5%，不考虑其他因素，仅从年金现值角度考虑，请判断甲公司将选择哪一种方案？

解：方案一：$P = 1\ 450\ 000$（元）

方案二：$P = A \cdot (P/A, i, n)$

　　　　　$P = 500\ 000 \times (P/A, 5\%, 3) = 500\ 000 \times 2.723\ 2 = 1\ 361\ 600$（元）

由于方案二现值小于方案一，因此甲公司应选择方案二。

4. 资本回收额

资本回收额是指为使年金现值达到既定金额每期期末应收取的年金数额。实际上就是已知普通年金现值 P，求年金 A。

根据普通年金现值计算公式：$P = A \cdot \dfrac{1-(1+i)^{-n}}{i}$

可知：$A = P \cdot \dfrac{i}{1-(1+i)^{-n}}$

式中，$\dfrac{i}{1-(1+i)^{-n}}$ 被称为资本回收系数，是普通年金现值系数的倒数，用符号 $(A/P, i, n)$ 表示，即：$A = P \cdot (A/P, i, n)$。资本回收系数可根据普通年金现值系数求倒数确定。

特别提示：资本回收额和普通年金现值互为逆运算；资本回收系数和普通年金现值系数

互为倒数。

【例 2-8】　甲公司现在向银行借入 10 年期贷款 1 000 000 元，年利率 5%，每年复利一次，则：

（1）若银行要求甲公司在第 10 年末一次还清贷款，则甲公司预计的还款额是多少？

（2）若银行要求甲公司在 10 年内，每年末等额偿还该笔贷款，则甲公司预计每年末的还款额是多少？

解：（1）甲公司预计的还款额：

$$F = P \cdot (F/P, i, n)$$
$$F = 1\,000\,000 \times (F/P, 5\%, 10) = 1\,000\,000 \times 1.628\,9 = 1\,628\,900(元)$$

（2）甲公司预计每年末的还款额：

$$A = P \cdot (A/P, i, n)$$
$$A = 1\,000\,000 \times (A/P, 5\%, 10) = 1\,000\,000 \times 0.129\,5 = 129\,500(元)$$

（二）预付年金终值和现值

预付年金是指各期期初收付的年金，又称先付年金或即付年金。预付年金收付形式如图 2-8 所示。

图 2-8　预付年金的收付形式

1. 预付年金终值

预付年金终值是指把预付年金每个等额的 A 都换算成第 n 期期末的数值，再来求和。预付年金终值的计算如下：

$$F = A \cdot (1+i)^1 + A \cdot (1+i)^2 + \cdots + A \cdot (1+i)^{n-2} + A \cdot (1+i)^{n-1} + A \cdot (1+i)^n$$
$$F = A \cdot [(1+i)^1 + (1+i)^2 + \cdots + (1+i)^{n-2} + (1+i)^{n-1} + (1+i)^n]$$

等式两边同时乘以 $(1+i)^{-1}$ 得到：

$$F \cdot (1+i)^{-1} = A \cdot [(1+i)^0 + (1+i)^1 + \cdots + (1+i)^{n-3} + (1+i)^{n-2} + (1+i)^{n-1}]$$
$$F \cdot (1+i)^{-1} = A \cdot \frac{(1+i)^n - 1}{i}$$

等式两边同时乘以 $(1+i)$ 得到：

$$F = A \cdot \left[\frac{(1+i)^{n+1} - 1}{i} - 1 \right]$$

式中，$\left[\dfrac{(1+i)^{n+1} - 1}{i} - 1 \right]$ 被称为预付年金终值系数，它和普通年金终值系数 $\dfrac{(1+i)^n - 1}{i}$ 相比，期数加 1，而系数减 1，可用符号 $[(F/A, i, n+1) - 1]$ 表示，即：$F = A \cdot [(F/A, i, n+1) - 1]$。

n 期预付年金与 n 期普通年金的付款次数相同，但由于付款时间的不同，n 期预付年金终值比 n 期普通年金终值多计算一期利息。因此，可先求出 n 期普通年金的终值，然后再乘以 $(1+i)$ 便可求出 n 期预付年金的终值。其计算公式为：

$$F = A \cdot (F/A, i, n) \cdot (1+i)$$

【例 2-9】　张明为给女儿上大学准备资金，连续 5 年于每年初存入银行 10 000 元。若年利率为 5%，则张明在第 5 年末能一次取出多少本利和？

解：方法一：

$F = A \cdot [(F/A,i,n+1)-1]$

$F = 10\,000 \times [(F/A,5\%,6)-1] = 10\,000 \times (6.801\,9-1) = 58\,019(元)$

方法二：

$F = A \cdot (F/A,i,n) \cdot (1+i)$

$F = 10\,000 \times (F/A,5\%,5) \times (1+5\%) = 10\,000 \times 5.525\,6 \times 1.05 = 58\,018.8(元)$

2. 预付年金现值

预付年金现值是指把预付年金每个等额的 A 都换算成第一期期初（0 时点）的数值，再来求和。

预付年金现值的计算如下：

$P = A + A \cdot (1+i)^{-1} + A \cdot (1+i)^{-2} + \cdots + A \cdot (1+i)^{-(n-2)} + A \cdot (1+i)^{-(n-1)}$

$P = A \cdot [1 + (1+i)^{-1} + (1+i)^{-2} + \cdots + (1+i)^{-(n-2)} + (1+i)^{-(n-1)}]$

等式两边同时乘以 $(1+i)^{-1}$ 得到：

$P \cdot (1+i)^{-1} = A \cdot [(1+i)^{-1} + (1+i)^{-2} + (1+i)^{-3} + \cdots + (1+i)^{-(n-1)} + (1+i)^{-n}]$

$P \cdot (1+i)^{-1} = A \cdot \dfrac{1-(1+i)^{-n}}{i}$

等式两边同时乘以 $(1+i)$ 得到：

$$P = A \cdot \left[\dfrac{1-(1+i)^{-(n-1)}}{i} + 1 \right]$$

式中，$\left[\dfrac{1-(1+i)^{-(n-1)}}{i} + 1 \right]$ 被称为预付年金现值系数，它和普通年金现值系数 $\dfrac{1-(1+i)^{-n}}{i}$ 相比，期数减 1，而系数加 1，可用符号 $[(P/A,i,n-1)+1]$ 表示，即：$P = A \cdot [(P/A,i,n-1)+1]$。

n 期预付年金与 n 期普通年金的付款次数相同，但由于付款时间的不同，n 期普通年金现值比 n 期预付年金现值多折现一期。因此，可先求出 n 期普通年金的现值，然后再乘以 $(1+i)$ 便可求出 n 期预付年金的现值。其计算公式为：

$$P = A \cdot (P/A,i,n) \cdot (1+i)$$

【例 2-10】　张明采用分期付款方式购入商品房一套，每年初付款 50 000 元，分 10 年付清。若年利率为 5%，该项分期付款相当于一次现金支付的购买价是多少？

解：方法一

$P = A \cdot [(P/A,i,n-1)+1]$

$P = 50\,000 \times [(P/A,5\%,9)+1] = 50\,000 \times (7.107\,8+1) = 405\,390(元)$

方法二：

$P = A \cdot (P/A,i,n) \cdot (1+i)$

$P = 50\,000 \times (P/A,5\%,10) \times (1+5\%) = 50\,000 \times 7.721\,7 \times 1.05 = 405\,389.25(元)$

（三）递延年金终值和现值

递延年金是指第一次收付发生在第二期或第二期以后的年金。递延年金由普通年金递延形成，递延的期数称为递延期，一般用 m 表示递延期。递延年金的第一次收付发生在第 $(m+1)$ 期期末（m 为大于 0 的整数）。递延年金的收付形式如图 2-9 所示。

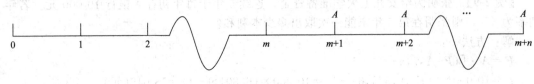

图 2-9　递延年金的收付形式

1. 递延年金终值

对于递延期为 m、等额收付 n 次的递延年金而言，其终值指的是各期等额收付金额在第 $(m+n)$ 期期末的复利终值之和。

计算递延年金终值的公式为：

$$F = A + A \cdot (1+i)^1 + A \cdot (1+i)^2 + \cdots + A \cdot (1+i)^{n-2} + A \cdot (1+i)^{n-1}$$

经过比较可知，递延年金终值的一般公式与计算普通年金终值的一般公式完全相同。也就是说，对于递延期为 m、等额收付 n 次的递延年金而言，其终值 $F = A \cdot (F/A, i, n)$，与递延期无关。

【例 2-11】 甲公司打算年初投资一个项目，估计从第 5 年开始至第 10 年，每年末可获取收益 500 000 元。假设年利率为 5%，则该项目到第 10 年末可获取多少收益？

解：
$$F = A \cdot (F/A, i, n)$$
$$F = 500\,000 \times (F/A, 5\%, 6) = 500\,000 \times 6.801\,9 = 3\,400\,950(元)$$

2. 递延年金现值

递延年金现值是指递延年金中各期等额收付金额在第一期期初（0 时点）的复利现值之和。递延年金现值的计算方法主要有两种：

（1）计算方法一。

先将递延年金视为 n 期普通年金，求出在 m 期的普通年金现值，然后再折算到第一期期初：

$$P = A \cdot (P/A, i, n) \cdot (P/F, i, m)$$

式中，m 为递延期；n 为连续收支期数。

（2）计算方法二。

先计算 $m+n$ 期年金现值，再减去 m 期年金现值：

$$P = A \cdot (P/A, i, m+n) - A \cdot (P/A, i, m)$$
$$P = A \cdot [(P/A, i, m+n) - (P/A, i, m)]$$

【例 2-12】 甲公司打算投资一个项目，施工期为 5 年，从第 6 年至第 10 年每年末获取收益 200 000 元。假设年利率为 5%，试计算该项目未来收益的现值。

解：方法一
$$P = A \cdot (P/A, i, n) \cdot (P/F, i, m)$$
$$P = 200\,000 \times (P/A, 5\%, 5) \times (P/F, 5\%, 5) = 200\,000 \times 4.329\,5 \times 0.783\,5$$
$$P = 678\,432.65(元)$$

方法二
$$P = A \cdot [(P/A, i, m+n) - (P/A, i, m)]$$
$$P = 200\,000 \times [(P/A, 5\%, 10) - (P/A, 5\%, 5)] = 200\,000 \times (7.721\,7 - 4.329\,5)$$
$$P = 678\,440(元)$$

（四）永续年金现值

永续年金是普通年金的极限形式，当普通年金的收付次数为无穷大时即为永续年金。永续年金的第一次等额收付发生在第一期期末。由于永续年金没有终止时间，终值也就无限大，因此一般不计算其终值，只计算其现值。永续年金的现值可以看成是一个 n 无穷大的普通年金的现值。

永续年金的现值计算如下：

$$P = A \cdot \frac{1-(1+i)^{-n}}{i}$$

当 $n \to \infty$ 时，$(1+i)^{-n}$ 的极限为 0，因此上述公式可写成：

$$P = \frac{A}{i}$$

【例 2-13】　小明想为母校成立一项永久性奖学金，计划每年末颁发奖金 100 000 元，假设年利率为 5%，则小明现在要投资多少钱作为奖励基金？

解：

$$P = \frac{A}{i}$$

$$P = \frac{100\ 000}{5\%}$$

$$P = 2\ 000\ 000 (元)$$

四、货币时间价值计算中的几个特殊问题

（一）不等额现金流量现值的计算

在经济管理中，更多的情况是每次收入或付出的款项并不相等。财务管理中，也经常需要计算这些不等额现金流入量或流出量的现值之和。

假设 A_0 是第 0 年末的付款，A_1 是第 1 年末的付款，A_2 是第 2 年末的付款，…，A_n 是第 n 年末的付款。则其现值的计算如图 2-10 表示。

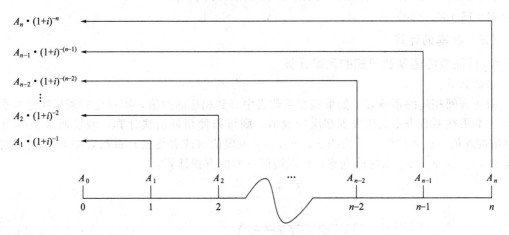

图 2-10　不等额现金流量现值的计算

由图 2-10 可知：

$$P = A_0 + A_1 \cdot (1+i)^{-1} + A_2 \cdot (1+i)^{-2} + \cdots + A_{n-2} \cdot (1+i)^{-(n-2)} + A_{n-1} \cdot (1+i)^{-(n-1)} + A_n \cdot (1+i)^{-n}$$

$$P = \sum_{t=0}^{n} A_t \cdot (1+i)^{-t}$$

【例 2-14】 有一笔现金流量如表 2-1 所示，折现率为 5%，求这笔不等额现金流量的现值。

表 2-1 【例 2-14】不等额现金流量

年份 t/年	0	1	2	3
现金流量/元	2 000	5 000	3 000	6 000

解： 这笔不等额现金流量的现值可按下列公式求得：

$$P = A_0 + A_1 \cdot (1+i)^{-1} + A_2 \cdot (1+i)^{-2} + A_3 \cdot (1+i)^{-3}$$

$$P = 2\,000 + 5\,000 \times 0.952\,4 + 3\,000 \times 0.907\,0 + 6\,000 \times 0.863\,8$$

$$P = 14\,665.8 (元)$$

（二）年金和不等额现金流量混合情况下现值的计算

在年金和不等额现金流量混合的情况下，不能用年金计算的部分，则用复利公式计算，然后与用年金计算的部分加总，便可得出年金和不等额现金流量混合情况下的现值。

【例 2-15】 有一笔现金流量如表 2-2 所示，折现率为 5%，求这笔不等额现金流量的现值。

表 2-2 【例 2-15】不等额现金流量

年份 t/年	1	2	3	4	5	6
现金流量/元	2 000	2 000	2 000	2 000	5 000	6 000

解： 这笔不等额现金流量的现值可按下列公式求得：

$$P = 2\,000 \times (P/A, 5\%, 4) + 5\,000 \times (1+5\%)^{-5} + 6\,000 \times (1+5\%)^{-6}$$

$$P = 2\,000 \times 3.546\,0 + 5\,000 \times 0.783\,5 + 6\,000 \times 0.746\,2$$

$$P = 15\,486.7 (元)$$

（三）利率的计算

1. 现值或终值系数已知的利率计算

步骤如下：

首先查阅相应的系数表，如果能在系数表中查到相应的数值，则对应的利率就是所求的利率；如果在系数表中无法查到相应的数值，则可以使用插值法计算，假设所求利率为 i，i 对应的现值（或者终值）系数为 x，x_1、x_2 为现值（或者终值）系数表中与 x 相邻的系数，i_1、i_2 为 x_1、x_2 对应的利率。可以按照下面的方程计算：

$$\frac{i - i_1}{i_2 - i_1} = \frac{x - x_1}{x_2 - x_1}$$

解得：

$$i = i_1 + \left(\frac{x - x_1}{x_2 - x_1}\right) \cdot (i_2 - i_1)$$

也可以按照下面的方程计算：

$$\frac{i_2 - i}{i_2 - i_1} = \frac{x_2 - x}{x_2 - x_1}$$

解得：

$$i = i_2 - \left(\frac{x_2 - x}{x_2 - x_1}\right) \cdot (i_2 - i_1)$$

列上述方程时应该把握一个原则：具有对应关系的数字在等式两边的位置相同，按照这个原则还可以列出其他的等式。但不同的等式计算出的结果是相同的。

【例 2-16】　张明现在向银行存入 60 000 元，按复利计算，在利率为多少时，才能保证今后 9 年中每年末得到 8 500 元？

解：
$$P = A \cdot (P/A, i, n)$$
$$(P/A, i, n) = \frac{P}{A} = \frac{60\ 000}{8\ 500} = 7.058\ 8$$

查阅年金现值系数表，与 9 年相对应的利率中，当利率为 5% 时，系数为 7.107 8，当利率为 6% 时，系数为 6.801 7。所以利率在 5%～6% 之间。则利用插值法计算：

$$\frac{i - 5\%}{6\% - 5\%} = \frac{7.058\ 8 - 7.107\ 8}{6.801\ 7 - 7.107\ 8}$$

求得 $i = 5.16\%$

或
$$\frac{6\% - i}{6\% - 5\%} = \frac{6.801\ 7 - 7.058\ 8}{6.801\ 7 - 7.107\ 8}$$

求得 $i = 5.16\%$

2. 现值或终值系数未知的利率计算

当现值或终值系数是未知的，无法通过查表直接确定相邻的利率时，则需要借助系数表，经过多次测试才能确定相邻的利率。

测试时应注意：现值系数与利率反向变动，终值系数与利率同向变动。

3. 实际利率的计算

（1）一年多次计息时的实际利率。

一年多次计息时，给出的年利率为名义利率，按照复利计算的年利息与本金的比值为实际利率。

假设本金为 100 000 元，年利率为 8%，一年计息 4 次，即一年复利 4 次，则每次复利的利率 = 8%/4 = 2%，一年后的本利和（复利终值）= $100\ 000 \times (1 + 2\%)^4$，按照复利计算的年利息 = $100\ 000 \times (1 + 2\%)^4 - 100\ 000 = 100\ 000 \times [(1 + 2\%)^4 - 1]$。

实际利率 = $\dfrac{100\ 000 \times [(1 + 2\%)^4 - 1]}{100\ 000}$，用公式表示如下：

$$i = \left(1 + \frac{r}{m}\right)^m - 1$$

式中，i 为实际利率；r 为名义利率；m 为每年复利计息的次数。

从上式可以看出，在一年多次计息时，实际利率高于名义利率，并且在名义利率相同的情况下，一年计息次数越多，实际利率越大。

（2）通货膨胀情况下的实际利率。

在通货膨胀情况下，名义利率是包含通货膨胀率的。实际利率是指剔除通货膨胀率后投资者得到利息回报的真实利率。

假设本金为 10 000 元，实际利率为 10%，通货膨胀率为 3%，则：

如果不考虑通货膨胀因素，一年后的本利和 = $10\ 000 \times (1 + 10\%) = 11\ 000$（元）。

如果考虑通货膨胀因素，由于通货膨胀导致货币贬值，则：

一年后的本利和 = $10\ 000 \times (1 + 10\%) \times (1 + 3\%)$。

年利息 = $10\ 000 \times (1 + 10\%) \times (1 + 3\%) - 10\ 000 = 10\ 000 \times [(1 + 10\%) \times (1 + 3\%) - 1]$，即名义利率 = $(1 + 10\%) \times (1 + 3\%) - 1$，1 + 名义利率 = $(1 + 10\%) \times (1 + 3\%)$。

用公式表示名义利率与实际利率之间的关系为：

$$1＋名义利率＝(1＋实际利率)×(1＋通货膨胀率)$$

所以，实际利率的计算公式为：

$$实际利率＝\frac{1＋名义利率}{1＋通货膨胀率}-1$$

公式表明，如果通货膨胀率大于名义利率，则实际利率为负数。

任务 2　风险与报酬

一、资产报酬与报酬率

（一）资产报酬的含义与表示方法

报酬主要是指资产报酬。资产报酬是指资产的价值在一定时期的增值。一般情况下，有两种表述资产报酬的方式：第一种方式是以金额表示的，称为资产的报酬额，通常以资产价值在一定期限内的增值量来表示。该增值量来源于两部分：一是期限内资产的现金净收入；二是期末资产的价值（或市场价格）相对于期初价值（价格）的升值。前者多为利息、红利或股息报酬，后者称为资本利得。第二种方式是以百分比表示的，称为资产的报酬率或收益率，是资产增值量与期初资产价值（价格）的比值，该报酬率也包括两部分：一是利息（股息）的报酬率；二是资本利得的报酬率。

显然，以金额表示的报酬与期初资产的价值（价格）相关，不利于不同规模资产之间报酬的比较，而以百分数表示的报酬则是一个相对指标，便于不同规模下资产报酬的比较和分析。所以，通常情况下，我们都是用报酬率的方式来表示资产的报酬。

另外，由于报酬率是相对于特定期限的，它的大小要受计算期限的影响，但是计算期限常常不一定是一年，为了便于比较和分析，对于计算期限短于或长于一年的资产，在计算报酬率时一般要将不同期限的报酬率转化成年报酬率。

因此，如果不做特殊说明的话，资产的报酬指的就是资产的年报酬率，又称资产的年收益率。

（二）资产报酬率的类型

1. 实际报酬率

实际报酬率表示已经实现或者确定可以实现的资产报酬率，表述为已实现或确定可以实现的利息（股息）率与资本利得报酬率之和。当然，当存在通货膨胀时，还应当扣除通货膨胀率的影响，剩余的才是真实的报酬率。

2. 预期报酬率

预期报酬率也称为期望报酬率，是指在不确定的条件下，预测的某资产未来可能实现的报酬率。

3. 必要报酬率

（1）无风险报酬率

无风险报酬率也称无风险利率，它是指无风险资产的报酬率，它的大小由纯粹利率（资金的时间价值）和通货膨胀补偿率两部分组成，用公式表示如下：

$$无风险报酬率＝纯粹利率(资金的时间价值)＋通货膨胀补偿率$$

一般情况下，为了方便起见，通常用短期国债的利率近似地代替无风险报酬率。

（2）风险报酬率

风险报酬率是指某资产持有者因承担该资产的风险而要求的超过无风险报酬率的额外报酬。风险报酬率衡量了投资者将资金从无风险资产转移到风险资产而要求得到的"额外补偿"，它的大小取决于以下两个因素：一是风险的大小；二是投资者对风险的偏好。

（3）必要报酬率

必要报酬率也称最低报酬率或最低要求的报酬率，表示投资者对某资产合理要求的最低报酬率。

必要报酬率与认识到的风险相关，人们对资产的安全性有不同的看法。如果某公司陷入财务困境的可能性很大，也就是说投资该公司股票产生损失的可能性很大，那么，投资该公司股票将会要求一个较高的报酬率，所以该股票的必要报酬率就会较高；相反，如果某项资产的风险较小，那么，对这项资产要求的必要报酬率也就小。

必要报酬率由无风险报酬率和风险报酬率两部分构成，用公式表示如下：

必要报酬率＝无风险报酬率＋风险报酬率

必要报酬率＝纯粹利率（资金的时间价值）＋通货膨胀补偿率＋风险报酬率

二、资产的风险及其衡量

（一）风险的概念

风险是现代企业财务管理环境的一个重要特征，广泛存在于企业的财务活动中，并对企业实现财务管理目标有着重要的影响。

风险是预期结果的不确定性。从企业财务管理角度说，风险是企业在各项财务活动过程中，由于各种难以预料或者无法控制的因素作用，使企业的实际报酬与预计报酬发生背离，从而蒙受经济损失的可能性。

（二）资产风险的衡量

1. 确定概率分布

概率就是描述随机事件发生可能性大小的数值，用 P_i 来表示。通常把必然发生事件的概率定为 1，把不可能发生事件的概率定为 0，而一般随机事件的概率定为 0 与 1 之间，概率的数值越大，发生的可能性越大。

概率分布必须符合以下两个要求：

（1）所有概率（P_i）都在 0～1 之间，即 $0 \leqslant P_i \leqslant 1$；

（2）所有结果的概率之和等于 1，即 $\sum_{i=1}^{n} P_i = 1$，n 为可能出现的结果的个数。

2. 计算期望报酬率

期望报酬率是各种可能的报酬率按其概率进行加权平均得到的报酬率。其计算公式为：

$$\hat{r} = \sum_{i=1}^{n} P_i \cdot r_i$$

式中，$\hat{r}$ 为期望报酬率；r_i 为第 i 种可能结果的报酬率；P_i 为第 i 种可能结果出现的概率；n 为所有可能结果的个数。

【例 2-17】　甲公司正在考虑以下两个投资项目，预测未来两个项目可能的报酬率情况如表 2-3 所示。请计算两个项目的期望报酬率。

表 2-3 投资项目未来可能的报酬率情况

市场销售情况	概率	项目 A 报酬率	项目 B 报酬率
很好	0.3	50%	30%
一般	0.5	20%	20%
很差	0.2	-35%	-5%

解：项目 A 的期望报酬率：

$$\hat{r}_A = P_1 \cdot r_1 + P_2 \cdot r_2 + P_3 \cdot r_3$$

$$\hat{r}_A = 0.3 \times 50\% + 0.5 \times 20\% + 0.2 \times (-35\%)$$

$$\hat{r}_A = 18\%$$

项目 B 的期望报酬率：

$$\hat{r}_B = P_1 \cdot r_1 + P_2 \cdot r_2 + P_3 \cdot r_3$$

$$\hat{r}_B = 0.3 \times 30\% + 0.5 \times 20\% + 0.2 \times (-5\%)$$

$$\hat{r}_B = 18\%$$

在期望报酬率相同的情况下，投资的风险程度与报酬率的概率分布有着密切关系。概率分布越集中，实际可能的结果就越接近期望报酬率，投资的风险程度就越小；反之，概率分布越分散，投资的风险程度就越大。在【例 2-17】中，两个项目的期望报酬率均为 18%，但项目 A 的期望报酬率比较分散，变动范围在 -35%～50% 之间；项目 B 的期望报酬率比较集中，变动范围在 -5%～30% 之间，显然，两个项目的风险不同，项目 B 的风险相对较小。

因此，为衡量风险的大小，还要使用衡量概率分布离散程度的指标——标准离差和标准离差率。

3. 计算标准离差

标准离差是各种可能报酬率偏离期望报酬率的综合差异，用来反映离散程度。其计算公式为：

$$\sigma = \sqrt{\sum_{i=1}^{n} (r_i - \hat{r})^2 \cdot P_i}$$

式中，σ 为标准离差；r_i 为各种可能结果的报酬率；$\hat{r}$ 为期望报酬率。

特别提示：标准离差以绝对数衡量决策方案的风险。在期望报酬率相同的情况下，标准离差越大，说明分散程度越大，风险越大；标准离差越小，说明分散程度越小，风险越小。

【例 2-18】 以【例 2-17】中的有关数据为依据计算项目 A、项目 B 的标准离差。

解：项目 A 的标准离差：

$$\sigma_A = \sqrt{(50\% - 18\%)^2 \times 0.3 + (20\% - 18\%)^2 \times 0.5 + (-35\% - 18\%)^2 \times 0.2}$$
$$= 29.51\%$$

项目 B 的标准离差：

$$\sigma_B = \sqrt{(30\% - 18\%)^2 \times 0.3 + (20\% - 18\%)^2 \times 0.5 + (-5\% - 18\%)^2 \times 0.2}$$
$$= 12.29\%$$

由于项目 A 的标准离差大于项目 B 的标准离差，因此项目 A 的风险比项目 B 的风险大。

4. 计算标准离差率

标准离差是反映随机变量离散程度的重要指标，但它是绝对数，只能用来比较期望报酬率相同的各项投资的风险程度。对于期望报酬率不同的投资项目的风险程度的比较，应该借助于标准离差与期望报酬率的比值，即标准离差率。其计算公式为：

$$V = \frac{\sigma}{\hat{r}}$$

式中，V 为标准离差率；σ 为标准离差；$\hat{r}$ 为期望报酬率。

特别提示：在期望报酬率不同的情况下，标准离差率越小，风险越小；标准离差率越大，风险越大。

【例 2-19】 以【例 2-18】和【例 2-17】中的有关数据为依据，计算项目 A、项目 B 的标准离差率。

解：项目 A 的标准离差率：

$$V_A = \frac{29.51\%}{18\%} \times 100\% = 163.94\%$$

项目 B 的标准离差率：

$$V_B = \frac{12.29\%}{18\%} \times 100\% = 68.28\%$$

由于项目 A 的标准离差率大于项目 B 的标准离差率，因此项目 A 的风险比项目 B 的风险大。

特别提示：两个项目的期望报酬率相等，可以直接根据标准离差来比较风险程度，但如果期望报酬率不等，则必须计算标准离差率才能比较风险程度。

【例 2-20】 假设项目 A 和项目 B 的标准离差为 29.51% 和 12.29%，项目 A 的期望报酬率为 50%，项目 B 的期望报酬率为 20%。那么，究竟哪个项目的风险更大呢？

解：项目 A 的标准离差率：

$$V_A = \frac{29.51\%}{50\%} \times 100\% = 59.02\%$$

项目 B 的标准离差率：

$$V_B = \frac{12.29\%}{20\%} \times 100\% = 61.45\%$$

由于项目 B 的标准离差率大于项目 A 的标准离差率，因此项目 B 的风险比项目 A 的风险大。

（三）风险管理原则

1. 融合性原则

企业风险管理应与企业的战略设定、经营管理与业务流程相结合。

2. 全面性原则

企业风险管理应涵盖企业所有的风险类型、业务流程、操作环节和管理层级与环节。

3. 重要性原则

企业应对风险进行评价，确定需要进行重点管理的风险，并有针对性地实施重点风险监测，及时识别、应对。

4. 平衡性原则

企业应权衡风险与回报、成本与收益之间的关系。

（四）风险对策

1. 规避风险

当资产风险所造成的损失不能由该资产可能获得的报酬予以抵消时，应当放弃该资产，以规避风险。例如，拒绝与不守信用的厂商业务往来；放弃可能明显导致亏损的投资项目。

2．减少风险

减少风险主要有两层意思：一是控制风险因素，减少风险的发生；二是控制风险发生的频率和降低风险损害程度。减少风险的常用方法有：进行准确的预测；对决策进行多方案优选和替代；及时与政府部门沟通获取政策信息；在开发新产品前，充分进行市场调研；选择有弹性的、抗风险能力强的技术方案，进行预先的技术模拟试验，采用可靠的保护和安全措施；采用多领域、多地域、多项目、多品种地经营或投资以分散风险等。

3．转移风险

对可能给企业带来巨大损失的资产，企业应以一定的代价，采取某种方式转移风险。如向专业性保险公司投保；采取合资、联营、增发新股、发行债券、联合开发等措施实现风险共担；通过技术转让、特许经营、战略联盟、租赁经营和业务外包等实现风险转移。

4．接受风险

接受风险包括风险自担和风险自保两种。风险自担是指风险损失发生时，直接将损失摊入成本或费用，或冲减利润；风险自保是指企业预留一笔风险金或随着生产经营的进行，有计划地计提资产减值准备等。

三、证券资产组合的风险与报酬

（一）证券资产组合的风险

1．非系统性风险

非系统性风险，是指发生于个别公司的特有事件造成的风险。例如，一家公司的新产品开发失败、失去重要的销售合同、诉讼失败，或者取得一个重要合同等。这类事件是非预期的、随机发生的，它只影响一个公司或少数公司，不会对整个市场产生太大影响。这种风险可以通过资产组合来分散，即发生于一家公司的不利事件可以被其他公司的有利事件所抵消。

由于非系统性风险是个别公司或个别资产所特有的，因此也被称为"特殊风险"或"特有风险"。由于非系统性风险可以通过资产组合分散掉，因此也被称为"可分散风险"。

2．系统性风险

系统性风险又被称为市场风险或不可分散风险，是影响所有资产的、不能通过资产组合而消除的风险。这部分风险是由那些影响整个市场的风险因素所引起的。这些因素包括宏观经济形势的变动、国家经济政策的变化、税制改革、企业会计准则改革、世界能源状况、政治因素等。

尽管绝大部分企业和资产都不可避免地受到系统性风险的影响，但并不意味着系统性风险对所有资产或所有企业有相同的影响。有些资产受系统性风险的影响大一些，有些资产受系统性风险的影响较小。

不可分散风险的程度，通常用 β 系数来计量。β 系数有多种计算方法，实际计算过程十分复杂，但一般不需投资者自己计算，而是由一些投资服务机构定期计算并公布。

作为整体证券市场的 β 系数为1。如果某种股票的风险情况与整个证券市场的风险情况一致，则这种股票的 β 系数也等于1；如果某种股票的 β 系数大于1，说明其风险大于整个市场的风险；如果某种股票的 β 系数小于1，说明其风险小于整个市场的风险。

证券组合的 β 系数是单个证券 β 系数的加权平均，权数为各种股票在证券组合中所占的价值比重。其计算公式是：

$$\beta_p = \sum_{i=1}^{n} X_i \cdot \beta_i$$

式中，β_P 为证券组合的 β 系数；X_i 为证券组合中第 i 种股票所占的价值比重；β_i 为第 i 种股票的 β 系数；n 为证券组合中股票的数量。

特别提示： 一种股票的风险由两部分组成，它们是可分散风险和不可分散风险；可分散风险可通过证券组合来消减，而大部分投资者正是这样做的；股票的不可分散风险由市场变动而产生，它对所有股票都有影响，不能通过证券组合而消除。

不可分散风险是通过 β 系数来测量的，一些标准的 β 值如下：

$\beta=0.5$，说明该股票的风险只有整个市场股票风险的一半。

$\beta=1.0$，说明该股票的风险等于整个市场股票的风险。

$\beta=2.0$，说明该股票的风险是整个市场股票风险的 2 倍。

（二）证券资产组合的报酬

1. 证券资产组合的风险报酬

投资者进行证券组合投资与进行单项投资一样，都要求对承担的风险进行补偿，股票的风险越大，要求的报酬就越高。但是，与单项投资不同，证券组合投资要求补偿的风险只是不可分散风险，而不要求对可分散风险进行补偿。如果可分散风险的补偿存在，善于科学地进行投资组合的投资者将购买这部分股票，并抬高其价格，其最后的报酬率只反映不能分散的风险。因此，证券组合的风险报酬是投资者因承担不可分散风险而要求的，超过时间价值的那部分额外报酬。可用下列公式计算：

$$R_P = \beta_p \cdot (R_m - R_f)$$

式中，R_P 为证券组合的风险报酬率；β_p 为证券组合的 β 系数；R_m 为所有股票的平均报酬率，也就是由市场上所有股票组成的证券组合的报酬率，简称市场报酬率；R_f 为无风险报酬率，一般用短期国债的利率来衡量。

【例 2-21】 甲公司持有由 A、B、C 三种股票组成的证券组合，它们的 β 系数分别是 3.0、0.5 和 2.0，它们在证券组合中所占的价值比重分别为 50％、20％ 和 30％，股票的市场报酬率为 15％，无风险报酬率为 10％，试确定这种证券组合的风险报酬率。

解： 证券组合的 β 系数：

$$\beta_p = \sum_{i=1}^{n} X_i \cdot \beta_i$$
$$\beta_p = 50\% \times 3.0 + 20\% \times 0.5 + 30\% \times 2.0$$
$$\beta_p = 2.2$$

该证券组合的风险报酬率：

$$R_P = \beta_p \cdot (R_m - R_f)$$
$$R_P = 2.2 \times (15\% - 10\%)$$
$$R_P = 11\%$$

从以上计算可以看出，调整各种证券在证券组合中的价值比重可改变证券组合的风险、风险报酬率和风险报酬额。在其他因素不变的情况下，风险报酬取决于证券组合的 β 系数，β 系数越大，风险报酬就越大，反之亦然。或者说，β 系数反映了股票报酬对于系统性风险的反映程度。

2. 资本资产定价模型

上面的内容让我们了解了什么是风险、如何测量风险以及如何利用证券资产组合来减少风险，那风险与报酬的关系是什么样的呢？

风险和报酬之间存在密切的对应关系，在金融学和财务管理学中，有许多模型论述风险和报酬率的关系，其中一个最重要的模型为资本资产定价模型（Capital Asset Pricing Model，CAPM）。在资本资产定价模型中，所谓资本资产主要指的是股票资产，而定价则试图解释资本市场如何决定股票报酬率，进而决定股票价格。此模型是"必要报酬率＝无风险报酬率＋风险报酬率"的具体化，完整表达式为：

$$K_i = R_f + \beta_i \cdot (R_m - R_f)$$

式中，K_i 为第 i 种股票或第 i 种证券组合的必要报酬率；R_f 为无风险报酬率；β_i 为第 i 种股票或第 i 种证券组合的 β 系数；R_m 为所有股票或所有证券的平均报酬率。

【例 2-22】 甲公司股票的 β 系数为 1.5，无风险利率为 5%，市场上所有股票的平均报酬率为 15%，请计算甲公司股票的必要报酬率。

解：
$$K_i = R_f + \beta_i \cdot (R_m - R_f)$$
$$K_i = 5\% + 1.5 \times (15\% - 5\%) = 20\%$$

也就是说，甲公司股票的必要报酬率达到或超过 20% 时，投资者才肯进行投资。如果低于 20%，则投资者不会购买甲公司的股票。

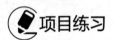 关键词

资金的时间价值、复利、终值、现值、年金、普通年金、预付年金、递延年金、永续年金、期望报酬率、标准离差、标准离差率、非系统性风险、系统性风险、资本资产定价模型。

项目练习

扫码看练习及答案

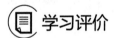 学习评价

专业能力测评表

（在□中打√，A掌握，B基本掌握，C未掌握）

业务能力	评价指标	自测结果	备注
货币时间价值的计算	1. 单利终值与现值的计算	□A　□B　□C	
	2. 复利终值与现值的计算	□A　□B　□C	
	3. 普通年金终值与现值的计算	□A　□B　□C	
	4. 预付年金终值与现值的计算	□A　□B　□C	
	5. 递延年金终值与现值的计算	□A　□B　□C	
	6. 永续年金现值的计算	□A　□B　□C	
风险报酬的计量及资本资产定价模型	1. 风险报酬的计量	□A　□B　□C	
	2. 资本资产定价模型的运用	□A　□B　□C	
教师评语：			
成绩		教师签字	

项目三
筹 资 管 理

教学目标

1. 知识目标

（1）理解企业筹资的概念、动机、种类及其要求。

（2）熟悉各种筹资渠道和筹资方式，并理解其优缺点。

（3）掌握杠杆效应的原理及其系数的计算。

（4）掌握资金成本的计算以及最佳资本结构的确定。

2. 能力目标

（1）培养学生发现问题、分析问题、解决问题的能力。

（2）培养学生理论联系实际的能力。

（3）培养学生自主思考与逻辑推理能力。

3. 思政目标

（1）培养学生诚实守信和遵纪守法的意识。

（2）增强学生的成本意识和风险意识。

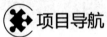项目导航

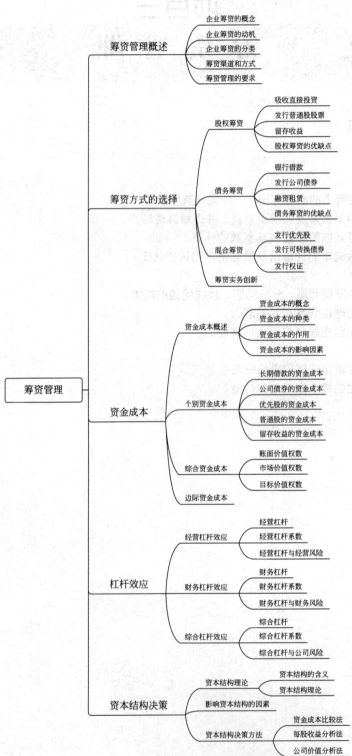

项目导入

项目一：

甲公司现有资本结构如下：

（1）长期借款 100 万元，借款年利率为 5％，手续费率为 1％，每年付息一次，到期还本。

（2）公司债券面值 500 万元，发行价格 600 万元，筹资费率为 4％，票面利率为 8％，每年支付一次利息，到期还本，目前市场价值仍为 600 万元。

（3）优先股面值 100 万元，规定的年股息率为 9％，发行价格 120 万元，筹资费率为 3％，目前市场价值为 300 万元。

（4）普通股面值 500 万元，共 50 万股，目前市场价值为 1 000 万元，去年已发放的股利率为 10％，以后每年增长 6％，筹资费率为 5％。

因扩大生产经营规模，甲公司考虑增资，计划追加筹资 300 万元，现有 A、B 两种筹资方案可供选择。

A 方案：全部发行普通股，增发 30 万股，发行价格为 10 元/股，该普通股的 β 系数为 1.2，市场平均报酬率为 12％，无风险报酬率为 5％。

B 方案：平价发行 300 万元长期债券，年利率为 14％，筹资费率为 4％，每年支付一次利息，到期还本。

假设甲公司的所得税税率为 25％。

思考：

1. 分别计算甲公司现有资本结构的个别资金成本、综合资金成本，以及追加筹资后的边际资金成本。

2. 分别采用资金成本比较法和每股收益分析法，做出甲公司追加筹资的资本结构决策。

项目二：

甲公司 2020—2021 年杠杆效应有关资料如表 3-1 所示，假设甲公司所得税税率为 25％。

表 3-1　甲公司 2020—2021 年杠杆效应有关资料表

项目	2020 年	2021 年
销售量/万件	100	120
销售额（单位售价 10 元）/万元	1 000	1 200
变动经营成本（单位变动成本 5 元）/万元	500	600
固定经营成本/万元	300	300
债务利息/万元	120	120
优先股股利/万元	20	20
普通股股数/万股	100	100

思考：

如果你是财务经理，请试分析甲公司的杠杆效应，分别计算 2021 年和 2022 年的经营杠杆系数、财务杠杆系数和综合杠杆系数。

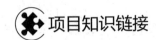 项目知识链接

任务1　筹资管理概述

一、企业筹资的概念

企业筹资，是指企业为了满足经营活动、投资活动、资本结构管理和其他需要，通过一定的筹资渠道，运用一定的筹资方式，筹措和获取所需资金的一种财务活动。

二、企业筹资的动机

企业筹资最基本的目的，是为了企业经营的维持和发展，为企业的经营活动提供资金保障。但每次具体的筹资行为，往往受特定动机的驱动，比如为提高技术水平购置新设备、为研发产品、为对外投资活动、为解决资金周转临时需要、为偿还债务等而筹资。概括起来，主要有以下几类筹资动机。

（一）创立性筹资动机

创立性筹资动机，是指企业设立时，为取得资金并形成开展经营活动的基本条件而产生的筹资动机。资金，是设立企业的第一道门槛。根据《公司法》《中华人民共和国合伙企业法》《中华人民共和国个人独资企业法》等相关法律的规定，任何一个企业或公司在设立时都要求有符合企业章程或公司章程规定的全体股东认缴的出资额。企业创建时，要按照企业经营规模预计长期资金需要量和流动资金需要量等，安排铺底流动资金，形成企业的经营能力。这样，就需要筹措注册资本和资本公积等股权资金，不足部分需要筹集银行借款等债务资金。

（二）扩张性筹资动机

扩张性筹资动机，是指企业因扩大经营规模或满足对外投资需要而产生的筹资动机。企业维持简单再生产所需要的资金是稳定的，通常不需要或很少追加筹资。一旦企业扩大再生产、经营规模扩张、开展对外投资，就需要大量追加筹资。具有良好发展前景、处于成长期的企业，往往会产生扩张性的筹资动机。扩张性的筹资活动，在筹资的时间和数量上都要服从于投资决策和投资计划的安排，避免资金的闲置和投资时机的贻误。扩张性筹资的直接结果，往往是企业资产总规模的增加和资本结构的明显变化。

（三）支付性筹资动机

支付性筹资动机，是指为了满足经营业务活动的正常波动所形成的支付需要而产生的筹资动机。企业在开展经营活动过程中，经常会出现超出维持正常经营活动资金需求的季节性、临时性的交易支付需要，如原材料购买的大额支付、员工工资的集中发放、银行借款的偿还、股东股利的发放等。这些情况要求除正常经营活动的资金投入外，还需要通过经常的临时性筹资来满足经营活动的正常波动需求，维持企业的支付能力。

（四）调整性筹资动机

调整性筹资动机，是指企业因调整资本结构而产生的筹资动机。资本结构调整的目的在于降低资金成本，控制财务风险，提升企业价值。企业产生调整性筹资动机的具体原因大致有二：一是优化资本结构，合理利用财务杠杆效应。造成企业现有资本结构不尽合理的原因

有很多，比如：债务资本比例过高，有较大的财务风险；股权资本比例较大，企业的资金成本负担较重。这些情况下，便可通过筹资增加股权或债务资金，达到调整、优化资本结构的目的。二是偿还到期债务，债务结构内部调整。如流动负债比例过大，使得企业近期偿还债务的压力较大，可以举借长期债务来偿还部分短期债务。又如一些债务即将到期，企业虽然有足够的偿债能力，但为了保持现有的资本结构，可以举借新债以偿还旧债。调整性筹资的目的是调整资本结构，而不是为企业经营活动追加资金，因此这类筹资通常不会增加企业的资本总额。

（五）混合性筹资动机

在实务中，企业筹资的目的可能不是单纯和唯一的，通过追加筹资，既满足了经营活动、投资活动的资金需要，又达到了调整资本结构的目的，可以称之为混合性筹资动机。例如企业对外产权投资需要大额资金，其资金来源通过增加长期贷款或发行公司债券解决，这种情况既扩张了企业规模，又使得企业的资本结构有较大的变化。混合性筹资动机一般是基于企业规模扩张和调整资本结构两种目的，兼具扩张性筹资动机和调整性筹资动机的特性，同时增加了企业的资产总额和资本总额，也导致企业资产结构和资本结构的同时变化。

三、企业筹资的分类

企业筹集的资金，可按照不同的分类标准进行分类。

（一）股权筹资、债务筹资与混合筹资

按企业所取得资金的权益特性不同，企业筹资分为股权筹资、债务筹资与混合筹资三种类型。

股权资金，也称企业的自有资金、主权资金或权益资金，是股东投入的、企业依法长期拥有、能够自主调配运用的资金。股权资金在企业持续经营期间，投资者不得抽回。股权资金是企业从事生产经营活动和偿还债务的基本保证，是代表企业基本资信状况的一个主要指标。企业的股权资金通过吸收直接投资、发行股票、留存收益等方式取得。股权资金一般不用偿还本金，成为企业的永久性资金，因而财务风险小，但付出的资金成本相对较高。

债务资金，是企业按合同向债权人取得的，在规定期限内需要清偿的债务。企业通过债务筹资形成债务资金，债务资金通过向金融机构借款、发行债券、融资租赁等方式取得。由于债务资金到期要归还本金和支付利息，债权人对企业的经营状况不承担责任，因而债务资金具有较大的财务风险，但付出的资金成本相对较低。

混合筹资，是指兼具股权和债务筹资性质的混合融资方式，包括优先股筹资、发行可转换债券筹资和认股权证筹资。

（二）直接筹资与间接筹资

按是否借助于金融机构为媒介来获取资金，企业筹资分为直接筹资与间接筹资两种类型。

直接筹资是企业直接与资金供应者协商筹集资金。直接筹资不需要通过金融机构来筹措资金，是企业直接从社会取得资金的方式。直接筹资方式主要有吸收直接投资、发行股票、发行债券等。直接筹资方式既可以筹集股权资金，也可以筹集债务资金。相对来说，直接筹资的筹资手续比较复杂，筹资费用较高，但筹资领域广阔。能够直接利用社会资金，有利于提高企业的知名度和资信度。

间接筹资是企业借助于银行和非银行金融机构而筹集资金。在间接筹资方式下，银行等金融机构发挥中介作用，预先集聚资金，然后提供给企业。间接筹资的基本方式是银行借

款，此外还有融资租赁等方式。间接筹资形成的主要是债务资金，通常用于满足企业资金周转的需要。间接筹资手续相对比较简便，筹资效率高，且费用较低，但容易受金融政策的制约和影响。

（三）内部筹资与外部筹资

按资金的来源范围不同，企业筹资分为内部筹资与外部筹资两种类型。

内部筹资是指企业通过利润留存而形成的筹资来源。内部筹资数额大小主要取决于企业可分配利润的多少和利润分配政策，一般无须花费筹资费用。

外部筹资是指企业向外部筹措资金而形成的筹资来源。处于初创期的企业，内部筹资的可能性是有限的；处于成长期的企业，内部筹资往往难以满足需求，这就需要企业广泛地开展外部筹资，如发行股票、发行债券，取得商业信用、银行借款等。企业向外部筹资大多需要花费一定的筹资费用。

（四）长期筹资与短期筹资

按所筹集资金的使用期限不同，企业筹资分为长期筹资与短期筹资两种类型。

长期筹资是指企业筹集使用期限在1年以上的资金。长期筹资的目的主要在于形成和更新企业的生产和经营能力，或扩大企业生产经营规模，或为对外投资筹集资金。长期筹资通常采取吸收直接投资、发行股票、发行债券、长期借款、融资租赁等方式。从资金权益性质来看，长期资金可以是股权资金，也可以是债务资金。

短期筹资是指企业筹集使用期限在1年以内的资金。短期资金主要用于企业的流动资产和资金日常周转，一般需要在短期内偿还。短期筹资通常采取商业信用、短期借款、短期融资券、应收账款转让等方式。

四、筹资渠道和方式

（一）筹资渠道

筹资渠道，是指筹集资金来源的方向与通道，体现了资金的源泉和流量。这一问题的实质是：哪些社会主体可以成为企业的资金供应者。目前我国企业筹资渠道主要包括：国家财政资金、银行信贷资金、非银行金融机构资金、其他法人资金、个人资金和企业自留资金。

1. 国家财政资金

国家对企业的投资主要是对国有企业。国有企业的资金来源中，大多是由国家财政以直接拨款方式形成的。国家财政资金具有广阔的源泉和稳固的基础，是国有企业筹集资金的重要渠道。

2. 银行信贷资金

银行对企业的各种贷款是我国各类企业（除国有企业外）最主要的资金来源。银行一般分为商业银行和政策性银行。商业银行为各类企业提供商业贷款，政策性银行主要为特定企业发放政策性贷款。银行信贷资金有居民储蓄、单位存款等经常性的资金来源，贷款方式多种多样，可以适应各类企业的多种资金需要。

3. 非银行金融机构资金

非银行金融机构资金是指信托投资公司、保险公司、租赁公司、证券公司、企业集团所属的财务公司等为企业提供的信贷资金投放，资金来源灵活多样。

4. 其他法人资金

其他法人资金是指其他法人单位以其可以支配的资金在企业之间相互融通而形成的资

金。其他法人单位也可以为企业提供一定的资金来源。

5. 个人资金

企业职工和城乡居民个人的结余资金可以对企业进行投资，形成民间资金，为企业所用。

6. 企业自留资金

企业自留资金也称企业内部留存收益，是指企业内部形成的资金，主要包括提取盈余公积和未分配利润等。这些资金的主要特征是：它们都是直接由企业内部自动生成或转移的。

（二）筹资方式

筹资方式，是指企业筹集资金所采取的具体形式，体现了资金的属性。一般来说，企业最基本的筹资方式有两种：股权筹资和债务筹资。股权筹资形成企业的股权资金，通过吸收直接投资、发行股票、利用留存收益等方式取得；债务筹资形成企业的债务资金，通过向金融机构借款、发行债券、利用融资租赁和商业信用等方式取得。至于发行可转换债券、发放认股权证等筹资方式，属于兼有股权筹资和债务筹资性质的混合筹资方式。

1. 吸收直接投资

吸收直接投资，是指企业按照"共同投资、共同经营、共担风险、共享利润"的原则，直接吸收国家、法人、个人和外商投入资金的一种筹资方式。这种筹资方式不以股票这种融资工具为载体，而是通过签订投资合同或投资协议规定双方的权利和义务，主要适用于非股份制公司筹集股权资本。吸收直接投资，是一种股权筹资方式。

2. 发行股票

发行股票，是指企业以发售股票的方式取得资金的筹资方式，只有股份有限公司才能发行股票。股票是股东按其持有的股份享有权益和承担义务的可转让的书面投资凭证。股票的发售对象，可以是社会公众，也可以是定向的特定投资主体。这种筹资方式只适用于股份有限公司，而且必须以股票作为载体。发行股票，是一种股权筹资方式。

3. 向金融机构借款

向金融机构借款，是指企业根据借款合同从银行或非银行金融机构取得资金的筹资方式。这种筹资方式广泛适用于各类企业，它既可以筹集长期资金，也可以融通短期资金，具有灵活、方便的特点。向金融机构借款，是一种债务筹资方式。

4. 发行债券

发行债券，是指企业以发售公司债券的方式取得资金的筹资方式。按照中国证券监督管理委员会颁布的《公司债券发行与交易管理办法》，除地方政府融资平台公司外，所有公司制法人，均可以发行公司债券。公司债券是公司依照法定程序发行、约定还本付息期限、标明债权债务关系的有价证券。发行公司债券，适用于向法人单位和自然人两种渠道筹资。发行债券，是一种债务筹资方式。

5. 融资租赁

融资租赁，也称资本租赁或财务租赁，是指企业与租赁公司签订租赁合同，从租赁公司取得租赁物资产，通过对租赁物的占有、使用取得资金的筹资方式。融资租赁方式不直接取得货币性资金，而是通过租赁信用关系，直接取得实物资产，快速形成生产经营能力，然后通过向出租人分期交付租金方式偿还资产价款的方式。融资租赁，是一种债务筹资方式。

6. 商业信用

商业信用，是指企业之间在商品或劳务交易中，由于延期付款或延期交货所形成的借贷信用关系。商业信用是由于业务供销活动而形成的，是企业短期资金的一种重要的和经常性的来源。商业信用，是一种债务筹资方式。

7. 留存收益

留存收益，是指企业从税后净利润中提取的盈余公积金以及从企业可供分配利润中留存的未分配利润，是企业将当年利润转化为股东对企业追加投资的过程。留存收益，是一种股权筹资方式。

五、筹资管理的要求

企业筹资管理的基本要求，是要在严格遵守国家法律法规的基础上，分析影响筹资的各种因素，权衡资金的性质、数量、成本和风险，合理安排筹资渠道，认真选择筹资方式，努力提高筹资效果。

（一）认真分析筹资环境，提高环境适应能力

筹资环境是指影响企业筹资活动的各种因素的集合，包括金融机构、金融市场和金融政策等金融环境，宏观经济政策、经济周期和通货膨胀水平等经济环境，相关法律法规构成的法律环境以及社会文化环境等。企业在筹资活动中，必须清楚认识所处的筹资环境，正确预见环境的发展变化。只有这样，才能有效筹集所需资金。

（二）周密预测资金需求，努力提高筹资效果

筹资是为了用资。企业是否筹资、筹资多少等要根据生产经营及其发展的需要，周密预测资金需求。企业在筹集资金前，必须周密研究资金投向，合理预计资金需要量，资金的筹集量和资金的需要量应当匹配一致，既要避免因筹资不足，影响生产经营的正常进行，又要防止筹资过多，造成资金闲置。

（三）合理安排筹资渠道，适当选择筹资方式

不同的筹资渠道和筹资方式，其筹资的难易程度、资金成本和财务风险各不相同。因此，企业应当综合考虑各种筹资渠道和筹资方式，充分利用和合理安排各种筹资渠道，选择经济、可行的筹资方式。

（四）力求降低资金成本，有效控制财务风险

企业筹资要综合考虑股权筹资与债务筹资的关系、长期筹资与短期筹资的关系、内部筹资与外部筹资的关系，合理安排资本结构，力求降低企业筹资的资金成本，同时有效控制财务风险。

任务 2　筹资方式的选择

一、股权筹资

股权筹资形成企业的股权资金，是企业最基本的筹资方式。吸收直接投资、发行普通股股票和利用留存收益，是股权筹资的三种基本形式。

（一）吸收直接投资

吸收直接投资，是指企业直接吸收国家、法人、个人和外商投入资金的一种筹资方式。吸收直接投资是非股份制企业筹集权益资本的基本方式，采用吸收直接投资的企业，资本不分为等额股份、无须公开发行股票。吸收直接投资的实际出资额中，注册资本部分，形成实收资本；超过注册资本的部分，属于资本溢价，形成资本公积。

1. 吸收直接投资的种类

（1）吸收国家投资。国家投资是指有权代表国家投资的政府部门或机构，以国有资产投入公司，这种情况下形成的资本叫国有资本。吸收国家投资一般具有以下特点：①产权归属国家；②资金的运用和处置受国家约束较大；③在国有公司中比较广泛采用。

（2）吸收法人投资。法人单位投资是指法人单位以其依法可支配的资产投入公司，这种情况下形成的资本称为法人资本。吸收法人资本一般具有以下特点：①发生在法人单位之间；②以参与公司利润分配或控制为目的；③出资方式灵活多样。

（3）吸收外商投资。外商投资是指外国的自然人、企业或者其他组织直接或间接在中国境内进行的投资。企业可以通过合资经营或合作经营的方式吸收外商投资，即与其他国家的投资者共同投资，创办中外合资经营企业或者中外合作经营企业，共同经营、共担风险、共负盈亏、共享利益。

（4）吸收社会公众投资。社会公众投资是指社会个人或本公司职工以个人合法财产投入公司，这种情况下形成的资本称为个人资本。吸收社会公众投资一般具有以下特点：①参加投资的人员较多；②每人投资的数额相对较少；③以参与公司利润分配为基本目的。

2. 吸收直接投资的出资方式

（1）以货币资产出资。以货币资产出资是吸收直接投资中最重要的出资方式。企业有了货币资产，便可以获取其他物质资源，支付各种费用，满足企业创建时的开支和随后的日常周转需要。

（2）以实物资产出资。实物资产出资是指投资者以房屋、建筑物、设备等固定资产和材料、燃料、商品产品等流动资产所进行的投资。实物资产投资应符合以下条件：①适合企业生产、经营、研发等活动的需要；②技术性能良好；③作价公平合理。

（3）以土地使用权出资。土地使用权是指土地经营者对依法取得的土地在一定期限内拥有进行建筑、生产经营或从事其他活动的权利。土地使用权具有相对的独立性，在土地使用权存续期间，包括土地所有者在内的其他任何人和单位，不能任意收回土地和非法干预使用权人的经营活动。企业吸收土地使用权投资应符合以下条件：①适合企业科研、生产、经营、研发等活动的需要；②地理、交通条件适宜；③作价公平合理。

（4）以知识产权出资。知识产权通常是指专有技术、商标权、专利权、非专利技术等无形资产。投资者以知识产权出资应符合以下条件：①有助于企业研究、开发和生产出新的高科技产品；②有助于企业提高生产效率，改进产品质量；③有助于企业降低生产消耗、能源消耗等各种消耗；④作价公平合理。

（5）以特定债权出资。特定债权是指企业依法发行的可转换债券以及按照国家有关规定可以转作股权的债权。在实践中，企业可以将特定债权转为股权的情形主要有：①为上市公司依法发行的可转换债券；②为金融资产管理公司持有的国有及国有控股企业债权；③企业实行公司制改建时，经银行以外的其他债权人协商同意，可以按照有关协议和企业章程的规定，将其债权转为股权；④根据《利用外资改组国有企业暂行规定》，国有企业的境内债权人将有的债权转给外国投资者，企业通过债转股改组为外商投资企业；⑤按照《企业公司制改建有关国有资本管理与财务处理的暂行规定》，国有企业改制时，账面原有应付工资余额中欠发职工工资部分，在符合国家政策、职工自愿的条件下，依法扣除个人所得税后可转为个人投资；未退还职工的集资款也可转为个人投资。

3. 吸收直接投资的程序

（1）确定所需投入资本的数量。确定资金需要量是筹资的前提。企业在吸收投入资本之前，必须明确资金用途，周密预测资金需要量，进而合理确定所需投入资本的数量。

（2）寻找合适的投资伙伴。企业既要广泛了解有关投资者的资信、财力和投资意向，又要通过信息交流和宣传，使出资方了解企业的经营能力、财务状况以及未来预期，以便于企业从中寻找最合适的投资伙伴。

（3）协商和签署投资协议。找到合适的投资伙伴后，双方进行具体协商，确定出资数额、出资方式和出资时间等。然后双方应签署投资协议或合同，以明确双方的权利和责任。

（4）取得所筹集的资金。签署投资协议后，企业应按规定适时适量取得资金。如果采取现金投资方式，通常还要编制拨款计划，确定拨款期限、每期数额及划拨方式等。如果是实物、知识产权、非专利技术、土地使用权投资，那么最重要的问题就是核实财产。财产数量是否准确，特别是价格有无高估或低估情况，关系到投资各方的经济利益，必须认真处理，必要时可聘请资产评估机构来评定，然后办理产权的转移手续，从而取得资产。

4. 吸收直接投资的优缺点

（1）吸收直接投资的优点。

① 提高企业的资信和借款能力。吸收直接投资筹集的是股权资金，股权资金属于自有资金，可以为债权人提供较大的保障，因而可以提高企业的资信和借款能力。

② 能尽快形成生产经营能力。吸收直接投资不仅可以筹集到货币资金，还可以直接获得所需的先进设备和技术，有助于尽快形成生产经营能力。

③ 财务风险较低。吸收直接投资筹集的是权益资本，权益资本不需要归还，并且没有固定利息的压力，与债务资本相比，财务风险较低。

④ 容易进行信息沟通。吸收直接投资的投资者比较单一，股权没有社会化、分散化，投资者甚至直接担任公司管理层职务，企业与投资者易于沟通。

（2）吸收直接投资的缺点。

① 资金成本较高。首先，吸收直接投资的财务风险比筹集债务资本的财务风险低，根据风险报酬原则，风险低报酬就低，报酬低在筹资中就体现为成本高；其次，债务利息在税前扣除，具有抵税作用，向所有者分配利润则是在税后进行，不能抵税。综上原因，吸收直接投资的资金成本较高。

② 不易进行产权交易。吸收直接投资由于没有证券作为媒介，不利于产权交易。

（二）发行普通股股票

股票是一种有价证券，是股份有限公司签发的证明股东按其所持股份享有权利和承担义务的书面凭证，代表着其持有者（即股东）对公司的所有权。

1. 股票的种类

（1）按股东权利和义务不同，分为普通股股票和优先股股票。

普通股股票简称普通股，是公司发行的代表着股东享有平等的权利、义务，不加特别限制的、股利不固定的股票。普通股是最基本的股票，股份有限公司通常情况下只发行普通股。

优先股股票简称优先股，是公司发行的相对于普通股具有一定优先权的股票。其优先权利主要表现在股利分配优先权和分取剩余财产优先权上。优先股股东在股东大会上无表决权，在参与公司经营管理上受到一定限制，仅对涉及优先股权利的问题有表决权。

（2）按票面是否记名，分为记名股票和无记名股票。

记名股票是在股票票面上记载有股东姓名或将名称记入公司股东名册的股票。

无记名股票不登记股东名称，公司只记载股票数量、编号及发行日期。

（3）按发行对象和上市地点，分为 A 股、B 股、H 股、N 股和 S 股等。

A 股即人民币普通股票，由我国境内公司发行，境内上市交易，它以人民币标明面值，以人民币认购和交易。

B 股即人民币特种股票，由我国境内公司发行，境内上市交易，它以人民币标明面值，以外币认购和交易。

H 股是注册地在内地、在香港上市的股票，依此类推，在纽约和新加坡上市的股票，就分别称为 N 股和 S 股。

（4）按资金来源不同，分为国家股、法人股、个人股和外资股。

国家股是有权代表国家投资的部门或机构以国有资产向公司投入而形成的股份。

法人股是企业法人依法以其可支配的资产向公司投入而形成的股份，或具有法人资格的事业单位和社会团体以国家允许用于经营的资产向公司投入而形成的股份。

个人股是公司内部职工或城乡居民以个人合法财产投入公司而形成的股份。

外资股是外国和我国港澳台地区投资者向公司投资而形成的股份。

（5）按股票票面是否记入股金额，分为无面额股票和有面额股票。

无面额股票是指股票票面上不记载金额的股票。

有面额股票是指在股票票面上记载一定金额的股票。

2. 普通股股东的权利

股东最基本的权利是按投入公司的股份额，依法享有公司收益获取权、公司重大决策参与权和选择公司管理者等权利，并以其所持股份为限对公司承担责任。归纳起来，普通股股东一般具有以下权利：

（1）公司管理权。股东对公司的管理权主要体现在重大决策参与权、经营者选择权、财务监控权、公司经营的建议和质询权、股东大会召集权等方面。

（2）收益分享权。股东有权通过股利方式获取公司的税后利润，股利分配方案由董事会根据公司盈利状况和财务状况提出，并经过股东大会批准通过。

（3）股份转让权。股东有权将其所持有的股票出售或转让。

（4）优先认股权。原有股东拥有优先认购本公司增发股票的权利。

（5）剩余财产要求权。当公司解散、清算时，股东有对清偿债务、清偿优先股股东以后的剩余财产索取的权利。

3. 股票发行

股份有限公司发行股票主要分为设立发行和增资发行。设立发行是指设立股份有限公司时，为募集资金而进行的股票发行，它是股份有限公司首次发行股票。增资发行是指股份有限公司成立后因增资需要而进行的股票发行，它是股份有限公司在首次发行股票后又发行新股票的行为。

（1）发行股票的基本要求。

根据《公司法》《中华人民共和国证券法》（以下简称《证券法》）等规定，不论是设立发行还是增资发行均应满足以下基本要求：

① 股份的发行，实行公平、公正的原则，同种类的每一股份应当具有同等权利。

② 同次发行的同种类股票，每股的发行条件和价格应当相同。

③ 股票发行价格可以按票面金额，也可以超过票面金额，但不得低于票面金额。也就是说，股票可以平价或溢价发行，但不得折价发行。

（2）股票的发行方式。

① 公开间接发行。公开间接发行股票，是指股份有限公司通过中介机构向社会公众公开发行股票。采用募集设立方式成立的股份有限公司，向社会公开发行股票时，必须由有资

格的证券经营中介机构，如证券公司、信托投资公司等承销。这种发行方式的发行范围广、发行对象多，易于足额筹集资本。公开发行股票，同时还有利于提高公司的知名度，扩大其影响力，但公开发行方式审批手续复杂严格，发行成本高。

② 非公开直接发行。非公开直接发行股票，是指股份有限公司只向少数特定对象直接发行股票，不需要中介机构承销。用发起设立方式成立和向特定对象募集方式发行新股的股份有限公司，向发起人和特定对象发行股票，采用直接将股票销售给认购者的自销方式。这种发行方式弹性较大，企业能控制股票的发行过程，节省发行费用。但发行范围小，不易及时足额筹集资本，发行后股票的变现性差。

（3）上市公司的股票发行。

上市的股份有限公司在证券市场上发行股票，包括公开发行和非公开发行两种类型。公开发行股票又分为首次上市公开发行股票和上市公开发行股票，非公开发行即向特定投资者发行，也叫定向发行。

① 首次上市公开发行股票。首次上市公开发行股票（Initial Public Offering，IPO），是指股份有限公司对社会公开发行股票并上市流通和交易。实施 IPO 的公司，自股份有限公司成立后，持续经营时间应当在 3 年以上（经国务院特别批准的除外），应当符合中国证监会《首次公开发行股票并上市管理办法》规定的相关条件，并经中国证监会核准。实施 IPO 发行的基本程序是：a. 公司董事会应当依法就本次股票发行的具体方案、本次募集资金使用的可行性及其他事项作出决议，并提请股东大会批准。b. 公司股东大会就本次发行股票作出决议。c. 由保荐人保荐并向证监会申报。d. 证监会受理，并审批核准。e. 自证监会核准发行之日起，公司应在 6 个月内公开发行股票，超过 6 个月未发行的，核准失效，须经证监会重新核准后方可发行。

② 上市公开发行股票。上市公开发行股票，是指股份有限公司已经上市后，通过证券交易所在证券市场上对社会公开发行股票。上市公开发行股票，包括增发和配股两种方式。增发是指上市公司向社会公众发售股票的再融资方式；配股是指上市公司向原有股东配售股票的再融资方式。

③ 非公开发行股票。上市公司非公开发行股票，是指上市公司采用非公开方式，向特定对象发行股票的行为，也叫定向募集增发。定向增发的对象可以是老股东，也可以是新投资者，但发行对象不超过 10 名，发行对象为境外战略投资者的，应当经国务院相关部门事先批准。

4. 股票上市

股票上市是指已经发行的股票经证券交易所批准后，在交易所公开挂牌交易的法律行为，股票上市，是连接股票发行和股票交易的"桥梁"。

（1）股票上市的目的。

公司股票上市的目的是多方面的，主要包括：①便于筹措新资金。证券市场是一个资本商品的买卖市场，证券市场上有众多的资金供应者。股票上市经过了政府机构的审查批准并接受严格的管理，执行股票上市和信息披露的规定，更容易吸引社会资本投资者。另外，公司上市后，还可以通过增发、配股、发行可转换债券等方式进行再融资。②促进股权流通和转让。股票上市后便于投资者购买，提高了股权的流动性和股票的变现力，便于投资者认购和交易。③便于确定公司价值。股票上市后，公司股价有市价可循，便于确定公司的价值。对于上市公司来说，即时的股票交易行情，就是对公司价值的市场评价。同时，市场行情也能够为公司收购兼并等资本运作提供询价基础。

但股票上市对公司也有不利影响的一面，主要有：上市成本较高，手续复杂严格；公司将负担较高的信息披露成本；信息公开的要求可能会暴露公司的商业机密；股价有时会歪曲公司的实际情况，影响公司声誉；可能会分散公司的控制权，造成管理上的困难。

（2）股票上市的条件。

公司公开发行的股票进入证券交易所交易，必须受到严格的条件限制。我国《证券法》规定，申请证券上市交易，应当符合证券交易所上市规则规定的上市条件。证券交易所上市规则规定的上市条件，应当对发行人的经营年限、财务状况、最低公开发行比例和公司治理、诚信记录等提出要求。公司首次公开发行新股，应当符合下列条件：①具备健全且运行良好的组织机构；②具有持续经营能力；③最近3年财务会计报告被出具无保留意见审计报告；④发行人及其控股股东、实际控制人最近3年不存在贪污、贿赂、侵占财产、挪用财产或者破坏社会主义市场经济秩序的刑事犯罪；⑤经国务院批准的国务院证券监督管理机构规定的其他条件。上市公司发行新股，应当符合经国务院批准的国务院证券监督管理机构规定的条件，具体管理办法由国务院证券监督管理机构规定。

（3）股票上市的暂停、终止与特别处理。

当上市公司出现经营情况恶化、存在重大违法违规行为或其他原因导致不符合上市条件时，就可能被暂停或终止上市。

上市公司出现财务状况或其他状况异常的，其股票交易将被交易所"特别处理"（Special Treatment，ST）。

在上市公司的股票交易被实行特别处理期间，其股票交易遵循下列规则：①股票报价日涨跌幅限制为5%；②股票名称改为原股票名前加"ST"；③上市公司的中期报告必须经过审计。

5. 发行普通股股票的优缺点

（1）发行普通股股票的优点。

① 能增强公司的社会声誉，促进股权流通和转让。普通股筹资，股东的大众化为公司带来了广泛的社会影响。特别是上市公司，其股票的流通性强，有利于市场确认公司的价值。同时，普通股筹资以股票作为媒介，便于股权的流通和转让，吸收新的投资者。

② 筹资风险较小。由于普通股没有固定到期日，不用支付固定股利，不存在还本付息的负担。同时，与优先股和债务筹资相比，利用普通股筹资没有特别的限制。因此，其筹资风险较小。

③ 两权分离，有利于公司自主经营管理。公司通过对外发行股票筹资，公司的所有权与经营权相分离，分散了公司的控制权，有利于公司自主管理、自主经营。普通股筹资的股东众多，公司日常经营管理事务主要由公司的董事会和经理层负责。

（2）发行普通股股票的缺点。

① 资金成本较高。从筹资者角度看，债务筹资的利息可以在税前扣除，而普通股的股利是税后利润支付，不具有抵税作用；与债务筹资相比，普通股的发行费用高出很多。从投资者的角度看，由于股票投资的风险较大，收益具有不确定性，投资者就会要求较高的风险报酬。综上原因，普通股筹资的资金成本较高。

② 容易分散公司控制权。当公司增资发行新股，引进了新的股东后，会分散公司的控制权。

（三）利用留存收益

从性质上看，企业通过合法有效的经营所实现的税后净利润，都属于企业的所有者。因此，属于所有者的利润包括分配给所有者的利润和尚未分配留存于企业的利润。

企业将本年度的利润部分甚至全部留存下来的原因很多，主要包括：①收益的确认和计量是建立在权责发生制基础上的，企业有利润，但企业不一定有相应的现金净流量增加，因而企业不一定有足够的现金将利润全部或部分分配给所有者。②法律法规从保护债权人利益和要求企业可持续发展等角度出发，限制企业将利润全部分配出去。《公司法》规定，企业每年的税后利润，必须提取10％的法定公积金。公司法定公积金累计额为公司注册资本的50％以上的，可以不再提取。③企业基于自身的扩大再生产和筹资需求，也会将一部分利润留存下来。

1．留存收益的筹资途径

留存收益的筹资途径有提取盈余公积金和未分配利润。

（1）提取盈余公积金。

盈余公积金，是指有指定用途的留存净利润，其提取基数是抵减年初累计亏损后的本年度净利润，包括法定盈余公积金和任意盈余公积金。盈余公积金主要用于企业未来的经营发展，经投资者审议后也可以用于转增股本（实收资本）和弥补公司经营亏损。

（2）未分配利润。

未分配利润，是指未限定用途的留存净利润。未分配利润有两层含义：①这部分净利润本年没有分配给公司的股东投资者；②这部分净利润未指定用途，可以用于企业未来经营发展、转增股本（实收资本）、弥补公司经营亏损、以后年度利润分配等。

2．利用留存收益筹资的优缺点

（1）利用留存收益筹资的优点。

① 资金成本较普通股低。留存收益筹资不需要发生筹资费用，与普通股筹资相比较，资金成本较低。

② 保持普通股股东的控制权。利用留存收益筹资，不用对外发行新股或吸收新投资者，由此增加的权益资本不会改变公司的股权结构，不会稀释原有股东的控制权。

③ 增强公司的信誉。

（2）利用留存收益筹资的缺点。

① 筹资数额有限。当期留存收益的最大数额是当期的净利润，不如外部筹资一次性可以筹集大量资金。如果企业发生亏损，当年便没有利润留存。另外，股东和投资者从自身期望出发，往往希望企业每年发放一定股利，保持一定的利润分配比例。

② 资金使用受制约。

（四）股权筹资的优缺点

1．股权筹资的优点

（1）股权筹资是企业稳定的资本基础。

股权资本没有固定的到期日，无须偿还，是企业的永久性资本，除非企业清算时才有可能予以偿还。这对于保障企业对资本的最低需求、促进企业长期持续稳定经营具有重要意义。

（2）股权筹资是企业良好的信誉基础。

股权资本作为企业最基本的资本，代表了公司的资本实力，是企业与其他单位组织开展经营业务、进行业务活动的信誉基础。同时，股权资本也是其他方式筹资的基础。尤其是可以为债务筹资（包括银行借款、发行公司债券等）提供信用保障。

（3）股权筹资的财务风险较小。

股权资本不用在企业正常营运期内偿还，没有还本付息的财务压力。相对于债务资本而言，股权资本筹资限制少，资本使用上也无特别限制。另外，企业可以根据其经营状况和业绩的好坏，决定向投资者支付报酬的多少。

2. 股权筹资的缺点

（1）资金成本较高。

一般而言，股权筹资的资金成本要高于债务筹资。这主要是由于投资者投资于股权，特别是投资于股票的风险较高，投资者或股东相应要求得到较高的报酬率。从企业成本开支的角度来看，股利、红利从税后利润中支付，而使用债务资金的资金成本允许税前扣除。此外，普通股的发行、上市等方面的费用也十分庞大。

（2）控制权变更可能影响企业长期稳定发展。

利用股权筹资，由于引进了新的投资者或出售了新的股票，必然会导致公司控制权结构的改变，而控制权变更过于频繁，又势必会影响公司管理层的人事变动和决策效率，影响公司的正常经营。

（3）信息沟通与披露成本较大。

投资者或股东作为企业的所有者，有了解企业经营业务、财务状况、经营成果等的权利。企业需要通过各种渠道和方式加强与投资者的关系管理，保障投资者的权益。特别是上市公司，其股东众多而分散，只能通过公司的公开信息披露了解公司状况，这就需要公司花更多的精力。有些公司还需要设置专门的部门，进行公司的信息披露和投资者关系管理。

二、债务筹资

债务筹资形成企业的债务资金，包括银行借款、向社会发行公司债券、融资租赁和商业信用等方式。其中，银行借款、发行债券和融资租赁是债务筹资的三种基本形式；而商业信用是由企业间的商品或劳务交易形成的，故在营运资金管理项目中再予以介绍。

（一）银行借款

银行借款是指企业向银行或其他非银行金融机构借入的、需要还本付息的款项，主要用于企业购建固定资产和满足流动资金周转等的需要。

1. 银行借款的种类

银行借款可按照不同的分类标准进行分类。

（1）按偿还期限的长短，分为长期借款和短期借款。

长期借款是指企业向银行或其他非银行金融机构等借入的，偿还期限在1年以上（不含1年）或超过1年的一个营业周期以上的各种借款。它一般用于固定资产的购建、改扩建工程、大修理工程以及保持长期经营能力等方面。

短期借款是指企业向银行或其他非银行金融机构等借入的，偿还期限在1年以内（含1年）或超过1年的一个营业周期以内的各种借款。它通常是为了满足正常生产经营的需要或者抵偿某项债务而借入的。

本项目债务筹资中主要介绍长期借款，短期借款属于流动负债，故在营运资金管理项目中再予以介绍。

（2）按提供贷款的机构，分为政策性银行贷款、商业性银行贷款和非银行金融机构贷款。

政策性银行贷款是指执行国家政策性贷款业务的银行向企业提供的贷款，通常为长期贷款。如国家开发银行贷款，主要满足企业承建国家重点建设项目的资金需要；中国进出口信贷银行贷款，主要为大型设备的进出口提供买方信贷或卖方信贷；中国农业发展银行贷款，主要用于确保国家对粮、棉、油等政策性收购资金的供应。

商业性银行贷款是指由各商业银行，如中国工商银行、中国建设银行、中国农业银行、中国银行等，向企业提供的贷款，用以满足企业生产经营的资金需要，包括短期贷款和长期贷款。

非银行金融机构贷款，如从信托投资公司取得实物或货币形式的信托投资贷款、从理财公司取得的各种中长期贷款、从保险公司取得的贷款等。非银行金融机构贷款一般较商业银行贷款的期限要长，要求的利率较高，对借款企业的信用要求和担保的选择比较严格。

（3）按机构对贷款有无担保要求，分为信用贷款和担保贷款。

信用贷款是指以借款人的信誉或保证人的信用为依据而获得的贷款。企业取得这种贷款，无须以财产做抵押。对于这种贷款，由于风险较高，银行通常要收取较高的利息，往往还附加一定的限制条件。

担保贷款是指由借款人或第三方依法提供担保而获得的贷款。担保包括保证责任、财产抵押、财产质押，由此，担保贷款包括保证贷款、抵押贷款和质押贷款三种基本类型。保证贷款是指以第三方作为保证人承诺在借款人不能偿还借款时，按约定承担一定保证责任或连带责任而取得的贷款。抵押贷款是指以借款人或第三方的财产作为抵押物而取得的贷款。质押贷款是指以借款人或第三方的动产或财产权利作为质押物而取得的贷款。

2．长期借款的程序

（1）提出借款申请，贷款机构审批。

企业根据筹资需求向贷款机构提出书面申请，按贷款机构要求的条件和内容填报借款申请书。贷款机构按照有关政策和贷款条件，对借款企业进行信用审查，核准企业申请的借款金额和用款计划。贷款机构审查的主要内容包括：企业的财务状况、信用情况、盈利的稳定性、发展前景、借款投资项目的可行性、抵押品和担保情况。

（2）签订借款合同，取得借款。

借款申请获批准后，贷款机构与企业进一步协商贷款的具体条件，签订正式的借款合同，规定贷款的数额、利率、期限和一些约束性条款。借款合同签订后，企业在核定的贷款指标范围内，根据用款计划和实际需要，一次或分次将贷款转入企业的存款结算户，以便使用。

3．长期借款的保护性条款

长期借款的金额高、期限长、风险大，除借款合同的基本条款之外，债权人通常还在借款合同中附加各种保护性条款，以确保企业按要求使用借款和按时足额偿还借款。保护性条款一般有以下三类：

（1）例行性保护条款。

这类条款作为例行常规，在大多数借款合同中都会出现。主要包括：①定期向提供贷款的金融机构提交企业财务报表，以使债权人随时掌握企业的财务状况和经营成果。②保持存货储备量，不准在正常情况下出售较多的非产成品存货，以保持企业正常生产经营能力。③及时清偿债务，包括到期清偿应缴纳税金和其他债务，以防被罚款而造成不必要的现金流失。④不准以其资产作其他承诺的担保或抵押。⑤不准贴现应收票据或出售应收账款，以避免或有负债等。

（2）一般性保护条款。

一般性保护条款是对企业资产的流动性及偿债能力等的要求条款，这类条款应用于大多数借款合同，主要包括：①保持企业的资产流动性。要求企业需持有一定最低额度的货币资金及其他流动资产，以保持企业资产的流动性和偿债能力，一般规定了企业必须保持的最低营运资金数额和最低流动比率数值。②限制企业非经营性支出。如限制支付现金股利、购入股票和职工加薪的数额规模，以减少企业资金的过度外流。③限制企业资本支出的规模。控制企业资产结构中的长期性资产的比例，以减少公司日后不得不变卖固定资产以偿还贷款的可能性。④限制公司再举债规模。目的是防止其他债权人取得对公司资产的优先索偿权。⑤限制公司的长期投资。如规定公司不准投资于短期内不能收回资金的项目，不能未经银行等债权人同意而与其他公司合并等。

（3）特殊性保护条款。

这类条款是针对某些特殊情况而出现在部分借款合同中的条款，只有在特殊情况下才能生效。主要包括：要求公司的主要领导人购买人身保险；借款的用途不得改变，违约惩罚条款等。

上述各项条款结合使用，将有利于全面保护银行等债权人的权益。但借款合同是经双方充分协商后决定的，其最终结果取决于双方谈判能力的大小，而不是完全取决于银行等债权人的主观愿望。

4. 长期借款筹资的优缺点

（1）长期借款筹资的优点。

① 筹资速度快。与发行公司债券、融资租赁等其他债务筹资方式相比，银行借款的程序较为简单，所花时间较短，公司可以迅速获得所需资金。

② 筹资的灵活性较大。在借款之前，公司根据当时的资本需求与银行等贷款机构直接磋商贷款的时间、数额和条件。在借款期间，若公司的财务状况发生某些变化，也可与债权人再协商，变更借款数量、时间和条件，或提前偿还本息。因此，借款筹资对于公司方面具有较大的灵活性。

③ 资金成本较低。首先，如前所述，根据风险与报酬原则，作为债务资金的长期借款的资金成本比股权资金的资金成本低；其次，长期借款的利息在税前扣除，具有抵税的作用；另外，与发行股票、发行债券等筹资方式相比，筹资费用极少。

（2）长期借款筹资的缺点。

① 财务风险较高。与股权筹资相比，债务筹资包括长期借款通常有固定还本付息的负担，财务风险较高。

② 筹资数额有限。长期借款的数额往往受到贷款机构资金实力的制约，筹资范围较窄，难以像发行公司债券、股票那样一次性筹集到大笔资金，无法满足公司大规模筹资的需要。

③ 限制条款多。与发行公司债券相比，长期借款合同对借款用途有明确规定，通过借款的保护性条款，对公司资金支出额度、再筹资、股利支付等行为有严格的约束，以后公司的生产经营活动和财务政策必将受到一定程度的影响。

（二）发行公司债券

债券，是指政府、金融机构、工商企业等机构直接向社会借债筹措资金时，向投资者发行，承诺按一定利率支付利息并按约定条件偿还本金的债权债务凭证。债券按其发行主体不同，可分为政府债券、金融债券、企业债券和公司债券等。下面以公司债券为例介绍发行债券的相关问题。

1. 发行债券的条件

根据《公司法》的规定，股份有限公司和有限责任公司，具有发行债券的资格。

公司债券可以公开发行，也可以非公开发行。

根据《证券法》规定，公开发行公司债券，应当符合下列条件：①具备健全且运行良好的组织机构；②最近三年平均可分配利润足以支付公司债券一年的利息；③国务院规定的其他条件。

公开发行公司债券筹集的资金，必须按照公司债券募集办法所列资金用途使用；改变资金用途，必须经债券持有人会议作出决议。公开发行债券筹措的资金，不得用于弥补亏损和非生产性支出。

2. 公司债券的种类

（1）按债券是否记名，分为记名公司债券和无记名公司债券。

记名公司债券，应当在公司债券存根簿上载明债券持有人的姓名及住所、债券持有人取得债券的日期及债券的编号、债券总额、票面金额、利率、还本付息的期限和方式、债券的发行日期等信息。记名公司债券，由债券持有人以背书方式或者法律、行政法规规定的其他方式转让，转让后由公司将受让人的姓名或者名称及住所记载于公司债券存根簿。

无记名公司债券，应当在公司债券存根簿上载明债券总额、利率、偿还期限和方式、发行日期及债券的编号。无记名公司债券的转让，由债券持有人将该债券交付给受让人后即发生转让的效力。

（2）按债券是否能够转换成公司股票，分为可转换债券和不可转换债券。

可转换债券，是指债券持有者可以在规定的时间内按规定的价格转换为股票的一种债券。这种债券在发行时，对债券转换为股票的价格和比率等都做了详细规定。《公司法》规定，可转换债券的发行主体是股份有限公司中的上市公司。

不可转换债券，是指不能转换为股票的债券，大多数公司债券属于这种类型。

（3）按债券有无特定财产担保，分为担保债券和信用债券。

担保债券，是指以抵押方式担保发行人按期还本付息的债券，主要是指抵押债券。抵押债券按其抵押品的不同，又分为不动产抵押债券、动产抵押债券和证券信托抵押债券。

信用债券，是无担保债券，是仅凭公司自身的信用发行的、没有抵押品作抵押担保的债券。在公司清算时，信用债券的持有人因无特定的财产做担保品，只能作为一般债权人参与剩余财产的分配。

3. 发行公司债券的程序

（1）作出发债决议。

拟发行公司债券的公司，需要由公司董事会制定公司债券发行的方案，并由公司股东大会批准，作出决议。

（2）提出发债申请。

根据《证券法》规定，申请公开发行公司债券，应当向国务院授权的部门或者国务院证券监督管理机构报送公司营业执照、公司章程、公司债券募集办法等正式文件及国务院授权的部门或者国务院证券监督管理机构规定的其他文件。按照《证券法》聘请保荐人的，还应当报送保荐人出具的发行保荐书。

（3）公告募集办法。

公司发行债券的申请经批准后，要向社会公告公司债券的募集办法。公司债券募集分为私募发行和公募发行。私募发行是以特定的少数投资者为指定对象发行债券，公募发行是在证券市场上以非特定的广大投资者为对象公开发行债券。

（4）委托证券经营机构发售。

按照我国公司债券发行的相关法律规定，公司债券的公募发行采取间接发行方式。在这种发行方式下，发行公司与承销团签订承销协议。承销团由数家证券公司或投资银行组成，承销方式有代销和包销两种。代销是指承销机构代为推销债券，在约定期限内未售出的余额可退还发行公司，承销机构不承担发行风险。包销是由承销团先购入发行公司拟发行的全部债券，然后再售给社会上的投资者，如果约定期限内未能全部售出，余额要由承销团负责认购。

（5）交付债券，收缴债券款。

债券购买人向债券承销机构付款购买债券，承销机构向购买人交付债券。然后，债券发行公司向承销机构收缴债券款，登记债券存根簿，并结算发行代理费。

4. 公司债券的偿还

债券偿还按其实际发生时间与规定的到期日之间的关系，分为到期偿还、期中偿还和展期偿还三种。

（1）到期偿还。

到期偿还是指发行债券时规定的还本时间，在债券到期时一次性全部偿还本金的偿债方式。

（2）期中偿还。

期中偿还也叫中途偿还，是指在债券最终到期日之前，偿还部分或全部本金的偿债方式。具体分为部分偿还和全额偿还，定时偿还和随时偿还等多种形式。

（3）展期偿还。

展期偿还是指在债券期满后又延长原规定的还本付息日期的偿债方式，是延期偿还的一种情况。

5. 发行公司债券筹资的优缺点

（1）发行公司债券筹资的优点。

① 资金成本较低。与长期借款类似，发行公司债券属于债务筹资，其资金成本比股权筹集资金成本低。不过，相对于长期借款，发行公司债券的利息负担和筹资费用都比较高，所以其资金成本通常要比长期借款高。

② 筹集范围广，筹集数额大。公开发行公司债券是向整个社会公开发行，因此筹集范围广，有利于筹集大额资金，适应大型公司经营规模的需要。但是，公司利用债券筹资一般也有限额，根据《公司法》规定，发行公司流通在外的债券累计总额不得超过公司净资产的40%。

③ 可以发挥财务杠杆的作用。无论发行公司的盈利有多少，债券持有人一般只收取固定利息，而更多的收益可用于分配给股东或留存于公司经营，从而增加股东和公司财富。

（2）发行公司债券筹资的缺点。

① 财务风险较高。与长期借款类似，公司债券通常有固定的到期日，需要定期支付利息，发行公司有按期还本付息的负担，因此财务风险较高。

② 发行公司债的限制严格。法律对发行公司债券规定的条件多且较为严格。

（三）融资租赁

融资租赁，是指租赁公司或者办理融资租赁业务的其他金融机构按照承租企业的要求购买资产，并在契约或合同规定的较长期限内提供给承租企业使用的信用性业务。在租赁期内资产的所有权属于出租人，承租人拥有资产的使用权并分期向出租人支付租金。承租企业采用这种租赁方式的主要目的是融通资金，因此，融资租赁是承租企业筹集债务资金的一种特殊方式。

1. 融资租赁的基本形式

（1）直接租赁。

直接租赁是融资租赁的主要形式，承租方提出租赁申请时，出租方按照承租方的要求选购设备，然后再出租给承租方。

（2）售后租回。

售后租回是指承租方由于急需资金等各种原因，将自己的资产售给出租方，然后以租赁的形式从出租方原封不动地租回资产的使用权。

（3）杠杆租赁。

杠杆租赁是指涉及承租人、出租人和资金出借人三方的融资租赁业务。一般来说，当所涉及的资产价值昂贵时，出租方自己只投入部分资金，通常为资产价值的 20%～40%，其余资金则通过将该资产抵押担保的方式，向第三方（通常为银行）申请贷款解决。然后，出租人将购进的设备出租给承租方，用收取的租金偿还贷款，该资产的所有权属于出租方。出租人既是债权人也是债务人，既要收取租金又要支付债务。

2. 融资租赁的基本程序

（1）选择租赁公司，提出委托申请。

当企业决定采用融资租赁方式以获取某项设备时，需要了解各个租赁公司的资信情况、融资条件和租赁费率等，分析比较选定一家作为出租单位。然后，向租赁公司申请办理融资租赁。

（2）签订购货协议。

由承租企业和租赁公司中的一方或双方，与选定的设备供应厂商进行购买设备的技术谈判和商务谈判，在此基础上与设备供应厂商签订购货协议。

（3）签订租赁合同。

承租企业与租赁公司签订租赁设备的合同，如需要进口设备，还应办理设备进口手续。租赁合同是租赁业务的重要文件，具有法律效力。融资租赁合同的内容可分为一般条款和特殊条款两部分。

（4）交货验收。

设备供应厂商将设备发运到指定地点，承租企业要办理验收手续。验收合格后签发交货并将验收证书交给租赁公司，作为其支付货款的依据。

（5）定期交付租金。

承租企业按租赁合同规定，分期交纳租金，这也就是承租企业对所筹资金的分期还款。

（6）合同期满处理设备。

承租企业根据合同约定，对设备续租、退租或留购。

3. 融资租赁的租金确定

（1）决定融资租赁租金的因素。

融资租赁每期支付租金的多少，取决于以下几项因素：

① 租赁资产的购置成本，包括资产买价、运输费、安装调试费、保险费等。

② 预计租赁期满后资产的残值。

③ 租赁期限和租金的支付方式。

④ 利息，指租赁公司为承租企业购置资产垫付资金所应支付的利息。

⑤ 租赁手续费和利润，其中，手续费是指租赁公司承办租赁资产所发生的业务费用，包括业务人员工资、办公费、差旅费等。

（2）租金的支付方式。

租金的支付，有以下几种分类方式：

① 按支付间隔期长短，分为年付、半年付、季付和月付等方式。

② 按在期初和期末支付，分为先付和后付。

③ 按每次支付额，分为等额支付和不等额支付。

特别提示：实务中，承租企业和租赁公司商定的租金支付方式，大多是后付等额年金。

（3）租金的计算。

后付等额年金法，是运用年金现值的计算原理计算每期期末支付租金的方法。另外，通常要根据利率和租赁手续费率确定一个租费率，作为折现率。

【例 3-1】　甲企业于 2021 年 1 月 1 日从租赁公司融资租入一台设备，该设备价值为 1 000 万元，租期为 5 年，租赁期满时预计净残值为 100 万元，归租赁公司所有。年利率 8%，年租赁手续费率为 2%。租金每年末支付一次。计算该设备的年租金。

解：计算租金时使用的折现率＝8%＋2%＝10%

该设备的年租金＝[1 000－100×$(P/F,10\%,5)$]/$(P/A,10\%,5)$＝247.42（万元）

4. 融资租赁筹资的优缺点

（1）融资租赁筹资的优点。

① 无须大量资金就能迅速获得资产。在资金缺乏的情况下，融资租赁能迅速获得所需资产。融资租赁集"融资"与"融物"于一身，融资租赁使企业在资金短缺的情况下引进设备成为可能。特别是针对中小企业、新创企业而言，融资租赁是一条重要的融资途径。大型企业的大型设备、工具等固定资产，也经常通过融资租赁方式解决巨额资金的需要，如商业航空公司的飞机，大多是通过融资租赁取得的。

② 财务风险小，财务优势明显。融资租赁与购买的一次性支出相比，能够避免一次性支付的负担，而且租金支出是未来的、分期的，企业无须一次筹集大量资金偿还。还款时，租金可以通过项目本身产生的收益来支付。

③ 筹资的限制条件较少。企业运用股票、债券、长期借款等筹资方式，都受到相当多的资格条件的限制，如足够的抵押品、银行贷款的信用标准、发行债券的政府管制等。相比之下，融资租赁筹资的限制条件很少。

④ 资产淘汰风险小。融资租赁中，承租企业可免遭资产陈旧过时被淘汰的风险。

（2）融资租赁筹资的缺点。

资金成本较高。融资租赁的租金通常比银行借款或发行债券所负担的利息高得多，租金总额通常要比设备价值高出 30%。尽管与借款方式比，融资租赁能够避免到期一次性集中偿还的财务压力，但高额的固定租金也给各期的经营带来了负担。

（四）债务筹资的优缺点

（1）债务筹资的优点。

① 筹资速度较快。与股权筹资相比，债务筹资不需要经过复杂的审批手续和证券发行程序，如长期借款、融资租赁等，可以迅速地获得资金。

② 筹资的灵活性较大。发行股票等股权筹资，一方面需要经过严格的政府审批；另一方面从企业的角度出发，由于股权不能退还，股权资金在未来永久性地给企业带来了资金成本的负担。利用债务筹资，可以根据企业的经营情况和财务状况，灵活地商定债务条件，控制筹资数额，安排取得资金的时间。

③ 资金成本较低。一般来说，债务筹资的资金成本要低于股权筹资。其一是取得资金的手续费用等筹资费用较低；其二是利息、租金等用资费用比股权资金要低；其三是利息等资金成本可以在税前扣除。

④ 可以利用财务杠杆。债务筹资不改变公司的控制权，因而股东不会出于控制权稀释

的原因而反对公司举债。债权人从企业那里只能获得固定的利息或租金，不能参加公司剩余收益的分配。当企业的资本收益率（息税前利润率）高于债务利率时，会增加普通股股东的每股收益，提高净资产收益率，提升企业价值。

⑤ 稳定公司的控制权。债权人无权参加企业的经营管理，利用债务筹资不会改变和分散股东对公司的控制权。在信息沟通与披露等公司治理方面，债务筹资的代理成本也较低。

（2）债务筹资的缺点。

① 不能形成企业稳定的资本基础。债务资本有固定的到期日，到期需要偿还，只能作为企业的补充性资本来源。再加上取得债务往往需要进行信用评级，没有信用基础的企业和新创企业，往往难以取得足额的债务资本。现有债务资本在企业的资本结构中达到一定比例后，往往由于财务风险而不容易再取得新的债务资本。

② 财务风险较高。债务资本有固定的到期日、固定的债息负担，抵押、质押等担保方式取得的债务，资本使用上可能会有特别的限制。这些都要求企业必须保证有一定的偿债能力，要保持资产流动性及其资产收益水平，作为债务清偿的保障，对企业的财务状况提出了更高的要求，否则会带来企业的财务危机，甚至导致企业的破产。

③ 筹资数额有限。债务筹资的数额往往受到贷款机构资本实力的制约，筹资范围较窄，除发行债券方式外，一般难以像发行股票那样一次性筹集到大笔资金，无法满足公司大规模筹资的需要。

三、混合筹资

混合筹资，是指兼具股权和债务性质的混合筹资方式。我国最常见的混合筹资包括发行优先股、可转换债券和权证。

（一）发行优先股

优先股，是指股份有限公司发行的在分配红利和剩余财产时比普通股具有优先权的股份。优先股的两种优先权利具体如下：①在公司分配盈利时，拥有优先股票的股东比持有普通股票的股东，分配在先，而且享受固定数额的股息，即优先股的股息率都是固定的，普通股的红利却不固定，视公司盈利情况而定，利多多分，利少少分，无利不分，上不封顶，下不保底。②在公司解散，分配剩余财产时，优先股在普通股之前分配。

1. 优先股的特征

（1）优先股通常预先约定明确的股息收益率。由于优先股股息率事先固定，所以优先股的股息一般不会根据公司经营情况而增减，而且一般也不能参与公司的分红，但优先股可以先于普通股获得股息。对公司来说，由于股息固定，它不影响公司的利润分配。

（2）优先股的权利范围小。优先股股东一般没有选举权和被选举权，对股份公司的重大经营无投票权，但在某些情况下可以享有投票权。有限表决权，对于优先股股东的表决权限，财务管理中有严格限制，优先股股东在一般股东大会中无表决权或限制表决权，或者缩减表决权，但当召开会议讨论与优先股股东利益有关的事项时，优先股股东具有表决权。

（3）如果公司股东大会需要讨论与优先股有关的索偿权，则优先股的索偿权先于普通股，而次于债权人。

2. 优先股的种类

优先股可以按照不同的分类标准进行分类。

（1）累积优先股和非累积优先股。

根据公司因当年可分配利润不足而未向优先股股东足额派发股息，差额部分是否累积到下一会计年度，可分为累积优先股和非累积优先股。

累积优先股是指公司在某一时期所获盈利不足，导致当年可分配利润不足以支付优先股股息时，则将应付股息累积到次年或以后某一年盈利时，在普通股的股息发放之前，连同本年优先股股息一并发放。

非累积优先股则是指公司不足以支付优先股的全部股息时，对所欠股息部分，优先股股东不能要求公司在以后年度补发。

（2）参与优先股和非参与优先股。

根据优先股股东按照确定的股息率分配股息后，是否有权同普通股股东一起参加剩余税后利润分配。可分为参与优先股和非参与优先股。

持有人除可按规定的股息率优先获得股息外，还可与普通股股东分享公司的剩余收益的优先股，称为参与优先股。

持有人只能获取一定股息但不能参加公司额外分红的优先股，称为非参与优先股。

对于有权同普通股股东一起参加剩余利润分配的参与优先股，公司章程应明确优先股股东参与剩余利润分配的比例、条件等事项。

（3）固定股息率优先股和浮动股息率优先股。

优先股股息率在股权存续期内不作调整的，称为固定股息率优先股。

优先股股息率根据约定的计算方法进行调整的，称为浮动股息率优先股。优先股采用浮动股息率的，在优先股存续期内，票面股息率的计算方法在公司章程中要事先明确。

（4）可转换优先股和不可转换优先股。

根据优先股是否可以转换成普通股，可分为可转换优先股和不可转换优先股。可转换优先股是指在规定的时间内，优先股股东或发行人可以按照一定的转换比率把优先股换成该公司普通股。否则是不可转换优先股。

（5）可回购优先股和不可回购优先股。

根据发行人或优先股股东是否享有要求公司回购优先股的权利，可分为可回购优先股和不可回购优先股。

可回购优先股是指允许发行公司按发行价加上一定比例的补偿收益回购的优先股。公司通常在认为可以用较低股息率发行新的优先股时，用此方法回购已发行的优先股股票。

不附有回购条款的优先股，则被称为不可回购优先股。

3．发行优先股筹资的优缺点

优先股是公司股票，但又像公司债券，其筹资特点兼具股权筹资和债务筹资性质，因此优先股筹资属于混合筹资。

（1）发行优先股筹资的优点。

① 有利于保障普通股收益和控制权。与普通股相比，优先股的每股收益是固定的，只要净利润增加并且高于优先股股息，普通股的每股收益就会上升。另外，优先股股东无表决权，因此不影响普通股股东对企业的控制权，也基本上不会稀释原普通股的权益。

② 有利于降低公司财务风险。优先股股利不是公司必须偿付的一项法定债务，如果公司财务状况恶化、经营成果不佳，这种股利可以不支付，从而相对避免了企业的财务负担。由于优先股没有规定最终到期日，它实质上是一种永续性借款。优先股的收回由企业决定，企业可在有利条件下收回优先股，具有较大的灵活性。发行优先股、增加了权益资本，从而改善了公司的财务状况。对于高成长企业来说，承诺给优先股的股息与其成长性相比而言是比较低的。同时，由于发行优先股相当于发行无限期的债券，可以获得长期的低成本资金，但优先股又不是负债而是权益资本，能够提高公司的资产质量。总之，从财务角度上看，优

先股属于股债连接产品。作为资本，可以降低企业整体负债率；作为负债，可以增加长期资金来源，有利于公司的长久发展。

（2）发行优先股筹资的缺点。

① 资金成本较高。由于优先股股息不能抵减所得税，因此其资金成本高于债务资金成本。这是发行优先股筹资的最大不利因素。

② 股利支付的固定性，可能给公司带来一定财务压力。虽然公司可以不按规定支付股利，但这会影响公司形象，进而对普通股市价产生不利影响，损害到普通股股东的权益。当然，若在企业财务状况恶化时，这是不可避免的；但是，若企业盈利很大，想更多地留用利润来扩大经营时，由于股利支付的固定性，便成为一项财务负担，影响了企业的扩大再生产。

（二）发行可转换债券

可转换债券是可转换公司债券的简称，又简称可转债，是债券持有人可按照发行时约定的价格等条件将债券转换成公司普通股票的债券。

1. 可转换债券的基本特征

可转换债券兼有债券和股票的特征，其基本特征具体如下：

（1）债权性。与其他债券一样，可转换债券也有规定的利率和期限，投资者可以选择持有债券，到期收取本息。

（2）股权性。可转换债券在转换成股票之前是纯粹的债券，但转换成股票之后，原债券持有人就由债权人变成了公司的股东，可参与企业的经营决策和红利分配，这在一定程度上会影响公司的股本结构。

（3）可转换性。可转换性是可转换债券的重要标志，债券持有人可以按约定的条件将债券转换成股票。转股权是投资者享有的、一般债券所没有的选择权。可转换债券在发行时就明确约定，债券持有人可按照发行时约定的价格将债券转换成公司的普通股票。如果债券持有人不想转换，则可以继续持有债券，直到偿还期满时收取本金和利息，或者在流通市场出售变现。如果持有人看好发债公司股票增值潜力，在宽限期之后可以行使转换权，按照预定转换价格将债券转换成为股票，发债公司不得拒绝。

（4）赎回与回售。可转换债券一般都会有赎回条款，发债公司在可转换债券转换前，可以按一定条件赎回债券。通常，公司股票价格在一段时期内连续高于转股价格达到某一幅度时，公司会按事先约定的价格买回未转股的可转换公司债券。

同样，可转换债券一般也会有回售条款，公司股票价格在一段时期内连续低于转股价格达到某一幅度时，债券持有人可按事先约定的价格将所持债券回售给发行公司。

2. 发行可转换债券筹资的优缺点

（1）发行可转换债券筹资的优点。

① 资金成本较低。可转换债券的利率低于同一条件下普通债券的利率，降低了公司的筹资成本；另外，在可转换债券转换为普通股时，公司无须另外支付筹资费用，又节约了股票的筹资成本。

② 筹资灵活性。可转换债券将传统的债务筹资功能和股票筹资功能结合起来，筹资性质和时间上具有灵活性。债券发行企业先以债务方式取得资金，到了债券转换期，如果股票市价较高，债券持有人将会按约定的价格转换为股票，避免了企业还本付息的负担。如果公司股票长期低迷，投资者不愿意将债券转换为股票，企业及时还本付息清偿债务，也能避免未来长期的股东资金成本负担。

③ 筹资效率高。可转换债券在发行时，规定的转换价格往往高于当时本公司的股票价

格。如果这些债券将来都转换成了股权，这相当于在债券发行之际，就以高于当时股票市价的价格新发行了股票，以较少的股份代价筹集了更多的股份资金。因此在公司发行新股时机不佳时，可以先发行可转换债券，以便其将来变相发行普通股。

（2）发行可转换债券筹资的缺点。

① 存在一定的财务压力。首先，可转换债券存在不转换的财务压力。如果在转换期内公司股价处于恶化性的低位，持券者到期不会转股，会造成公司因集中兑付债券本金而带来的财务压力。其次，可转换债券还存在回售的财务压力。若可转换债券发行后，公司股价长期低迷，在设计有回售条款的情况下，投资者集中在一段时间内将债券回售给发行公司，加大了公司的财务支付压力。

② 存在一定的股价上涨风险。当股价上涨时，公司只能以较低的固定转换价格换出股票，会降低公司的股权筹资额。

（三）发行权证

权证，又称认股权、认股权证。是指基础证券发行人或其以外的第三人发行的，约定持有人在规定期间内或特定到期日，有权按约定价格向发行人购买或出售标的的证券，或以现金结算方式收取结算差价的有价证券。根据权利的行使方向，权证可以分为认购权证和认沽（售）权证，认购权证属于期权当中的看涨期权，认沽（售）权证属于看跌期权。

1. 权证的基本特征

（1）权证的期权性。权证本质上是一种期权，属于衍生金融工具，具有实现融资和期权激励的双重功能。但权证本身是一种认购标的资产的期权，它没有如普通股的红利收入，也没有如普通股相应的投票权。

（2）权证是一种投资工具。投资者可以通过购买权证获得市场价与认购价之间的差价收益，因此它是一种具有内在价值的投资工具。

2. 发行权证筹资的优缺点

（1）发行权证筹资的优点。

① 权证是一种融资促进工具。权证可以单独发行，也可以依附于债券、优先股、普通股等证券发行，可以为公司筹集一笔额外资金。另外，当权证依附于其他证券发行时，可以促进其他依附证券的发行，促进其他筹资方式的运用，为公司顺利实现融资。

② 有助于改善公司的治理结构。采用权证进行融资，融资的实现是缓期分批实现的。公司及其大股东的利益，与投资者是否在到期之前执行权证密切相关。因此，在权证有效期间，公司管理层及其大股东任何有损公司价值的行为，都可能降低公司的股价，从而降低投资者执行权证的可能性，这将损害公司管理层及其大股东的利益。所以，权证能够约束公司的败德行为，并激励他们更加努力地提升公司的市场价值。

③ 有利于推进上市公司的股权激励机制。权证是常用的员工激励工具，通过给予管理者和重要员工一定的权证，可以把管理者和员工的利益与企业价值成长紧密联系在一起，建立一个管理者与员工通过提升企业价值实现自身财富增值的利益驱动机制。

（2）发行权证筹资的缺点。

① 权证的执行时间不确定。根据权证的设定，有的可以在有效期内任意时间行权，有的只能在特定日期行权。在前一种情况下，如果是认购权证，则公司面对丰富的潜在资金，一旦持有人行权买入权证对应的股票，公司就可以获得大量资金。但公司并不能准确判断持有人的行权时间，因此暂时无法规划和使用相应资金。

② 稀释普通股收益和控制权。当认购权证被执行时，提供给投资者的股票是新发行的

股票，并非二级市场的股票。因此，普通股股份增多，每股收益下降，同时也稀释了原有股东的控制权。

四、筹资实务创新

企业筹资渠道和筹资方式的变化与国家金融业的发展密切相关。随着经济的发展和金融政策的完善，我国企业筹资渠道和筹资方式逐步呈现多元化趋势。

1．商业票据融资

商业票据融资是指通过商业票据进行融通资金。商业票据是一种商业信用工具，是由债务人向债权人开出的、承诺在一定时期内支付一定款项的支付保证书，即由无担保、可转让的短期期票组成。商业票据融资具有融资成本较低、灵活方便等特点。

2．中期票据融资

中期票据是指具有法人资格的非金融类企业在银行间债券市场按计划分期发行的、约定在一定期限内还本付息的债务融资工具。发行中期票据一般要求：具有稳定的偿债资金来源；拥有连续三年的经审计的会计报表，且最近一个会计年度盈利；主体信用评级达到AAA；待偿还债券余额不超过企业净资产的40%；募集资金应用于企业生产经营活动，并在发行文件中明确披露资金用途；发行利率、发行价格和相关费用由市场化方式确定。中期票据在实务中得到了广泛的应用，尤其是近些年来在我国上市公司中应用颇多。

3．股权众筹融资

股权众筹融资主要是指通过互联网形式进行公开小额股权融资的活动。股权众筹融资必须通过股权众筹融资中介机构平台（互联网网站或其他类似的电子媒介）进行。其融资方应为小微企业，应通过股权众筹融资中介机构向投资人如实披露企业的商业模式、经营管理、财务、资金使用等关键信息，不得误导或欺诈投资者。股权众筹融资业务由证监会负责监管。

4．企业应收账款债权资产证券化

企业应收账款债权资产支持证券是指证券公司、基金管理公司子公司作为管理人，通过设立资产支持专项计划开展资产证券化业务，以企业应收账款债权为基础资产或基础资产现金流来源所发行的资产支持证券。企业应收账款债权资产证券化是企业拓宽融资渠道、降低融资成本、盘活存量资产、提高资产使用效率的重要途径。

5．融资租赁债权资产证券化

融资租赁债权资产支持证券是指证券公司、基金管理公司子公司作为管理人，通过设立资产支持专项计划开展资产证券化业务，以融资租赁债权为基础资产或基础资产现金流来源所发行的资产支持证券。

融资租赁债权是指融资租赁公司依据融资租赁合同对债务人（承租人）享有的租金债权、附属担保权益（如有）及其他权利（如有）。

6．商圈融资

商圈融资模式包括商圈担保融资、供应链融资、商铺经营权、租赁权质押、仓单质押、存货质押、动产质押、企业集合债券等。发展商圈融资是缓解中小商贸企业融资困难的重大举措。改革开放以来，我国以商品交易市场、商业街区、物流园区、电子商务平台等为主要形式的商圈发展迅速，已成为我国中小商贸服务企业生存与发展的重要载体。但是，由于商圈内多数商贸经营主体属中小企业，抵押物少、信用记录不健全，"融资难"问题较为突出，亟须探索适应中小商贸服务企业特点的融资新模式。发展商圈融资有助于增强中小商贸经营主体的融资能力，缓解融资困难，促进中小商贸企业健康发展；有助于促进商圈发展，增强经营主体集聚力，提升产业关联度，整合产业价值链，推进商贸服务业结构调整和升级，从而带动税收、就业增长和区域经济发展，实现搞活流通、扩大消费的战略目标；同时，也有助于银行业金融机构和融资性担保机构等培养长期稳定的优质客户群体，扩大授信规模，降低融资风险。

7. 供应链融资

供应链融资，是将供应链核心企业及其上下游配套企业作为一个整体，根据供应链中相关企业的交易关系和行业特点制定基于货权和现金流控制的"一揽子"金融解决方案的一种融资模式。供应链融资解决了上下游企业融资难、担保难的问题，而且通过打通上下游融资瓶颈，还可以降低供应链融资成本，提高核心企业及配套企业的竞争力。

8. 绿色借贷

绿色信贷，也称可持续融资或环境融资。它是指银行业金融机构为支持环保产业、倡导绿色文明、发展绿色经济而提供的信贷融资。绿色信贷重点支持节能环保、清洁生产、清洁能源、生态环境、基础设施绿色升级和绿色服务六大类产业。

9. 能效借贷

能效信贷，是指银行业金融机构为支持用能单位提高能源利用效率，降低能源消耗而提供的信贷融资。

能效信贷业务的重点服务领域包括：①工业节能，主要涉及电力、煤炭、钢铁、有色金属、石油石化、化工、建材、造纸、纺织、印染、食品加工、照明等重点行业。②建筑节能，主要涉及既有和新建居住建筑，国家机关办公建筑和商业、服务业、教育、科研、文化、卫生等其他公共建筑，建筑集中供热、供冷系统节能设备及系统优化，可再生能源建筑应用等。③交通运输节能，主要涉及铁路运输、公路运输、水路运输、航空运输和城市交通等行业。④与节能项目、服务、技术和设备有关的其他重要领域。

能效信贷包括用能单位能效项目信贷和节能服务公司合同能源管理信贷两种方式。①用能单位能效项目信贷是指银行业金融机构向用能单位投资的能效项目提供的信贷融资。用能单位是项目的投资人和借款人。②节能服务公司合同能源管理信贷是指银行业金融机构向节能服务公司实施的合同能源管理项目提供的信贷融资。节能服务公司是项目的投资人和借款人。

任务 3 资 金 成 本

一、资金成本概述

（一）资金成本的概念

资金成本是指企业为筹集和使用资金而付出的代价。其实，资金成本是资金所有权与资金使用权分离的结果。对出资者而言，由于让渡了资金使用权，必须要求取得一定的补偿，资金成本表现为让渡资金使用权所带来的投资收益。对筹资者而言，由于取得了资金使用权，必须支付一定代价，资金成本表现为取得资金使用权所付出的代价。

资金成本主要包括资金筹集费用和资金占用费用两部分。

（1）资金筹集费用，也称筹资费用。筹资费用是指企业在资金筹集过程中为获取资金而付出的代价，如向银行支付的借款手续费，因发行股票、发行债券支付的印刷费、律师费、公证费、担保费及广告宣传费等。筹资费用通常在资金筹集时一次性发生，在资金使用过程中则不再发生，因此，将其视为筹资额的一项扣除。

（2）资金占用费用，也称用资费用。用资费用是指企业在资金使用过程中因使用他人资金而付出的代价，如向银行等债权人支付的利息，向股东支付的股利等。

资金成本既可以用绝对数表示，也可以用相对数表示。但通常采用相对数资金成本率来表示。资金成本率是企业的用资费用与筹资净额之间的比率，其中，筹资净额是指筹资总额扣除筹资费用后的净额。

（二）资金成本的种类

这里所讲的资金成本主要是指长期资金的成本，主要包括以下三种：

（1）个别资金成本。个别资金成本是指企业单项长期资金的资金成本，如长期借款资金成本、公司债券资金成本、优先股资金成本、普通股资金成本、留存收益资金成本等。

（2）综合资金成本。综合资金成本是指多元化融资方式下企业全部长期资金的加权平均资金成本。

（3）边际资金成本。边际资金成本是指企业追加长期资金筹集的成本。

（三）资金成本的作用

资金成本是企业筹资管理的主要依据，也是企业投资管理的重要标准，甚至是企业整个财务管理和经营管理的重要工具。具体来说，资金成本有如下作用：

1. 资金成本是比较筹资方式、选择筹资方案的依据

各种资金的资金成本率，是比较、评价各种筹资方式的依据。在评价各种筹资方式时，一般会考虑的因素包括对企业控制权的影响、对投资者吸引力的大小、融资的难易程度和风险大小、资金成本的高低等，而资金成本是其中的重要因素。在其他条件相同时，企业筹资应选择资金成本率最低的方式。

2. 综合资金成本是衡量资本结构是否合理的重要依据

企业财务管理目标是企业价值最大化，企业价值是企业资产带来的未来现金流量的贴现值。计算企业价值时，经常采用企业的综合资金成本作为贴现率，当综合资金成本最小时，企业价值最大，此时的资本结构是企业理想的资本结构。

3. 资金成本是评价投资项目可行性的主要标准

任何投资项目，如果它预期的投资收益率超过该项目使用资金的资金成本率，则该项目在经济上就是可行的。因此，企业以资金成本率来确定项目要求达到的投资收益率的最低标准。

4. 资金成本是评价企业整体业绩的重要依据

一定时期内企业资金成本率的高低，不仅反映企业筹资管理的水平，还可作为评价企业整体经营业绩的标准。企业的生产经营活动，实际上就是所筹集资金经过投放后形成资产的营运，企业的总资产税后收益率应高于其综合资金成本率，这样才能带来剩余收益。

（四）资金成本的影响因素

1. 总体经济环境

一个国家或地区的总体经济环境状况，表现在国民经济发展水平、预期的通货膨胀等方面，这些都会对企业筹资的资金成本产生影响。如果国民经济保持健康、稳定、持续增长，整个社会经济的资金供给和需求相对均衡且通货膨胀水平低，资金所有者投资的风险小，预期收益率低，筹资的资金成本率相应就比较低。相反，如果经济过热，通货膨胀率持续居高

不下，投资者投资的风险大，预期收益率高，筹资的资金成本率就高。

2．资本市场条件

资本市场条件包括资本市场的效率和风险。如果资本市场缺乏效率，证券的市场流动性低，投资者投资风险大，要求的预期收益率高，那么通过资本市场融通的资金，其成本水平就比较高。

3．企业经营状况和融资状况

企业的经营风险和财务风险共同构成企业总体风险，如果企业经营风险高，财务风险大，则企业总体风险水平高，投资者要求的预期收益率高，企业筹资的资金成本相应就大。

4．企业对筹资规模和时限的需求

在一定时期内，国民经济体系中资金供给总量是一定的。资金是一种稀缺资源。因此企业一次性需要筹集的资金规模大、占用资金时限长，资金成本就高。当然，融资规模、时限与资金成本的正向相关性并非线性关系。一般来说，融资规模在一定限度内，并不会引起资金成本的明显变化，当融资规模突破一定限度时，才会引起资金成本的明显变化。

二、个别资金成本

在衡量和评价单一融资方案时，需要计算个别资金成本。在计算个别资金成本时，按照是否考虑货币时间价值，可有一般模式和贴现模式两种计算模式。

1．一般模式

一般模式下，不考虑货币时间价值。如前所述，资金成本率是企业的用资费用与筹资净额之间的比率，将初期的筹资费用作为筹资额的一项扣除，筹资总额扣除筹资费用后的净额称为筹资净额。通用的一般模式的计算公式为：

$$K=\frac{D}{P-F}=\frac{D}{P\cdot(1-f)}$$

式中，K 为个别资金成本；D 为每个期间的用资费用额；P 为筹资总额；F 为筹资费用额；f 为筹资费用率。

2．贴现模式

贴现模式下，考虑货币时间价值。计算长期资金的资金成本，更为准确一些是采用贴现模式，即将债务未来还本付息或股权未来股利的贴现值与目前筹资净额相等时的贴现率作为资金成本率。即：

由：筹资净额现值－未来资金清偿额现金流量现值＝0

得：资金成本率＝所采用的贴现率

为了便于分析比较，资金成本通常采用不考虑货币时间价值的一般模式计算。

（一）长期借款的资金成本

长期借款的资金成本包括借款利息和借款手续费用。借款手续费用是筹资费用的具体表现，作为筹资总额的一项扣除。借款利息在税前扣除，具有抵减企业所得税的作用，因此，一般计算税后资金成本，以便与权益资金成本具有可比性。长期借款的资金成本的一般模式计算公式为：

$$K_l=\frac{L\cdot i\cdot(1-T)}{L-L\cdot f}=\frac{L\cdot i\cdot(1-T)}{L\cdot(1-f)}=\frac{i\cdot(1-T)}{1-f}$$

式中，K_l 为长期借款的资金成本；L 为长期借款的本金；i 为长期借款的年利率；f 为长期借款的筹资费用率；T 为所得税税率。

相对而言，长期借款的筹资费用很低，有时也会忽略不计。

【例 3-2】 针对"项目导入"的项目一，计算甲公司现有资本结构中长期借款的资金成本。

解：
$$K_l = \frac{100 \times 5\% \times (1-25\%)}{100 - 100 \times 1\%} = \frac{5\% \times (1-25\%)}{1-1\%} = 3.79\%$$

（二）公司债券的资金成本

公司债券的资金成本包括债券利息和筹资费用。债券的筹资费用即发行费用，包括发行债券的律师费、印刷费、手续费等，这些费用一般很高，因此不能忽略。与长期借款类似，债券利息在税前扣除，具有抵减企业所得税的作用。因此，公司债券的资金成本的一般模式计算公式为：

$$K_b = \frac{I \cdot (1-T)}{B \cdot (1-f)} = \frac{S \cdot i \cdot (1-T)}{B \cdot (1-f)}$$

式中，K_b 为公司债券的资金成本；I 为公司债券年利息；S 为公司债券面值；i 为公司债券年利率；B 为公司债券的筹资总额；f 为公司债券的筹资费用率；T 为所得税税率。

特别提示： 债券可以溢价、平价和折价发行，因而发行价格不一定都等于债券面值。

【例 3-3】 针对"项目导入"的项目一，计算甲公司现有资本结构中公司债券的资金成本。

解：
$$K_b = \frac{500 \times 8\% \times (1-25\%)}{600 \times (1-4\%)} = 5.21\%$$

（三）优先股的资金成本

优先股的资金成本包括向优先股股东支付的各期股利和发行优先股支付的发行费用。与债务资金不同，优先股股利是从税后利润中支付的，没有抵减企业所得税的作用。对于固定股息率优先股而言，各期股利是固定的，可看作一项永续年金，优先股的资金成本的一般模式计算公式为：

$$K_p = \frac{D}{P_p \cdot (1-f)}$$

式中，K_p 为优先股的资金成本；D 为优先股年固定股息；P_p 为优先股发行价格；f 为优先股的筹资费用率。

【例 3-4】 针对"项目导入"的项目一，计算甲公司现有资本结构中优先股的资金成本。

解：
$$K_p = \frac{100 \times 9\%}{120 \times (1-3\%)} = 7.73\%$$

如果是浮动股息率优先股，则优先股的浮动股息率将根据约定的方法计算，并在公司章程中事先明确。由于浮动股息率优先股各期股利是波动的，因此其资金成本只能按照贴现模式计算，并假定各期股利的变化呈一定的规律性。此类浮动股息率优先股的资金成本计算，与普通股资金成本的股利增长模型计算方式相同。

（四）普通股的资金成本

普通股的资金成本包括向普通股股东支付的各期股利和发行普通股支付的发行费用。与优先股相比，普通股各期股利并不一定固定，而随企业各期收益波动，因此普通股的资金成本只能按贴现模式计算，即按股利折现模型估计。如果是上市公司普通股，其资金成本还可以根据该公司股票收益率与市场收益率的相关性，按资本资产定价模型估计。

1. 股利折现模型

运用股利折现模型计算普通股的资金成本，因具体的股利政策而有所不同。其中比较典型的是固定股利政策和稳定增长股利政策。

（1）固定股利政策下的股利折现模型

如果企业采用固定股利政策，即各期股利固定，则普通股与固定股息率优先股类似，各期股利可看作一项永续年金。这种情况下，普通股的资金成本的计算公式与上述优先股一样。

（2）稳定增长股利政策下的股利折现模型

企业各期收益波动，普通股各期股利一般不固定。假定各期股利的变化呈一定规律性，按一定的速度永续稳定增长。这种情况下，普通股的资金成本的计算公式为：

$$K_s = \frac{D_0 \cdot (1+g)}{P_0 \cdot (1-f)} + g = \frac{D_1}{P_0 \cdot (1-f)} + g$$

式中，K_s 为普通股的资金成本；D_0 为上期的股利额；D_1 为第一期的股利额；g 为各期股利的增长率；P_0 为普通股的市场价格；f 为普通股的筹资费用率。

【例 3-5】 针对"项目导入"的项目一，计算甲公司现有资本结构中普通股的资金成本。

解：
$$K_s = \frac{500 \times 10\% \times (1+6\%)}{1\,000 \times (1-5\%)} + 6\% = 11.58\%$$

2. 资本资产定价模型

假定资本市场有效，股票市场价格与价值相等。由于筹资者的资金成本实际上就是投资者的必要报酬率，因此可以借用计算投资报酬率的资本资产定价模型来计算普通股筹资的资金成本。其计算公式为：

$$K_s = R_f + \beta \cdot (R_m - R_f)$$

式中，R_f 为无风险报酬率；β 为股票的贝塔系数；R_m 为市场平均报酬率。

（五）留存收益的资金成本

留存收益是由企业税后净利润形成的，是一种所有者权益，其实质是所有者向企业的追加投资。企业利用留存收益筹资无须发生筹资费用。如果企业将留存收益用于再投资，所获得的报酬率低于股东自己进行一项风险相似的投资项目的报酬率，企业就应该将其分配给股东。留存收益的资金成本率，表现为股东追加投资要求的报酬率，其计算与普通股的资金成本相同，也分为股利贴现模型和资本资产定价模型，不同点在于留存收益的资金成本没有筹资费用。

三、综合资金成本

企业通过不同筹资方式取得资金，其资金成本各不相同。在衡量和评价企业筹资总体的经济性时，需要计算企业的综合资金成本。综合资金成本用于衡量企业资金成本水平，确定企业最优的资本结构。

综合资金成本是以各项个别长期资金在企业总筹资额中所占比重为权数，对各项个别资金成本进行加权平均计算得到的，因而也称加权平均资金成本。其计算公式为：

$$K_w = \sum_{j=1}^{n} K_j \cdot W_j$$

式中，K_w 为综合资金成本；K_j 为第 j 种个别资金成本；W_j 为第 j 种长期资金在企业总筹资额中所占的比重。

综合资金成本的计算，存在着权数的选择问题，即各项个别长期资金按什么权数来确定在企业总筹资额中的比重。通常，可供选择的权数价值形式有账面价值、市场价值和目标价值等。

（一）账面价值权数

账面价值权数是以各项个别长期资金的会计报表账面价值为基础来计算权数，确定各项个别长期资金占总筹资额的比重。其优点是：资料容易获得，可以直接从资产负债表中得到，而且计算结果比较稳定。其缺点是：当债券和股票的市价与账面价值差距较大时，导致按账面价值计算出来的资金成本不能反映目前从资本市场上筹集资金的现时机会成本，不适合评价现时的资本结构。

（二）市场价值权数

市场价值权数是以各项个别长期资金的现行市场价格为基础来计算权数，确定各项个别长期资金占总筹资额的比重。其优点是：能够反映现时的资金成本水平，有利于进行资本结构决策。其缺点是：现行市场价格处于经常变动之中，不容易取得，而且现行市场价格反映的只是现时的资本结构，不适用未来的筹资决策。

（三）目标价值权数

目标价值权数是以各项个别长期资金预计的未来价值为基础来确定权数，确定各项个别长期资金占总筹资额的比重。目标价值是目标资本结构要求下的产物，是公司筹措和使用资金对资本结构一种要求。对于公司筹措新资金，需要反映期望的资本结构来说，目标价值是有益的，适用于未来的筹资决策，但目标价值的确定难免具有主观性和预期性，往往依赖于财务经理的价值判断和职业经验。

【例 3-6】 针对"项目导入"的项目一，根据【例 3-2】至【例 3-5】的计算结果，计算甲公司现有资本结构的综合资金成本（采用市场价值权数）。

解： 长期资金的市场价值＝100＋600＋300＋1 000＝2 000（万元）

长期借款权数＝100/2 000＝0.05，公司债券权数＝600/2 000＝0.3，优先股权数＝300/2 000＝0.15，普通股权数＝1 000/2 000＝0.5

综合资金成本 K_w＝3.79％×0.05＋5.21％×0.3＋7.73％×0.15＋11.58％×0.5＝8.7％

四、边际资金成本

企业的个别资金成本和综合资金成本，是企业过去筹集单项长期资金的成本和目前使用全部长期资金的加权平均成本。然而，企业在追加长期资金筹集时，还要考虑新筹集资金的成本，即边际资金成本。边际资金成本，是企业进行追加筹资的决策依据。

企业追加筹资如果只采用一种筹资方式，在这种情况下，边际资金成本的确定与前述个别资金成本的确定方法相同。在筹资数额较大或目标资本结构既定的情况下，追加筹资往往需要通过多种筹资方式的组合来实现，这时的边际资金成本是新筹集各项长期资金的加权平均资金成本，边际资金成本的权数采用目标价值权数。

【例 3-7】 针对"项目导入"的项目一，分别计算甲公司追加筹资采用 A、B 两种筹资方案的边际资金成本。

解：（1）甲公司采用 A 筹资方案的边际资金成本为：

$$K_A＝5％＋1.2×(12％－5％)＝13.4％$$

（2）甲公司采用 B 筹资方案的边际资金成本为：

$$K_B＝\frac{300×14％×(1－25％)}{300×(1－4％)}＝10.94％$$

任务 4　杠 杆 效 应

杠杆效应指的是一种加乘作用，即一个因素变动时，另一个因素会以更大幅度变动。财务管理中的杠杆效应，表现为：由于特定固定性成本的存在，当某一财务变量变动时，另一相关变量会以更大幅度变动。财务管理中的杠杆效应，包括经营杠杆、财务杠杆和综合杠杆三种形式。杠杆是一把"双刃剑"，杠杆效应既可以产生杠杆利益，也可能带来杠杆风险。

在进行杠杆分析之前，需要了解有关成本性态的一些基本概念。成本性态，又称成本习性，是指成本总额与业务量之间的依存关系。这里的业务量可以是生产量、销售量，也可以是作业量。按照成本性态不同，通常将成本划分为固定成本、变动成本和混合成本三类。固定成本是指在一定期间和一定业务量范围内（相关范围内），成本总额不受业务量变动影响而保持固定不变的成本。变动成本是指在一定期间和一定业务量范围内（相关范围内），成本总额随业务量的变动而呈正比例变动的成本。混合成本是介于变动成本和固定成本之间，随业务量变动而呈非正比例变动的成本。由于混合成本按照一定方法可以分解为固定成本和变动成本，因此最终将全部成本区分为固定成本和变动成本两大类。

一、经营杠杆效应

（一）经营杠杆

经营杠杆，又称营业杠杆或营运杠杆，是指由于固定经营成本的存在，使得企业的资产收益（息税前利润）变动幅度大于产销业务量变动幅度的现象。

经营杠杆，反映产销业务量和息税前利润的杠杆关系。根据成本性态，在一定产销业务量范围内，产销业务量的增加虽然不会影响固定成本总额，但会降低单位产品分摊的固定成本，从而提高单位产品利润，使得息税前利润的增长率大于产销业务量的增长率，进而产生经营杠杆效应。

（二）经营杠杆系数

为了对经营杠杆进行量化，测算经营杠杆效应程度，常用指标为经营杠杆系数。经营杠杆系数（DOL），是息税前利润变动率与产销业务量变动率的比值。其计算公式为：

$$DOL = \frac{\Delta EBIT/EBIT}{\Delta Q/Q}$$

式中，DOL 为经营杠杆系数；$\Delta EBIT$ 为息税前利润变动额；EBIT 为息税前利润；ΔQ 为产销业务量变动额；Q 为产销业务量。

这里，用息税前利润（EBIT）表示企业的资产收益，则：

$$EBIT = S - V - F = (P - V_C) \cdot Q - F = M - F$$

式中，S 为销售额；V 为变动经营成本；F 为固定经营成本；P 为销售单价；V_C 为单位产品变动经营成本；Q 为产销业务量；M 为边际贡献。

为了便于计算，经营杠杆系数的计算公式可简化为：

$$DOL = \frac{EBIT + F}{EBIT} = \frac{M}{M - F}$$

即：$$报告期经营杠杆系数 = \frac{基期边际贡献}{基期息税前利润}$$

【例 3-8】 针对"项目导入"中项目二，计算甲公司 2021 年和 2022 年的经营杠杆系数。

解：项目二中甲公司经营杠杆系数计算如表 3-2 所示。

表 3-2 经营杠杆系数计算表

项目	2020 年	2021 年
销售量/万件	100	120
销售额(单位售价 10 元)/万元	1 000	1 200
销售量或销售额的变动率/%	—	20
变动经营成本(单位变动成本 5 元)/万元	500	600
边际贡献/万元	500	600
固定经营成本/万元	300	300
息税前利润/万元	200	300
息税前利润的变动率/%	—	50

$$DOL_{2021} = \frac{(300-200)/200}{(120-100)/100} = \frac{50\%}{20\%} = 2.5$$

或

$$DOL_{2021} = \frac{200+300}{200} = \frac{500}{500-300} = 2.5$$

$$DOL_{2022} = \frac{300+300}{300} = \frac{600}{600-300} = 2$$

（三）经营杠杆与经营风险

经营风险是指企业由于生产经营上的原因而导致资产收益波动的风险。引起企业经营风险的主要原因是市场需求、生产成本等因素的不确定性，经营杠杆本身并不是资产收益不确定的根源，只是资产收益波动的表现。

经营杠杆反映了资产收益的波动性，用以评价企业的经营风险。经营杠杆系数越高，表明息税前利润受产销业务量变动的影响程度越大，企业的经营风险就越大。反之，经营杠杆系数越低，息税前利润变动越平稳，企业的经营风险越小。

根据上述计算公式可知，影响经营杠杆的因素包括：企业的息税前利润水平和成本结构中的固定成本比重。其中，息税前利润水平又受产品销售量、销售价格、成本水平（单位变动成本和固定成本总额）高低的影响。因此，一般而言，固定成本比重越低，单位变动成本越小，产品销售量和销售价格水平越高，经营杠杆效应越小，企业经营风险越小。

二、财务杠杆效应

（一）财务杠杆

财务杠杆，是指由于固定资金成本（如固定债务利息、固定优先股股息等）的存在，使得企业的普通股权益资本收益（普通股收益或每股收益）变动率大于息税前利润变动率的现象。

财务杠杆，反映息税前利润和普通股收益的杠杆关系。当有利息费用等固定资金成本存在时，如果其他条件不变，息税前利润的增加虽然不会改变固定利息费用总额，但会降低每元息税前利润分摊的利息费用，从而提高每股收益，使得普通股收益的增长率大于息税前利润的增长率，进而产生财务杠杆效应。

（二）财务杠杆系数

为了对财务杠杆进行量化，测算财务杠杆效应程度，常用指标为财务杠杆系数。财务杠杆系数（DFL），是每股收益变动率与息税前利润变动率的比值。其计算公式为：

$$DFL = \frac{\Delta EPS / EPS}{\Delta EBIT / EBIT}$$

式中，DFL 为财务杠杆系数；ΔEPS 为每股收益变动额；EPS 为每股收益；$\Delta EBIT$ 为息税前利润变动额；EBIT 为息税前利润。

这里，用普通股收益或每股收益（EPS）表示普通股权益资本收益，则：

$$EPS = [(EBIT - I) \cdot (1 - T) - D] / N$$

式中，I 为债务资金利息；T 为所得税税率；D 为优先股股利；N 为普通股股数。

为了便于计算，财务杠杆系数的计算公式可简化为：

$$DFL = \frac{EBIT}{EBIT - I - \dfrac{D}{1 - T}}$$

即：报告期财务杠杆系数 $= \dfrac{基期息税前利润}{基期息税前利润 - 基期债务资金利息 - \dfrac{优先股股利}{1 - 所得税税率}}$

【例 3-9】 针对"项目导入"中项目二，计算甲公司 2021 年和 2022 年的财务杠杆系数。

解：项目二中甲公司财务杠杆系数计算如表 3-3 所示。

表 3-3 财务杠杆系数计算表

项目	2020 年	2021 年
息税前利润/万元	200	300
息税前利润的变动率/%	—	50
债务利息/万元	120	120
税前利润/万元	80	180
所得税/万元	20	45
净利润/万元	60	135
优先股股利/万元	20	20
普通股股数/万股	100	100
每股收益/万元	0.4	1.15
每股收益的变动率/%	—	187.5

$$DFL_{2021} = \frac{(1.15 - 0.4)/0.4}{(300 - 200)/200} = \frac{187.5\%}{50\%} = 3.75$$

或

$$DFL_{2021} = \frac{200}{200 - 120 - 20/(1 - 25\%)} = \frac{200}{53.33} = 3.75$$

$$DFL_{2022} = \frac{300}{300 - 120 - 20/(1 - 25\%)} = \frac{300}{153.33} = 1.96$$

（三）财务杠杆与财务风险

狭义上，财务风险是指企业由筹资原因产生的资金成本负担而导致的普通股收益波动的风险。引起企业财务风险的主要原因是资产收益的不利变化和资金成本的固定负担。由于财务杠杆的作用，当企业的息税前利润下降时，企业仍然需要支付固定的资金成本，导致普通股收益以更快的速度下降。

财务杠杆反映了权益资本收益的波动性，用以评价企业的财务风险。财务杠杆放大了资产收益变动对普通股收益的影响，财务杠杆系数越高，表明普通股收益受息税前利润变动的影响程度越大，企业的财务风险就越大。

根据上述计算公式可知，影响财务杠杆的因素包括：企业资本结构中的债务资金比重、普通股收益水平和所得税税率水平。其中，普通股收益水平又受息税前利润、固定资金成本高低的影响。因此，一般而言，债务资金比重越低，固定资金成本支付额越低，息税前利润水平越高，财务杠杆效应越小，企业财务风险越小。

三、综合杠杆效应

（一）综合杠杆

综合杠杆，又称联合杠杆、复合杠杆或总杠杆，是用来反映经营杠杆和财务杠杆共同发挥作用的结果，即权益资本收益与产销业务量之间的变动关系。由于固定经营成本的存在，产生经营杠杆效应，导致产销业务量变动对息税前利润变动有加乘作用；同样，由于固定资金成本的存在，产生财务杠杆效应，导致息税前利润变动对普通股每股收益变动有加乘作用；两种杠杆共同作用，产生综合杠杆效应，导致产销业务量变动对普通股每股收益有加乘作用。

综合杠杆，是指由于固定经营成本和固定资金成本的存在，使得企业的普通股每股收益变动率大于产销业务量变动率的现象。

（二）综合杠杆系数

由于企业同时存在固定经营成本和固定资金成本，产销业务量变动通过息税前利润的变动，传导至普通股收益，使得每股收益发生更大的变动。测算综合杠杆效应程度，常用指标为综合杠杆系数。综合杠杆系数（DTL）是经营杠杆系数和财务杠杆系数的乘积，即每股收益变动率与产销业务量变动率的比值。其计算公式为：

$$DTL = DOL \cdot DFL = \frac{\Delta EPS / EPS}{\Delta Q / Q}$$

式中，DTL 为综合杠杆系数。

与经营杠杆系数和财务杠杆系数一样，综合杠杆系数的计算公式可简化为：

$$DTL = \frac{M}{EBIT - I - \dfrac{D}{1-T}}$$

即：报告期综合杠杆系数 $= \dfrac{基期边际贡献}{基期息税前利润 - 基期债务资金利息 - \dfrac{优先股股利}{1 - 所得税税率}}$

【例 3-10】 针对"项目导入"中项目二，计算甲公司 2021 年和 2022 年的综合杠杆系数。

解： 项目二中甲公司综合杠杆系数计算如表 3-4 所示。

表 3-4　综合杠杆系数计算表

项目	2020 年	2021 年
销售量/万件	100	120
销售额(单位售价 10 元)/万元	1 000	1 200
销售量或销售额的变动率/%	—	20
变动经营成本(单位变动成本 5 元)/万元	500	600
边际贡献/万元	500	600
固定经营成本/万元	300	300
息税前利润/万元	200	300
息税前利润的变动率/%	—	50
债务利息/万元	120	120
税前利润/万元	80	180
所得税/万元	20	45
净利润/万元	60	135
优先股股利/万元	20	20
普通股股数/万股	100	100
每股收益/万元	0.4	1.15
每股收益的变动率/%		187.5

$$\text{DTL}_{2021}=\frac{(300-200)/200}{(120-100)/100}\times\frac{(1.15-0.4)/0.4}{(300-200)/200}=\frac{(1.15-0.4)/0.4}{(120-100)/100}=\frac{187.5\%}{20\%}=9.38$$

或
$$\text{DTL}_{2021}=\frac{500}{200-120-20/(1-25\%)}=\frac{500}{53.33}=9.38$$

$$\text{DTL}_{2022}=\frac{600}{300-120-20/(1-25\%)}=\frac{600}{153.33}=3.91$$

（三）综合杠杆与公司风险

公司风险包括经营风险和财务风险，反映其整体风险。综合杠杆反映了经营杠杆和财务杠杆之间的关系，用以评价企业的整体风险水平。在综合杠杆系数一定的情况下，经营杠杆系数与财务杠杆系数此消彼长。综合杠杆效应的意义在于：①能够说明产销业务量变动对普通股收益的影响，据以预测未来的每股收益水平；②揭示了财务管理的风险管理策略，即要保持一定的风险状况水平，需要维持一定的综合杠杆系数，经营杠杆和财务杠杆可以有不同的组合。

一般来说，经营杠杆系数较高的企业可以在较低程度上使用财务杠杆，经营杠杆系数较低的企业可以在较高程度上使用财务杠杆，合理搭配经营杠杆和财务杠杆，以实现最佳的综合杠杆效果。

比如：固定资产比重较大的资本密集型企业，经营杠杆系数高，经营风险大，企业筹资可以主要依靠权益资金，以保持较小的财务杠杆系数和财务风险；变动成本比重较大的劳动密集型企业，经营杠杆系数低，经营风险小，企业筹资可以主要依靠债务资金，保持较大的财务杠杆系数和财务风险。

又如：在企业初创阶段，产品市场占有率低，产销业务量小，经营杠杆系数大，此时企业筹资可以主要依靠权益资金，在较低程度上使用财务杠杆；在企业扩张成熟期，产品市场占有率高，产销业务量大，经营杠杆系数小，此时，企业资本结构中可扩大债务资金比重，在较高程度上使用财务杠杆。

任务 5 资本结构决策

资本结构及其管理是企业筹资管理的核心问题。保持合理的资本结构可以降低企业的综合资金成本，也可以获得财务杠杆利益，进而有利于提高企业价值。企业应通过筹资活动调整和优化资本结构，使其趋于科学合理。

一、资本结构理论

（一）资本结构的含义

资本结构，是指企业各种资金的构成及其比例关系，是企业一定时期内筹资组合的结果。筹资管理中，资本结构有广义和狭义之分，广义的资本结构是指企业全部资金的构成及其比例关系。企业一定时期的资金可分为债务资金和股权资金，也可分为短期资金和长期资金。狭义的资本结构是指企业各种长期资金的构成及其比例关系，尤其是指长期债务资金和股权资金的构成及其比例关系。本书所指的资本结构，是指狭义的资本结构。

资本结构是在企业多种筹资方式下筹集资金形成的，各种筹资方式不同的组合决定着企业资本结构及其变化。企业筹资方式虽然很多，但总的来看分为债务筹资和股权筹资两大类。其中，股权筹资筹集的权益资本是企业必备的基础资本，因此资本结构问题实际上也就是债务资本的比例问题，即债务资金在企业全部资本中所占的比重。

（二）资本结构理论

资本结构理论是现代企业财务领域的核心部分，主要有 MM 理论、权衡理论、代理理论、优序融资理论等。

1. MM 理论

MM 理论的基本假设为：①企业的经营风险是可衡量的，有相同经营风险的企业即处于同一风险等级；②现在和将来的投资者对企业未来的 EBIT 估计完全相同，即投资者对企业未来收益和取得这些收益所面临风险的预期是一致的；③证券市场是完善的，没有交易成本；④投资者可同公司一样以同等利率获得借款；⑤无论借债多少，公司及个人的负债均无风险，故负债利率为无风险利率；⑥投资者预期的 EBIT 不变，即假设企业的增长率为零，从而所有现金流量都是年金；⑦公司的股利政策与公司价值无关，公司发行新债不影响已有债务的市场价值。

最初的 MM 理论，是由美国的 Modigliani 和 Miller（简称 MM）教授于 1958 年 6 月发表于《美国经济评论》的"资本结构、公司财务与资本"一文中所阐述的基本思想。该理论认为，在不考虑企业所得税，且企业经营风险相同而只有资本结构不同时，公司的市场价值与公司的资本结构无关。或者说，当公司的债务比率由零增加到 100% 时，企业的资金总成本及总价值不会发生任何变动，即企业价值与企业是否负债无关，不存在最佳资本结构问题。

在考虑企业所得税带来的影响后，提出了修正的 MM 理论。该理论认为，在考虑企业所得税的情况下，由于负债的利息是免税支出，可以降低综合资金成本，增加企业的价值。因此，公司只要通过财务杠杆利益的不断增加，而不断降低其资金成本，负债越多，杠杆作用越明显，公司价值越大。当债务资本在资本结构中趋近 100％时，才是最佳的资本结构，此时企业价值达到最大。

在此基础上，Miller 进一步将个人所得税因素引入修正的 MM 理论，并建立了同时考虑企业所得税和个人所得税的 MM 资本结构理论模型。

2. 权衡理论

修正了的 MM 理论只是接近了现实，在现实经济实践中，各种负债成本随负债比率的增大而上升，当负债比率达到某一程度时，企业负担破产成本的概率会增加。经营良好的企业，通常会维持其债务不超过某一限度。为解释这一现象，权衡理论应运而生。

权衡理论通过放宽 MM 理论完全信息以外的各种假定，考虑在税收、财务困境成本存在的条件下，资本结构如何影响企业市场价值。权衡理论认为，有负债企业的价值等于无负债企业价值加上税赋节约现值，再减去财务困境成本的现值。

3. 代理理论

代理理论认为，企业资本结构会影响经理人员的工作水平和其他行为选择，从而影响企业未来现金收入和企业市场价值。该理论认为，债权筹资有很强的激励作用，并将债务视为一种担保机制。这种机制能够促使经理多努力工作，少个人享受，并且作出更好的投资决策，从而降低由于两权分离而产生的代理成本（股权代理成本）。但是，负债筹资可能导致另一种代理成本，即企业接受债权人监督而产生的成本（债务代理成本）。均衡的企业所有权结构是由股权代理成本和债务代理成本之间的平衡关系来决定的。

4. 优序融资理论

优序融资理论以非对称信息条件以及交易成本的存在为前提，认为企业外部融资要多支付各种成本，使得投资者可以从企业资本结构的选择来判断企业市场价值。企业偏好内部融资，当需要进行外部融资时，债务筹资优于股权筹资。从成熟的证券市场来看，企业的筹资优序模式首先是内部筹资，其次是借款、发行债券、可转换债券，最后是发行新股筹资。但是，该理论显然难以解释现实生活中所有的资本结构规律。

值得一提的是，积极主动地改变企业的资本结构（比如，出售或者回购股票或债券）牵涉到交易成本，企业很可能不愿意改变资本结构，除非资本结构严重偏离了最优水平。由于公司股权的市值随股价的变化而波动，所以大多数企业的资本结构变动很可能是被动发生的。

二、影响资本结构的因素

（一）企业经营状况的稳定性和增长率

企业产销业务量的稳定程度对资本结构有重要影响：如果产销业务量稳定，企业可较多地负担固定财务费用；如果产销业务量和盈余有周期性，则负担固定财务费用将承担较大的财务风险。经营发展能力表现为未来产销业务量的增长率，如果产销业务量能够以较高的水平增长，企业可以采用高负债的资本结构，以提升权益资本的报酬。

（二）企业的财务状况和信用等级

如果企业财务状况良好，信用等级高，债权人愿意向企业提供信用，企业容易获得债务资金。相反，如果企业财务状况欠佳，信用等级不高，债权人投资风险大，这样会降低企业获得信用的能力，加大债务资金筹资的资金成本。

（三）企业的资产结构

资产结构是企业筹集和使用资金进行资源配置后的资金占用结构，包括长短期资产构成和比例，以及长短期资产内部的构成和比例。资产结构对企业资本结构的影响主要包括：拥有大量固定资产的企业主要通过发行股票融通资金；拥有较多流动资产的企业更多地依赖流动负债融通资金；资产适用于抵押贷款的企业负债较多；以技术研发为主的企业则负债较少等。

（四）企业所有者和管理当局的态度

从企业所有者的角度看，如果企业股权分散，企业可能更多地采用权益资金筹资以分散企业风险。如果企业为少数股东控制，股东通常重视企业控股权问题，为防止控股权稀释，企业一般尽量避免普通股筹资，而是采用优先股或债务筹资的方式。从企业管理当局的角度看，高负债资本结构的财务风险高，一旦经营失败或出现财务危机，管理当局将面临市场接管的威胁或者被董事会解聘。因此，稳健的管理当局偏好于选择低负债比例的资本结构。

（五）行业特征和企业发展周期

不同行业的资本结构差异很大。产品市场稳定的成熟产业经营风险低，因此可提高债务资金比重，发挥财务杠杆作用。高新技术企业产品、技术、市场尚不成熟，经营风险高，因此可降低债务资金比重，控制财务杠杆风险。同一企业在不同发展阶段，资本结构安排不同。企业初创阶段，经营风险高，在资本结构安排上应控制负债比例；企业发展成熟阶段，产品产销业务量稳定和持续增长，经营风险低，可适度提高债务资金比重，发挥财务杠杆效应；企业收缩阶段，产品市场占有率下降，经营风险逐步加大，应逐步降低债务资金比重，保证经营现金流量能够偿付到期债务，保持企业持续经营能力，减少破产风险。

（六）经济环境的税收政策和货币政策

资本结构决策必然要研究理财环境因素，特别是宏观经济状况。政府调控经济的手段包括财政税收政策和货币金融政策。当所得税税率较高时，债务资金的抵税作用大，企业可以充分利用这种作用以提高企业价值。货币金融政策影响资本供给，从而影响利率水平的变动，当国家执行了紧缩的货币政策时，市场利率较高，企业债务资金成本增大，可考虑降低债务资金比重。

三、资本结构决策方法

资本结构决策是指确定企业的最佳资本结构。最佳资本结构是使得综合资金成本最低、企业价值最大的资本结构。在筹资管理中，常见的资本结构决策方法有：资金成本比较法、每股收益分析法和公司价值分析法。

（一）资金成本比较法

资金成本比较法，是指通过计算和比较各种备选筹资组合方案的综合资金成本，选择综合资金成本最低的方案，即选择综合资金成本最低的资本结构作为最佳资本结构的方法。这种方法易理解，简单实用，因而常常被采用。

【例3-11】　针对"项目导入"中项目一，根据【例3-2】至【例3-7】的计算结果，采用资金成本比较法作出甲公司追加筹资的资本结构决策。

解： 本题属于追加筹资的资本结构决策。

方法一： 直接计算各备选方案的边际资金成本，选择边际资金成本最低的追加筹资方案。

根据【例3-7】的计算结果可知，$K_B < K_A$，因此方案B发行债券追加筹资为最佳资本结构决策，甲公司应选择方案B作为追加筹资方案。

方法二：分别将各备选方案与原有资本结构汇总得到各个汇总资本结构，然后计算各个汇总资本结构下的综合资金成本，选择使得汇总资本结构下的综合资金成本最低的追加筹资方案。

根据【例 3-2】至【例 3-7】的计算结果，按方案 A 和方案 B 追加筹资后的汇总资本结构分别为汇总资本结构 A 和汇总资本结构 B，如表 3-5 所示。

表 3-5　甲公司追加筹资后的汇总资本结构

筹资方式	汇总资本结构 A 筹资额/万元	汇总资本结构 A 资金成本/%	汇总资本结构 B 筹资额/万元	汇总资本结构 B 资金成本/%
长期借款	100	3.79	100	3.79
公司债券	500	5.21	500	5.21
公司债券	—	—	300	10.94
优先股	100	7.73	100	7.73
普通股	500	13.4	500	11.58
普通股	300	13.4	—	—
合计	1 500	—	1 500	—

汇总资本结构 A 的综合资金成本为：

$$3.79\% \times \frac{100}{1\,500} + 5.21\% \times \frac{500}{1\,500} + 7.73\% \times \frac{100}{1\,500} + 13.4\% \times \frac{800}{1\,500} = 9.65\%$$

汇总资本结构 B 的综合资金成本为：

$$3.79\% \times \frac{100}{1\,500} + 5.21\% \times \frac{500}{1\,500} + 10.94\% \times \frac{300}{1\,500} + 7.73\% \times \frac{100}{1\,500} + 11.58\% \times \frac{500}{1\,500} = 8.55\%$$

在上面的计算中需要注意的是，根据股票的同股同利原则，原有的股票应按照新发行股票的资金成本计算。

由于汇总资本结构 B 的综合资金成本低于汇总资本结构 A 的综合资金成本，因此甲公司应选择方案 B 作为追加筹资方案。

（二）每股收益分析法

每股收益分析法，是指通过对不同筹资组合方案下资本结构的普通股每股收益进行比较分析，从而选择普通股每股收益最高的资本结构作为最佳资本结构的方法。

每股收益受到经营利润水平、债务资金成本水平等因素的影响，分析每股收益与资本结构的关系，可以找到每股收益无差别点。每股收益无差别点，是指不同资本结构下每股收益相等时的息税前利润。根据每股收益无差别点，可以分析判断在什么样的息税前利润水平下，适合采用何种筹资组合方案，进而确定企业的最佳资本结构安排。

在每股收益无差别点上，无论采用债务筹资方案或股权筹资方案，每股收益都是相等的。当预期息税前利润大于每股收益无差别点时，债务筹资方案的每股收益高于股权筹资方案的每股收益，应当选择债务筹资方案，反之，应当选择股权筹资方案。每股收益无差别点的息税前利润的计算公式为：

$$\frac{(\overline{\mathrm{EBIT}} - I_1) \cdot (1-T) - D_1}{N_1} = \frac{(\overline{\mathrm{EBIT}} - I_2) \cdot (1-T) - D_2}{N_2}$$

式中，$\overline{\mathrm{EBIT}}$ 为每股收益无差别点；I_1、I_2 为两种资本结构下的债务利息；D_1、D_2 为

两种资本结构下的优先股股利；N_1、N_2 为两种资本结构下的普通股股数；T 为所得税税率。

【例 3-12】 针对"项目导入"中项目一，采用每股收益分析法作出甲公司追加筹资的资本结构决策。

解：设 $\overline{\text{EBIT}}$ 为两种追加筹资方案资本结构的每股收益无差别点，则有

$$\frac{(\overline{\text{EBIT}}-I_A)\cdot(1-T)-D_A}{N_A}=\frac{(\overline{\text{EBIT}}-I_B)\cdot(1-T)-D_B}{N_B}$$

$$\frac{[\overline{\text{EBIT}}-(100\times5\%+500\times8\%)]\cdot(1-25\%)-100\times9\%}{80}$$

$$=\frac{[\overline{\text{EBIT}}-(100\times5\%+500\times8\%+300\times14\%)]\cdot(1-25\%)-100\times9\%}{50}$$

解得 $\overline{\text{EBIT}}=169$（万元）

结果表明，当息税前利润为 169 万元时，方案 A 增发普通股和方案 B 发行债券后的每股收益相等，甲公司选择两种追加筹资方案均可。如果当息税前利润大于 169 万元时，甲公司应当选择方案 A 增发普通股追加筹资；如果当息税前利润大于 169 万元时，甲公司应当选择方案 B 发行债券追加筹资。

（三）公司价值分析法

以上两种方法都是从账面价值的角度进行资本结构决策分析，没有考虑市场反应，亦即没有考虑风险因素。公司价值分析法，是指在考虑市场风险的基础上，通过对不同筹资组合方案下资本结构的公司价值进行比较分析，从而选择公司价值最大的资本结构作为最佳资本结构的方法。

在公司价值分析法下，公司价值最大的资本结构，其综合资金成本也是最低的。这种方法主要用于对现有资本结构进行调整，而且更适用于资金规模较大的上市公司的资本结构决策。

首先，测算不同资本结构下的企业价值。企业价值等于资本的市场价值，即：

$$V=B+S$$

式中，V 为公司价值；B 为债务资本的市场价值；S 为股权资本的市场价值。

为简化分析，假设公司各期的息税前利润保持不变，债务资本市场价值等于其面值，且不考虑优先股问题，则股权资本的市场价值可通过下式计算：

$$S=\frac{(\text{EBIT}-I)\cdot(1-T)}{K_s}$$

而且，$K_s=R_f+\beta\cdot(R_m-R_f)$

然后，测算不同资本结构下的综合资金成本。公司的综合资金成本等于债务资本和股权资本的加权平均资金成本，即：

$$K_w=K_b\cdot\frac{B}{V}+K_s\cdot\frac{S}{V}$$

最后，确定最佳资本结构。公司价值最大、综合资金成本最低的资本结构就是公司的最佳资本结构。

💡 关键词

筹资渠道、筹资方式、筹资动机、股权筹资、债务筹资、混合筹资、吸收直接投资、发

行普通股股票、留存收益、银行借款、发行公司债券、融资租赁、发行优先股、发行可转换债券、发行权证、个别资金成本、综合资金成本、边际资金成本、股利折现模型、资本资产定价模型、杠杆效应、经营杠杆、财务杠杆、综合杠杆、经营风险、财务风险、公司风险、资本结构、资本结构理论、资金成本比较法、每股收益无差别点、公司价值分析法。

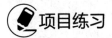 项目练习

 学习评价

专业能力测评表

（在□中打√，A掌握，B基本掌握，C未掌握）

业务能力	评价指标	自测结果	备注
企业筹资与筹资方式	1. 企业筹资的动机和种类 2. 理解企业筹资渠道 3. 企业筹资方式及其优缺点	□A □B □C □A □B □C □A □B □C	
资金成本	1. 个别资金成本的计算 2. 综合资金成本的计算 3. 边际资金成本的计算	□A □B □C □A □B □C □A □B □C	
杠杆效应	1. 杠杆效应的原理 2. 杠杆系数的计算 3. 杠杆效应与公司风险关系	□A □B □C □A □B □C □A □B □C	
资本结构决策	1. 资金成本比较法 2. 每股收益分析法 3. 公司价值分析法	□A □B □C □A □B □C □A □B □C	
教师评语：			
成绩		教师签字	

项目四
投资管理

教学目标

1. 知识目标
（1）理解投资的概念、分类和意义。
（2）掌握投资管理的特点、原则和基本要求。
（3）掌握项目投资现金流量的构成与计算。
（4）掌握项目投资评价指标的计算方法和决策原则。
（5）掌握债券、股票价值的计算及投资报酬的衡量。

2. 能力目标
（1）培养学生运用项目投资指标进行项目投资决策分析的能力。
（2）培养学生运用综合知识对债券和股票投资进行评价的能力。

3. 思政目标
（1）引导学生树立项目投资的全局观和理性投资的价值观。
（2）引导学生树立科学决策的理念。
（3）培养学生严谨务实的职业态度。

项目导航

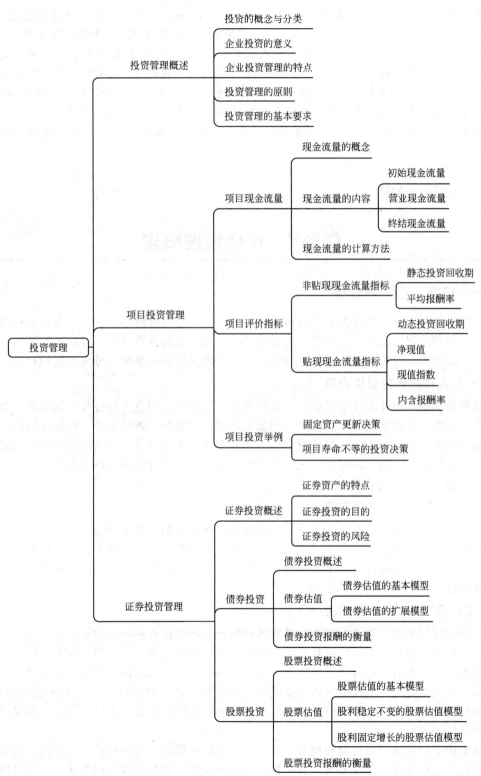

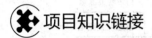

项目导入

甲公司准备购入一项设备用来扩充公司的生产能力。现有 A、B 两个方案可供选择，A 方案需投资 12 000 元，使用寿命为 6 年，采用直线法计提折旧，6 年后设备无残值。6 年中每年营业收入为 8 000 元，每年的付现成本为 3 000 元。B 方案需投资 14 000 元，使用寿命也为 6 年，采用直线法计提折旧，6 年后有残值收入 2 000 元。6 年中每年的营业收入为 10 000 元，付现成本第一年为 4 000 元，以后随着设备陈旧化，逐年将增加修理费 500 元，另需垫支流动资金 3 000 元。假设该公司所得税税率为 25％，资金成本率为 10％。

思考：如果你是财务经理，请你评价以上两个投资方案是否可行，你应选择哪个方案投资？

项目知识链接

任务 1　投资管理概述

一、投资的概念与分类

投资一般是指经济主体为了获取经济效益而投入资金或资源用以转化为实物资产或金融资产的行为和过程。投资是一项复杂的经济活动，为了加强投资管理，提高投资效益，必须分清投资的性质，对投资进行科学的分类。根据不同的标准，投资可分为不同的种类。

（一）直接投资与间接投资

按投资活动与企业本身生产经营活动的关系，投资可以划分为直接投资和间接投资。

直接投资，是指将资金直接投放于形成生产经营能力的实体性资产，以便获取利润的投资。通常在非金融性企业中，直接投资所占比重很大。间接投资，是指将资金投放于股票、债券等权益性资产，以便取得股利或利息等收入的投资。随着我国金融市场的完善，企业间接投资也越来越广泛地被应用。

（二）短期投资与长期投资

按投资回收期的长短不同，投资可以划分为短期投资和长期投资。

短期投资又称流动资产投资，是指能够并且也准备在一年内收回的投资。长期投资是指一年以上才能收回的投资。由于长期投资中固定资产占的比重最大，因此长期投资有时专指固定资产投资。

（三）项目投资与证券投资

按投资对象的存在形态和性质，投资可以划分为项目投资和证券投资。

项目投资是指企业通过购买具有实质内涵的经营资产，包括有形资产和无形资产，形成具体的生产经营能力，开展实质性的生产经营活动，谋取经营利润的投资。由此可见，项目投资属于直接投资。证券投资是指企业通过购买证券资产，通过证券资产上所赋予的权利，间接控制被投资企业的生产经营活动，从而获取投资报酬的投资。由此可见，证券投资属于间接投资。

特别提示：直接投资与间接投资、项目投资与证券投资，两种投资分类方式的内涵和范围是一致的，只是分类角度不同。直接投资与间接投资强调的是投资的方式性，项目投资与证券投资强调的是投资的对象性。

（四）对内投资与对外投资

按投资的方向不同，投资可以分为对内投资和对外投资。

对内投资是指在本企业范围内部的资金投放，用于购买和配置各种生产经营所需的经营性资产。对外投资是指向本企业范围以外的其他单位的资金投放。对外投资多以现金、有形资产、无形资产等资产形式，通过联合投资、合作经营、换取股权、购买证券资产等投资方式，向企业外部其他单位投放资金。

特别提示：对内投资都是直接投资，对外投资主要是间接投资，也可能是直接投资。

二、企业投资的意义

（一）投资是企业生产与发展的必要手段

企业的生产经营，就是企业资产的运用和资产形态的转换过程。投资是一种资本性支出行为，通过投资支出，企业购建流动资产和长期资产，形成生产条件和生产能力。实际上，不论是新建一个企业，还是建造一条生产流水线，都是一种投资行为。通过投资，确立企业的经营方向，配置企业的各类资产，并将它们有机地结合起来，形成企业的综合生产经营能力。因此，投资决策的正确与否，直接关系到企业的兴衰成败。

（二）投资是企业获取利润的基本前提

企业投资的目的，是要通过支付一定量的货币或实物形态的资本，购建和配置形成企业的各类资产，从事某类经营活动，获取未来的经济利益。通过投资形成生产经营能力，企业才能开展具体的经营活动，获取经营报酬。

（三）投资是企业风险控制的重要手段

企业经营面临着各种风险，有来自市场竞争的风险，有资金周转的风险，还有原材料涨价、费用居高不下等成本风险。投资，是企业风险控制的重要手段。通过投资，可以将资金投向企业生产经营的薄弱环节，使企业的生产经营能力配套、平衡、协调，形成更强大的综合生产能力。通过投资，可以实现多元化经营，将资金投放于经营相关程度较低的不同产品或不同行业，分散风险，稳定收益来源，降低资产的流动性风险、变现风险，增强资产的安全性。

三、企业投资管理的特点

（一）属于企业的战略性决策

企业的投资活动一般涉及企业未来的经营发展方向、生产能力与规模等问题，如厂房设备的新建与更新、新产品的研制与开发、对其他企业的股权控制等。这些投资活动，直接影响本企业未来的经营发展规模和方向，是企业简单再生产得以顺利进行并实现扩大再生产的前提条件。企业的投资活动先于经营活动，这些投资活动往往需要一次性地投入大量的资金，并在一段较长的时期内发生作用，对企业经营活动的方向产生重大影响。

（二）属于企业的非程序化管理

企业的有些经济活动是日常重复性进行的，如原材料的购买、人员的雇用、产品的生产制造、产成品的销售等，称为日常例行性活动。这类活动经常性地重复发生，有一定规律，可以按既定程序和步骤进行。对这类重复性日常经营活动进行的管理，称为程序化管理。而有些经济活动往往不会经常性地重复出现，如新产品开发、设备更新、企业兼并等，称为非例行性活动。非例行性活动只能针对具体问题，按特定的影响因素、相关条件和具体要求来进行审查和抉择。对这类非重复性特定经济活动进行的管理，称为非程序化管理。

企业的投资活动涉及企业的未来经营发展方向和规模等重大问题，是不经常发生的。投资经济活动具有一次性和独特性的特点，投资管理属于非程序化管理。每一次投资的背景、特点、要求等可能都不一样，无明显的规律可遵循，管理时更需要周密思考，慎重考虑。

（三）投资价值的波动性大

投资项目的价值，是由投资标的物资产内在获利能力决定的。这些标的物资产的形态是不断转换的，未来报酬的获得具有较强的不确定性，其价值也具有较强的波动性。同时，各种外部因素，如市场利率、物价等的变化，也时刻影响着投资标的物资产价值。因此，企业确定投资管理决策时，要充分考虑投资项目的时间价值和风险价值。

企业投资项目的变现能力是不强的，因为其投放的标的物大多是机器设备等变现能力较差的长期资产，持有这些资产的目的也不是为了变现，并不准备在一年或超过一年的一个营业周期内变现。因此，投资项目的价值也是不易确定的。

四、投资管理的原则

为了适应投资项目的特点和要求，实现投资管理的目标，作出合理的投资决策，需要制定投资管理的基本原则，以保证投资活动的顺利进行。

（一）可行性分析原则

投资项目的金额大，资金占用时间长，一旦投资后具有不可逆转性，对企业的财务状况和经营前景影响重大。因此，企业在投资决策时，必须建立严密的投资决策程序，进行科学的可行性分析。

投资项目可行性分析是投资管理的重要组成部分，其主要任务是对投资项目实施的可行性进行科学的论证，主要包括环境可行性、技术可行性、市场可行性、财务可行性等方面。项目可行性分析将对项目实施后未来的运行和发展前景进行预测，通过定性分析和定量分析比较项目的优劣，为投资决策提供参考。

（二）结构平衡原则

资金既要投放于主要生产设备，又要投放于辅助设备；既要满足固定资产的需要，又要满足流动资产的需要。投资项目在资金投放时，要遵循结构平衡原则，合理分布资金，具体包括固定资金与流动资金的配套关系、生产能力与经营规模的平衡关系、资金来源与资金运用的匹配关系、投资进度和资金供应的协调关系、流动资产内部的资产结构关系、发展性投资与维持性投资的配合关系、对内投资与对外投资的顺序关系、直接投资与间接投资的分布关系等。

投资项目在实施后，资金就长期地固化在具体项目上，退出和转向都不太容易。只有遵循结构平衡原则，投资项目实施后才能正常顺利地运行，才能避免资源的闲置和浪费。

（三）动态监控原则

投资的动态监控，是指对投资项目实施过程中的进程控制。特别是对于那些工程量大、工期长的建造项目来说，有一个具体的投资过程，需要按工程预算实施有效的动态投资控制。

投资项目的工程预算，是对总投资中各工程项目以及所包含的分步工程和单位工程造价规划的财务计划。建设性投资项目应当按工程进度，对分项工程、分步工程、单位工程的完成情况，逐步进行资金拨付和资金结算，控制工程的资金耗费，防止资金浪费。在项目建设完工后，通过工程决算，全面清点所建造的资产数额和种类，分析工程造价的合理性，合理确定工程资产的账面价值。

对于间接投资而言，投资前首先要认真分析投资对象的投资价值，根据风险与报酬均衡原则合理选择投资对象。在持有金融资产过程中，要广泛收集投资对象和资本市场的相关信息，全面了解被投资单位的财务状况和经营成果，保护自身的投资权益。有价证券类金融资产投资，其投资价值不仅由被投资对象的经营业绩决定，还受资本市场制约。这就需要分析资本市场上资本的供求关系状况，预计市场利率的波动和变化趋势，动态地估算投资价值，寻找转让证券资产和收回投资的最佳时机。

五、投资管理的基本要求

（一）认真进行市场调查，及时捕捉投资机会

企业在投资之前，必须认真进行市场调查和市场分析，寻找最有利的投资机会。市场是不断变化、发展的，对于市场和投资机会的关系，也应从动态的角度加以把握。

（二）建立科学的投资决策程序，认真进行投资的可行性分析

在市场经济条件下，企业的投资决策都会面临一定的风险。为了保证投资决策的正确有效，必须按科学的投资决策程序，认真进行投资项目的可行性分析。

（三）及时足额地筹集资金，保证投资的资金供应

企业在投资项目开始建设之前，必须科学预测投资所需资金的数量和时间，采用适当的方法，筹措资金，保证投资项目顺利完成，尽快产生投资效益。

（四）认真分析风险与报酬的关系，适当控制投资风险

企业在进行投资时，必须在考虑报酬的同时认真考虑风险的情况，只有在报酬和风险达到均衡时，才有可能不断增加企业价值，实现财务管理的目标。

任务2　项目投资管理

一、项目现金流量

（一）现金流量的概念

现金流量是指一个项目投资引起的企业现金支出和现金收入增加的数量。因此，投资项目的现金流量是增量现金流量。这里的现金是广义的现金，不仅包括各种货币资金，而且还包括项目投资所需要投入的企业现有的非货币资源的变现价值。

特别提示：现金流量是项目投资决策的依据，是运用各种项目投资决策评价方法的基本前提。

现金流量按现金流动方向可分为：

1. 现金流入量

项目投资的现金流入量是指该项目投资引起企业的现金收入的增加量，主要包括营业现金流入、回收固定资产残值和回收流动资金。

2. 现金流出量

项目投资的现金流出量是指该项目投资引起企业的现金支出的增加量，主要包括固定资

产投资、无形资产投资、长期待摊费用支出和流动资产投资。

3. 现金净流量

项目投资的现金净流量是指在项目计算期内现金流入量与现金流出量的差额。现金流入量大于现金流出量，现金净流量为正值；反之，现金净流量为负值。

（二）现金流量的内容

投资决策中的现金流量一般包括以下三个部分。

1. 初始现金流量

初始现金流量是指开始投资时发生的现金流量，主要包括：

（1）固定资产投资。即房屋和建筑物、机器设备等的购入或建造、运输、安装成本等。

（2）无形资产投资。企业用于购买专利权、商标权、土地使用权等的支出。

（3）其他投资费用。与项目投资有关的筹建费用、咨询费、培训费等。

（4）流动资产投资。包括投入的现金、材料等。

（5）原有固定资产的变价收入。在更新改造项目投资中原有固定资产变卖所取得的现金收入。

特别提示： 初始现金流量除原有固定资产的变价收入为现金流入量外，其他均为现金流出量。

2. 营业现金流量

营业现金流量是指投资项目投入使用后，在其寿命期内由于生产经营所带来的现金流入和现金流出的数量。营业现金流入量主要是因项目投资使企业增加的营业收入。营业现金流出量主要包括因项目投资使企业增加的付现成本和所得税。

特别提示： 现金流量一般按年度进行计算。付现成本是指每年需要支付现金的成本。成本中不需要每年支付现金的部分称为非付现成本，其中主要是折旧。付现成本可以用成本减折旧来计算。

3. 终结现金流量

终结现金流量是指项目经济寿命完结时发生的现金流量。它主要包括固定资产的残值收入或变价收入、固定资产的清理费用、原来垫支的流动资金的收回、停止使用土地的变价收入等。

（三）现金流量的计算方法

初始现金流量和终结现金流量的计算比较简单，只需逐项列出然后相加即可。营业现金流量的计算相对比较复杂，为了便于计算，假设投资项目每年的营业现金流入等于营业收入，营业现金流出等于付现成本和所得税之和。每年的营业现金净流量计算公式为：

$$营业现金净流量＝营业收入－付现成本－所得税$$

$$付现成本＝营业成本－非付现成本$$

$$付现成本＝营业成本－折旧$$

$$营业现金净流量＝营业收入－（营业成本－折旧）－所得税$$

$$营业现金净流量＝营业收入－营业成本－所得税＋折旧$$

$$营业现金净流量＝税后营业利润＋折旧$$

【例 4-1】 针对上述"项目导入"，编制甲公司 A、B 两个方案的营业现金净流量表和全部现金流量表。

解： 甲公司 A、B 方案的年折旧额：

$$A 方案的年折旧额＝12\ 000/6＝2\ 000（元）$$

B 方案的年折旧额＝(14 000－2 000)/6＝2 000(元)

"项目导入"中甲公司 A、B 两个方案的营业现金净流量如表 4-1 所示。

表 4-1　营业现金净流量　　　　　　　　　　单位：元

	年数	1	2	3	4	5	6
A 方案	营业收入	8 000	8 000	8 000	8 000	8 000	8 000
	付现成本	3 000	3 000	3 000	3 000	3 000	3 000
	折旧	2 000	2 000	2 000	2 000	2 000	2 000
	税前营业利润	3 000	3 000	3 000	3 000	3 000	3 000
	所得税	750	750	750	750	750	750
	税后营业利润	2 250	2 250	2 250	2 250	2 250	2 250
	营业现金净流量	4 250	4 250	4 250	4 250	4 250	4 250
B 方案	营业收入	10 000	10 000	10 000	10 000	10 000	10 000
	付现成本	4 000	4 500	5 000	5 500	6 000	6 500
	折旧	2 000	2 000	2 000	2 000	2 000	2 000
	税前营业利润	4 000	3 500	3 000	2 500	2 000	1 500
	所得税	1 000	875	750	625	500	375
	税后营业利润	3 000	2 625	2 250	1 875	1 500	1 125
	营业现金净流量	5 000	4 625	4 250	3 875	3 500	3 125

"项目导入"中甲公司 A、B 两个方案的全部现金流量如表 4-2 所示。

表 4-2　全部现金流量　　　　　　　　　　单位：元

	年数	0	1	2	3	4	5	6
A 方案	固定资产投资	－12 000						
	营业现金净流量		4 250	4 250	4 250	4 250	4 250	4 250
	现金流量合计	－12 000	4 250	4 250	4 250	4 250	4 250	4 250
B 方案	固定资产投资	－14 000						
	流动资金垫资	－3 000						
	营业现金净流量		5 000	4 625	4 250	3 875	3 500	3 125
	固定资产残值							2 000
	流动资金回收							3 000
	现金流量合计	－17 000	5 000	4 625	4 250	3 875	3 500	8 125

二、项目评价指标

按照是否考虑货币时间价值，评价投资项目财务可行性的指标可分为非贴现现金流量指标和贴现现金流量指标。

（一）非贴现现金流量指标

非贴现现金流量指标是指不考虑货币时间价值的各种指标。常见的非贴现现金流量指标主要有两个。

1. 静态投资回收期

静态投资回收期是指在不考虑货币时间价值的情况下，直接用未来现金净流量累计到原始投资数额时所经历的时间。

（1）未来每年现金净流量相等。

$$静态投资回收期=\frac{原始投资额}{每年现金净流量}$$

（2）未来每年现金净流量不相等。

$$静态投资回收期=累计现金净流量最后一次出现负值的年数+\frac{当年累计现金净流量绝对值}{下年现金净流量}$$

【例 4-2】 根据【例 4-1】中甲公司的资料（见表 4-2），分别计算甲公司 A、B 两个方案的静态投资回收期。

解：A 方案的静态投资回收期：

A 方案未来每年现金净流量相等，则静态投资回收期$=\frac{原始投资额}{每年现金净流量}$

A 方案的静态投资回收期$=\frac{12\ 000}{4\ 250}=2.82$（年）

B 方案的静态投资回收期：

B 方案未来每年现金净流量不相等，则 B 方案的累计现金流量如表 4-3 所示。

表 4-3　B 方案累计现金流量　　　　　　　　单位：元

年数	0	1	2	3	4	5	6
现金净流量	−17 000	5 000	4 625	4 250	3 875	3 500	8 125
累计现金净流量	−17 000	−12 000	−7 375	−3 125	750	4 250	12 375

B 方案的静态投资回收期$=累计现金净流量最后一次出现负值的年数+\frac{当年累计现金净流量绝对值}{下年现金净流量}$

B 方案的静态投资回收期$=3+\frac{|-3\ 125|}{3\ 875}=3.81$（年）

决策原则：在以静态投资回收期指标进行投资决策时，通常会设定一个标准投资回收期。对于单方案决策，若该项目的静态投资回收期短于标准投资回收期，则此方案可行，否则方案不可行。多个备选方案的互斥决策中，静态投资回收期短于标准投资回收期最短的方案为优。在【例 4-2】中，假设甲公司设定的标准投资回收期为 4 年，则 A、B 两个方案都是可取的，因为它们的投资回收期都低于 4 年，但由于两者是互斥方案，因此应选择投资回收期更短的 A 方案。

静态投资回收期指标的优点：计算简便、容易理解；可以直接利用投资回收期之前的现金净流量信息，能在大体上衡量项目的流动性和风险。其缺点是：没有考虑货币时间价值；没有考虑投资回收期满后的现金流量状况。

2. 平均报酬率

平均报酬率是指投资项目寿命周期内平均的年投资报酬率，也称平均投资报酬率。其计算公式为：

$$平均报酬率=\frac{年平均现金流量}{初始投资额}\times100\%$$

特别提示：年平均现金流量是指项目投入使用后的年平均现金流量，等于所有营业现金流量和终结现金流量之和除以投资项目寿命。

【例 4-3】 根据【例 4-1】中甲公司的资料（见表 4-2），分别计算甲公司 A、B 两个方案的平均报酬率。

解：A、B 两方案的平均报酬率：

$$平均报酬率 = \frac{年平均现金流量}{初始投资额} \times 100\%$$

$$A 方案的平均报酬率 = \frac{4\ 250}{12\ 000} \times 100\% = 35.42\%$$

$$B 方案的平均报酬率 = \frac{(5\ 000 + 4\ 625 + 4\ 250 + 3\ 875 + 3\ 500 + 8\ 125)/6}{17\ 000} \times 100\%$$
$$= 28.80\%$$

决策原则：在以平均报酬率指标进行投资决策时，通常会设定一个必要平均报酬率。在进行决策时，对于单方案决策，若平均报酬率高于必要平均报酬率，则此方案可行，否则方案不可行。多个备选方案的互斥决策中，则选用平均报酬率最高的方案。在【例 4-3】中，假设甲公司要求的必要平均报酬率为 25%，则 A、B 两个方案都是可取的，因为它们的平均报酬率都高于 25%，但由于二者是互斥方案，因此应选择平均报酬率更高的 A 方案。

平均报酬率指标的优点：计算简便、容易理解；考虑了整个项目寿命期的全部现金流量。其缺点是：没有考虑货币时间价值；必要平均报酬率的确定具有很大的主观性。

（二）贴现现金流量指标

贴现现金流量指标是指考虑了货币时间价值的各种指标。常见的贴现现金流量指标主要有四个。

1. 动态投资回收期

动态投资回收期需要将投资引起的未来现金净流量进行贴现，以未来现金净流量的现值等于原始投资额现值时所经历的时间作为动态投资回收期。

（1）未来每年现金净流量相等。

$$(P/A, i, n) = \frac{原始投资额现值}{每年现金净流量}$$

式中，假设动态投资回收期为 n 年。

计算出年金现值系数后，通过查年金现值系数表，利用插值法，即可推算出动态投资回收期 n。

（2）未来每年现金净流量不相等。

动态投资回收期 = 累计现金净流量现值最后一次出现负值的年数 +
$$\frac{当年累计现金净流量现值的绝对值}{下年现金净流量现值}$$

【例 4-4】 根据例【4-1】中甲公司的资料（见表 4-2），假设资金成本率为 10%，分别计算甲公司 A、B 两个方案的动态投资回收期。

解：A 方案的动态投资回收期：

A 方案未来每年现金净流量相等，则 $(P/A, i, n) = \dfrac{原始投资额现值}{每年现金净流量}$

$$(P/A, 10\%, n) = \frac{12\ 000}{4\ 250} = 2.823\ 5$$

查年金现值系数表：$(P/A,10\%,3)=2.486\,9$；$(P/A,10\%,4)=3.169\,9$

运用插值法计算 A 方案的动态投资回收期：

$$\frac{n-3}{4-3}=\frac{2.823\,5-2.486\,9}{3.169\,9-2.486\,9}$$

得出 A 方案的动态投资回收期 $n=3.49$ 年。

B 方案的动态投资回收期：

B 方案未来每年现金净流量不相等，则 B 方案的累计现金流量现值如表 4-4 所示。

表 4-4 B 方案累计现金流量现值 单位：元

年数	0	1	2	3	4	5	6
现金净流量现值	−17 000	4 545.50	3822.10	3 193.03	2 646.63	2 173.15	4 586.56
累计现金净流量现值	−17 000	−12454.5	−8 632.4	−5439.37	−2792.74	−619.59	3 966.97

B 方案的动态投资回收期＝累计现金净流量现值最后一次出现负值的年数＋

$$\frac{当年累计现金净流量现值的绝对值}{下年现金净流量现值}$$

B 方案的动态投资回收期 $=5+\dfrac{|-619.59|}{4\,586.56}=5.14$（年）

决策原则：在以动态投资回收期指标进行投资决策时，通常会设定一个标准投资回收期。对于单方案决策，若该项目的动态投资回收期短于标准投资回收期，则此方案可行，否则方案不可行。多个备选方案的互斥决策中，动态投资回收期短于标准投资回收期最短的方案为优。在【例 4-4】中，假设甲公司设定的标准投资回收期为 4 年，由于 A 方案的动态投资回收期短于 4 年，B 方案的动态投资回收期长于 4 年，则应选择动态投资回收期短于标准投资回收期最短的 A 方案。

动态投资回收期指标的优点：计算简便、容易理解；考虑了货币时间价值；可以直接利用投资回收期之前的现金净流量信息，能在大体上衡量项目的流动性和风险。其缺点是：没有考虑投资回收期满后的现金流量状况。

2. 净现值

一个投资项目，其未来现金净流量现值与原始投资额现值之间的差额，称为净现值（Net Present Value，NPV）。其计算公式为：

净现值（NPV）＝未来现金净流量现值－原始投资额现值

特别提示： 计算净现值时，要按预定的贴现率对投资项目的未来现金流量和原始投资额进行贴现。预定贴现率是投资者所期望的最低投资报酬率。若净现值大于零，则说明该方案的实际投资报酬率大于所要求的报酬率；若净现值等于零，则说明该方案的实际投资报酬率等于所要求的报酬率；若净现值小于零，则说明该方案的实际投资报酬率小于所要求的报酬率。

净现值的计算一般按照以下步骤进行：

（1）计算投资项目各年的现金流量，包括现金流出量和现金流入量。

（2）设定投资项目采用的贴现率。

（3）按设定的贴现率，分别将各年的现金流出量和现金流入量折算成现值。

（4）最后将未来的现金净流量现值与原始投资额现值进行比较，若前者大于或等于后者，方案可行；若前者小于后者，方案不可行。

【例 4-5】 根据【例 4-1】中甲公司的资料（见表 4-2），假设资金成本率为 10%，分别计算甲公司 A、B 两个方案的净现值。

解： A 方案的净现值：

A 方案未来每年现金净流量相等，则 $NPV_A = 4\,250 \times (P/A,10\%,6) - 12\,000$

$$NPV_A = 4\,250 \times 4.355\,3 - 12\,000 = 6\,510.03(元)$$

B 方案的净现值：

B 方案未来每年现金净流量不相等，则 $NPV_B = 5\,000 \times (P/F,10\%,1) + 4\,625 \times (P/F,10\%,2) + 4\,250 \times (P/F,10\%,3) + 3\,875 \times (P/F,10\%,4) + 3\,500 \times (P/F,10\%,5) + 8\,125 \times (P/F,10\%,6) - 17\,000$

$$NPV_B = 5\,000 \times 0.909\,1 + 4\,625 \times 0.826\,4 + 4\,250 \times 0.751\,3 + 3\,875 \times 0.683\,0 +$$
$$3\,500 \times 0.620\,9 + 8\,125 \times 0.564\,5 - 17\,000 = 3966.97(元)$$

决策原则： 在以净现值指标进行投资决策时，对于单方案决策，若该方案的净现值大于或等于零，则此方案可行；若该方案的净现值小于零，则此方案不可行。在多个备选方案的互斥决策中，选择净现值为正值中的最大者。在【例 4-5】中，A、B 两个方案的净现值均大于零，则 A、B 两个方案都是可取的，但由于两者是互斥方案，因此应选择净现值最大的 A 方案。

净现值指标的优点：考虑了货币时间价值，利用了项目计算期内的全部现金流量信息。其缺点：净现值是一个绝对数指标，不便于比较不同规模的投资方案的获利程度，不能反映投资项目的实际报酬率。

3. 现值指数

现值指数是指未来现金净流量现值与原始投资额现值之间的比值，又称为获利指数（Profitability Index，PI）。其计算公式如下：

$$PI = \frac{未来现金净流量现值}{原始投资额现值}$$

特别提示： ①现值指数是以相对数形式将未来现金净流量现值与原始投资额现值进行比较，而净现值则是以绝对数形式将未来现金净流量现值与原始投资额现值进行比较。前者是除的关系，后者是减的关系，计算区别仅在于此。②现值指数一般作为净现值的辅助指标使用，通常不单独使用。③净现值和现值指数的计算都是在假定折现率的基础上进行的，但是如何确定折现率却有一定的难度。

【例 4-6】 根据【例 4-1】中甲公司的资料（见表 4-2），假设资金成本率为 10%，分别计算甲公司 A、B 两个方案的现值指数。

解： A 方案的现值指数：

A 方案未来每年现金净流量相等，则 $PI_A = \dfrac{4\,250 \times (P/A,10\%,6)}{12\,000} = 1.54$

B 方案的现值指数：

B 方案未来每年现金净流量不相等，则：

$$PI_B = \frac{5\,000 \times (P/F,10\%,1) + 4\,625 \times (P/F,10\%,2) + 4\,250 \times (P/F,10\%,3) + 3\,875 \times (P/F,10\%,4) + 3\,500 \times (P/F,10\%,5) + 8\,125 \times (P/F,10\%,6)}{17\,000}$$

$$= 1.23$$

决策原则： 在以现值指数指标进行投资决策时，对于单方案决策，现值指数大于或等于 1，则此方案可行；现值指数小于 1，则此方案不可行。在多个备选方案的互斥决策中，应采用现值指数超过 1 最多的投资项目。在【例 4-6】中，甲公司 A、B 两个方案的现值指数均大于 1，则 A、B 两个方案都是可取的，但由于两者是互斥方案，因此应选择现值指数超过 1 最多的 A 方案。

现值指数指标的优点：考虑了货币时间价值，并且用相对数表示，有利于在投资规模不同的各方案中进行对比。其缺点：无法直接反映投资项目的实际报酬率。

4. 内含报酬率

内含报酬率（Internal Rate of Return，IRR）又称为内部收益率，是指能够使投资项目的净现值为零的折现率。

内含报酬率的计算比较复杂，通常根据未来现金流量的情况，可以采用以下两种方法。

（1）未来每年现金净流量相等。

根据内含报酬率的定义可知：

未来每年现金净流量×年金现值系数－原始投资额现值＝0

因此，年金现值系数＝$\dfrac{\text{原始投资额现值}}{\text{未来每年现金净流量}}$

每年现金净流量相等是一种年金形式，可通过查年金现值系数表，求出内含报酬率。其具体计算过程如下：

第一步，计算年金现值系数。第二步，查年金现值系数表。如果能在年金现值系数表中找到对应的期数和年金现值系数，则该折现率为内含报酬率。若找不到上述年金现值系数，则可采用插值法计算内含报酬率。

（2）未来每年现金净流量不相等。

若投资方案的未来每年现金净流量不相等，各年现金净流量的分布就不是年金形式，不能采用直接查年金现值系数表的方法来计算内含报酬率，而需采用试误法逐次测试。其具体计算过程如下：

第一步，预估一个折现率，并按此折现率计算净现值。若计算出的净现值为正数，则表明内含报酬率大于预估的折现率，应提高折现率再次测算；若计算出的净现值为负数，则表明内含报酬率小于预估的折现率，应降低折现率再次测算。经过如此反复的测算，找到使净现值由正到负且比较接近于零的两个折现率。第二步，根据上述两个邻近的折现率用插值法，计算出方案的实际内含报酬率。

特别提示：内含报酬率实际上反映了投资项目的真实报酬率。

【例 4-7】 根据【例 4-1】中甲公司的资料（见表 4-2），假设资金成本率为 10%，分别计算甲公司 A、B 两个方案的内含报酬率。

解：A 方案的内含报酬率：

计算年金现值系数：

由于 A 方案未来每年现金净流量相等，则年金现值系数＝$\dfrac{\text{原始投资额现值}}{\text{未来每年现金净流量}}$

$$(P/A, \text{IRR}, 6) = \frac{12\ 000}{4\ 250} = 2.823\ 5$$

查年金现值系数表：$(P/A, 26\%, 6) = 2.885\ 0$；$(P/A, 27\%, 6) = 2.821\ 0$

运用插值法计算内含报酬率：

$$\frac{\text{IRR} - 26\%}{27\% - 26\%} = \frac{2.823\ 5 - 2.885\ 0}{2.821\ 0 - 2.885\ 0}$$

得出 A 方案的内含报酬率 IRR＝26.96%

B 方案的内含报酬率：

由于 B 方案的未来每年现金净流量不相等，各年现金净流量的分布就不是年金形式，不能采用直接查年金现值系数表的方法来计算内含报酬率，而需采用试误法逐次测试。测算过程如表 4-5 所示。

表 4-5　B 方案内含报酬率逐次测试　　　　　单位：元

年度	NCF$_t$	测试 17%		测试 18%	
		复利现值系数	现值	复利现值系数	现值
0	−17 000	1.000 0	−17 000	1.000 0	−17 000
1	5 000	0.854 7	4 273.5	0.847 5	4 237.5
2	4 625	0.730 5	3 378.56	0.718 2	3 321.68
3	4 250	0.624 4	2 653.7	0.608 6	2 586.55
4	3 875	0.533 7	2 068.09	0.515 8	1 998.73
5	3 500	0.456 1	1 596.35	0.437 1	1 529.85
6	8 125	0.389 8	3 167.13	0.370 4	3 009.5
NPV	—	—	137.33	—	−316.19

在表 4-5 中，先按 17% 的折现率进行测算，净现值为正数，再把折现率提高到 18%，进行测算，净现值为负数。这说明该项目的内含报酬率一定在 17%～18% 之间。运用插值法计算，则：

$$\frac{IRR-17\%}{18\%-17\%}=\frac{0-137.33}{-316.19-137.33}$$

得出 B 方案内含报酬率 IRR＝17.30%

决策原则：在以内含报酬率指标进行投资决策时，对于单方案决策，若计算出的内含报酬率大于或等于企业的资金成本率或必要报酬率，则此方案可行，否则方案不可行。在多个备选方案的互斥决策中，选择内含报酬率超过资金成本率或必要报酬率最多的投资项目。在【例 4-7】中，甲公司 A、B 两个方案的内含报酬率均大于资金成本率 10%，则 A、B 两个方案都是可取的，但由于两者是互斥方案，A 方案的内含报酬率更高，则应选择 A 方案。

内含报酬率指标的优点：考虑了货币时间价值；能够反映出投资项目的真实报酬率，有利于对投资额不同的项目进行决策；不受基准折现率高低的影响，比较客观。其缺点：计算过程比较复杂，特别是对于每年现金净流量不相等的投资项目，一般需要经过多次测算才能算出。

三、项目投资举例

（一）固定资产更新决策

固定资产更新是对技术上或经济上不宜继续使用的旧资产进行同类资产更换或用高效率的新型设备更换。随着科学技术的发展，固定资产更新周期大大缩短。尽管旧设备还能继续使用，公司也要对固定资产进行更新。因此，固定资产更新决策便是公司长期投资决策的一项重要内容。在新旧设备尚可使用年限相同的情况下，可以采用差量分析法来计算一个方案比另一个方案增减的现金流量，这种方法的计算比较简单。

【例 4-8】　甲公司考虑用一台新的、效率更高的设备来代替旧设备，以减少成本，增加收益。旧设备原购置成本为 50 000 元，已使用 5 年，估计还可以使用 5 年，已计提折旧 25 000 元，假设使用期满后无残值，若现在销售可得价款 25 000 元，使用该设备每年可获得收入 60 000 元，每年付现成本为 35 000 元。该公司现在准备用一台新设备来代替旧设备，新设备的购置成本为 70 000 元，估计可使用 5 年，期满有残值 10 000 元，使用新设备后，每年收入可达 90 000 元，每年付现成本为 45 000 元。假设该公司的资金成本率 10%，所得税税率为 25%，新、旧设备均采用直线法计提折旧。请做出该公司是继续使用旧设备还是对其进行更新的决策。

解：在本例中，一个方案是使用旧设备，另一个方案是购置新设备。新设备和旧设备都可以使用 5 年，可以采用差量分析法来计算一个方案比另一个方案增减的现金流量与净现值。

计算两个方案的年折旧额：

旧设备： $年折旧额 = \dfrac{25\ 000}{5} = 5\ 000（元）$

新设备： $年折旧额 = \dfrac{70\ 000 - 10\ 000}{5} = 12\ 000（元）$

计算各年营业现金净流量的差量，如表 4-6 所示。

表 4-6 各年营业现金净流量差量 单位：元

项目	差量额
△营业收入(1)	30 000
△付现成本(2)	10 000
△折旧额(3)	7 000
△税前营业利润(4)=(1)-(2)-(3)	13 000
△所得税(5)=(4)×25%	3 250
△税后营业利润(6)=(4)-(5)	9 750
△营业现金净流量(7)=(6)+(3)=(1)-(2)-(5)	16 750

计算两个方案现金流量的差量，如表 4-7 所示。

表 4-7 两个方案现金流量的差量 单位：元

年数	0	1	2	3	4	5
初始现金流量	-45 000					
营业现金净流量		16 750	16 750	16 750	16 750	16 750
终结现金流量						10 000
现金流量合计	-45 000	16 750	16 750	16 750	16 750	26 750

计算差量净现值：

$\Delta NPV = 16\ 750 \times (P/A, 10\%, 4) + 26\ 750 \times (P/F, 10\%, 5) - 45\ 000$

$\Delta NPV = 16\ 750 \times 3.169\ 9 + 26\ 750 \times 0.620\ 9 - 45\ 000$

$\Delta NPV = 24\ 704.91（元）$

设备更新后，可多获得净现值 24 704.91 元，因此应出售旧设备，购置新设备。

特别提示：在上面的例子中，新、旧设备尚可使用的年限相同。然而，很多情况下，新设备的使用年限要长于旧设备，此时的固定资产更新问题就演变成项目寿命不等的投资决策问题。

（二）项目寿命不等的投资决策

在前面的例子中，涉及不同投资方案的取舍时，这些投资方案的寿命一般都相同，若投资项目的寿命不等，则不可以用净现值、内含报酬率及现值指数进行直接比较。为了使投资项目的各项指标具有可比性，则需要消除项目寿命不等的因素。要消除项目寿命不等的因素，通常可以采用年金净流量法。

项目期间内全部现金净流量总额的总现值或总终值折算为等额年金的平均现金净流量，称为年金净流量。其计算公式为：

$$年金净流量 = \frac{现金净流量总现值}{年金现值系数}$$

或

$$年金净流量 = \frac{现金净流量总终值}{年金终值系数}$$

决策原则：在以年金净流量指标进行投资决策时，对于单方案决策，年金净流量指标的结果大于零，则此方案可行，否则方案不可行。在两个以上寿命期不同的投资方案比较时，年金净流量越大，方案越好。

年金净流量指标的优点：考虑了货币时间价值，利用了项目计算期内的全部现金流量信息；适用于期限不同的投资方案决策。其缺点：不便于对原始投资额不相等的独立投资方案进行决策。

特别提示：年金净流量法是净现值法的辅助方法，在各方案寿命期相同时，实质上就是净现值法，因此它适用于期限不同的投资方案决策。

【例 4-9】 甲、乙两个互斥投资方案，甲方案需一次性投资 12 000 元，可用 8 年，残值 4 000 元，每年取得税后营业利润 4 500 元；乙方案需一次性投资 12 000 元，可用 5 年，无残值，第 1 年取得税后营业利润 4 000 元，以后每年递增 10%。如果资金成本率为 10%，应采用哪种方案？

解：甲、乙两方案使用年限不同，净现值是不可比的，应该考虑它们的年金净流量。则：

甲方案营业期每年 NCF＝4 500＋(12 000－4 000)/8＝5 500(元)

甲方案净现值＝5 500×(P/A,10%,8)＋4 000×(P/F,10%,8)－12 000

甲方案净现值＝5 500×5.334 9＋4 000×0.466 5－12 000＝19 207.95(元)

$$甲方案年金净流量 = \frac{19\ 207.95}{(P/A,10\%,8)} = 3\ 600.43(元)$$

乙方案营业期每年 NCF：

第 1 年 NCF＝4 000＋12 000/5＝6 400(元)

第 2 年 NCF＝4 000×(1＋10%)＋12 000/5＝6 800(元)

第 3 年 NCF＝4 000×(1＋10%)^2＋12 000/5＝7 240(元)

第 4 年 NCF＝4 000×(1＋10%)^3＋12 000/5＝7 724(元)

第 5 年 NCF＝4 000×(1＋10%)^4＋12 000/5＝8 256.4(元)

乙方案净现值＝6 400×(P/F,10%,1)＋6 800×(P/F,10%,2)＋7 240×(P/F,10%,3)＋7 724×(P/F,10%,4)＋8256.4×(P/F,10%,5)－12 000

乙方案净现值＝6 400×0.909 1＋6 800×0.826 4＋7 240×0.751 3＋7 724×0.683 0＋8 256.4×0.620 9－12 000＝15 279.06(元)

$$乙方案年金净流量 = \frac{15\ 279.06}{(P/A,10\%,5)} = 4\ 030.56(元)$$

尽管甲方案的净现值大于乙方案的净现值，但它是 8 年内取得的。而乙方案年金净流量高于甲方案，如果按 8 年计算可取得 21 502.63 元（4 030.56×5.334 9）的净现值，高于甲方案。因此乙方案优于甲方案。本例中，用终值进行计算也可得出同样的结果。

任务 3　证券投资管理

一、证券投资概述

证券是指票面载有一定金额，代表财产所有权或债权，可以有偿转让的凭证。证券投资是指投资者购买股票、债券、基金等有价证券以及这些有价证券的衍生品以获取股利、利息及资本利得的投资行为和投资过程，是间接投资的重要形式。

（一）证券资产的特点

1. 价值虚拟性

证券资产不能脱离实体资产而完全独立存在，但证券资产的价值不完全由实体资产的现实生产经营活动决定，而是取决于契约性权利所能带来的未来现金流量，是一种未来现金流量折现的资本化价值。如债券投资代表的是未来按合同规定收取债券利息和收回本金的权利；股票投资代表的是对发行股票企业的经营控制权、财务控制权、盈利分配要求权、剩余财产追索权等股东权利。证券资产的服务能力在于它能带来未来的现金流量，按未来现金流量折现即资本化价值，是证券资产价值的统一表达。

2. 可分割性

实体项目投资的经营资产一般具有整体性要求，如购建新的生产能力，往往是厂房、设备、配套流动资产的结合。证券资产可以分割为一个最小的投资单位，如一股股票、一份债券、一份基金，这就决定了证券资产投资的现金流量比较单一，往往由原始投资、未来报酬或资本利得、本金回收所构成。

3. 持有目的多元性

实体项目投资的经营资产往往是为消耗而持有，为流动资产的加工提供生产条件。证券资产的持有目的是多元的，既可能是为未来积累现金即为未来变现而持有，也可能是为谋取资本利得即为销售而持有，还有可能是为取得对其他企业的控制权而持有。

4. 强流动性

证券资产具有很强的流动性，其流动性表现在：一是变现能力强。证券资产往往都是上市证券，一般都有活跃的交易市场可供及时转让。二是持有目的可以相互转换。当企业急需现金时，可以立即将为其他目的而持有的证券资产变现。证券资产本身的变现能力虽然较强，但其实际周转速度取决于企业对证券资产的持有目的。当企业将证券资产作为长期投资持有时，一次周转一般都会经历一个会计年度以上。

5. 高风险性

证券资产是一种虚拟资产，会受到公司风险和市场风险的双重影响，不仅发行证券资产的公司业绩影响着它的投资报酬率，资本市场的市场平均报酬率变化也会给证券资产带来直接的市场风险。

（二）证券投资的目的

1. 分散资金投向，降低投资风险

投资分散化，即将资金投资于多个相关程度较低的项目，实行多元化经营，能够有效地

分散投资风险。当某个项目经营不景气而利润下降甚至导致亏损时，其他项目可能会获得较高的报酬。将企业的资金分成内部经营投资和对外证券投资两个部分，实现了企业投资的多元化。而且，与内部经营投资相比，对外证券投资不受地域和经营范围的限制，投资选择面非常广，投资资金的退出和收回也比较容易，是多元化投资的主要方式。

2. 利用闲置资金，增加企业收益

企业在生产经营过程中，由于各种原因有时会出现资金闲置、现金结余较多的情况。这些闲置的资金可以投资于股票、债券等有价证券，获取投资报酬，这些投资报酬主要表现在股利收入、利息收入、证券买卖差价等方面。同时，有时企业资金的闲置是暂时性的，可以投资在资本市场上流通性和变现能力较强的有价证券，这类证券能够随时变卖，收回资金。

3. 稳定客户关系，保障生产经营

企业生产经营环节中，供应和销售是企业与市场相联系的重要通道。没有稳定的原材料供应来源，没有稳定的销售客户，都会使企业的生产经营中断。为了保持与供销客户良好而稳定的业务关系，可以对业务关系链的供销企业进行投资，购买其债券或股票，甚至达到控制。这样，既能够通过债权或股权对关联企业的生产经营施加影响和控制，又能保障本企业的生产经营顺利进行。

4. 提高资产流动性，增强偿债能力

资产流动性强弱是影响企业财务安全性的主要因素。除现金等货币资产外，有价证券投资是企业流动性最强的资产，是企业速动资产的主要构成部分。在企业需要支付大量现金，而现有现金储备又不足时，可以通过变卖有价证券迅速取得大量现金，保证企业的及时支付。

（三）证券投资的风险

企业进行证券投资必然要承担一定风险，因此证券投资是一种风险投资。证券投资风险是指证券投资报酬的不确定性，即投资者无法获得预期投资报酬的可能性。按风险性质划分，证券投资的风险可分为系统性风险和非系统性风险两大类别。

1. 系统性风险

证券资产的系统性风险，是指由外部经济环境因素变化引起整个资本市场不确定性加强，从而对所有证券都产生影响的共同性风险。系统性风险影响到资本市场上的所有证券，无法通过投资多元化的组合而加以避免，也称为不可分散风险。

系统性风险波及所有证券资产，最终会反映在资本市场平均利率的提高上，所有的系统性风险几乎都可以归结为利率风险。利率风险是指由于市场利率变动引起证券资产价值变化的可能性。市场利率反映了社会平均报酬率，投资者对证券资产投资报酬率的预期总是在市场利率基础上进行的，只有当证券资产投资报酬率大于市场利率时，证券资产的价值才会高于其市场价格。一旦市场利率提高，就会引起证券资产价值的下降，投资者就不易得到超过社会平均报酬率的超额报酬。市场利率的变动会造成证券资产价格的普遍波动，两者呈反向变化：市场利率上升，证券资产价格下跌；市场利率下降，证券资产价格上升。

（1）价格风险。

价格风险是指由于市场利率上升，而使证券资产价格普遍下跌的可能性。价格风险来自资本市场买卖双方资本供求关系的不平衡：资本需求量增加，市场利率上升；资本供应量增加，市场利率下降。

资本需求量增加，引起市场利率上升，也意味着证券资产发行量的增加，引起整个资本市场所有证券资产价格的普遍下降。需要说明的是，这里的证券资产价格波动并不是指证券

资产发行者的经营业绩变化而引起的个别证券资产的价格波动,而是由于资本供应关系引起的全部证券资产的价格波动。

当证券资产持有期间的市场利率上升,证券资产价格就会下跌,证券资产期限越长,投资者遭受的损失越大。到期风险附加率,就是对投资者承担利率变动风险的一种补偿,期限越长的证券资产,要求的到期风险附加率就越大。

(2)再投资风险。

再投资风险是由于市场利率下降所造成的无法通过再投资而实现预期报酬的可能性。根据流动性偏好理论,长期证券资产的报酬率应当高于短期证券资产,这是因为:一是期限越长,不确定性就越强。证券资产投资者一般喜欢持有短期证券资产,因为它们较易变现而收回本金。因此,投资者愿意接受短期证券资产的低报酬率。二是证券资产发行者一般喜欢发行长期证券资产,因为长期证券资产可以筹集到长期资金,而不必经常面临筹集不到资金的困境。因此,证券资产发行者愿意为长期证券资产支付较高的报酬率。

为了避免市场利率上升的价格风险,投资者可能会投资于短期证券资产,但短期证券资产又会面临市场利率下降的再投资风险,即无法按预定报酬率进行再投资而实现所要求的预期报酬。

(3)购买力风险。

购买力风险是指由于通货膨胀而使货币购买力下降的可能性。在持续而剧烈的物价波动环境下,货币性资产会产生购买力损益:当物价持续上涨时,货币性资产会遭受购买力损失;当物价持续下跌时,货币性资产会带来购买力报酬。

证券资产是一种货币性资产,通货膨胀会使证券资产投资的本金和报酬贬值,名义报酬率不变而实际报酬率降低。购买力风险对具有收款权利性质的资产影响很大,债券投资的购买力风险远大于股票投资。如果通货膨胀长期延续,投资人会把资本投向实体性资产以求保值,对证券资产的需求量减少,引起证券资产价格下跌。

2.非系统性风险

证券资产的非系统性风险,是指由特定经营环境或特定事件变化引起的不确定性,从而对个别证券资产产生影响的特有风险。非系统性风险源于每个公司自身特有的营业活动和财务活动,与某个具体的证券资产相关联,同整个证券资产市场无关。非系统性风险可以通过持有证券资产的多元化来抵消,也称为可分散风险。

非系统性风险是公司特有风险,从公司内部管理的角度考察,公司特有风险的主要表现形式是公司经营风险和财务风险。从公司外部的证券资产市场投资者的角度考察,公司经营风险和财务风险的特征无法明确区分,公司特有风险是以违约风险、变现风险、破产风险等形式表现出来的。

(1)违约风险。违约风险是指证券资产发行者无法按时兑付证券资产利息和偿还本金的可能性。有价证券资产本身就是一种契约性权利资产,经济合同的任何一方违约都会给另一方造成损失。违约风险是投资于报酬固定型有价证券资产的投资者经常面临的,多发生于债券投资中。违约风险产生的原因可能是证券发行公司产品经销不善,也可能是公司现金周转不灵等。

(2)变现风险。变现风险是指证券资产持有者无法在市场上以正常的价格平仓出货的可能性。持有证券资产的投资者,可能会在证券资产持有期限内出售现有证券资产投资于另一项目,但在短期内找不到愿意出合理价格的买主,投资者就会丧失新的投资机会或面临降价出售的损失。在同一证券资产市场上,各种有价证券资产的变现能力是不同的,交易越频繁的证券资产,其变现能力越强。

（3）破产风险。破产风险是指在证券资产发行者破产清算时投资者无法收回应得权益的可能性。当证券资产发行者由于经营管理不善而持续亏损、现金周转不畅而无力清偿债务或其他原因导致难以持续经营时，可能会申请破产保护。破产保护会导致债务清偿的豁免、有限责任的退资，使得投资者无法取得应得的投资报酬，甚至无法收回投资的本金。

二、债券投资

（一）债券投资概述

1. 债券的概念

债券是政府、金融机构或工商企业等组织直接向社会借债筹措资金时，向投资者发行，并且承诺按一定利率支付利息并按约定条件偿还本金的债权债务凭证。

债券购买者与发行者之间是一种债权债务关系，债券发行者即债务人，投资者（债券持有人）即债权人。

2. 债券的种类

债券按照发行主体的不同，可分为政府债券、金融债券和公司债券。

（1）政府债券。政府债券是由中央政府或地方政府发行的债券，分为中央政府债券和地方政府债券。政府债券的信誉很高，风险很低，因此其利率通常低于其他债券。

（2）金融债券。金融债券是由银行或非银行金融机构为筹集信贷资金而发行的债券。金融债券的发行必须经中央银行的批准。金融债券的风险高于政府债券、低于公司债券，因此其利率一般介于两者之间。

（3）公司债券。公司债券是公司为筹措长期资金而发行的债券。发行债券是公司筹集债权资本的重要方式。

3. 债券的基本要素

债券一般包含以下几个基本要素：

（1）债券面值。债券面值是指债券的票面价值，是债券发行方对债券持有者在债券到期或发行期间分期偿还的本金数额，也是向债券持有者按期支付利息的计算依据。债券面值包括币种和票面金额两项基本内容。债券面值的币种可用本国货币，也可用外币，这主要取决于发行者的需要和债券的种类。

（2）债券的票面利率。票面利率是指债券年利息与债券面值的比率。债券发行方每年向债券持有者应付的利息等于面值与票面利率的乘积。债券票面利率一般是固定不变的，利息可以是分期支付，也可以是到期一次支付。

（3）债券到期日。债券到期日，是指偿还债券本金的日期，债券一般都有规定到期日，以便到期时归还本金。

4. 债券投资的目的

企业债券投资的目的主要是与投资的期限有关系。企业进行短期债券投资的目的主要是为了合理利用暂时闲置资金，调节现金余额，获取收益。当企业现金余额太多时，便投资于债券，使现金余额降低；反之，当现金余额太少时，则出售原来投资的债券，收回现金，使现金余额提高。企业进行长期债券投资的目的主要是为了获得稳定的收益。

（二）债券估值

1. 债券估值的基本模型

一般情况下，债券每期计算并支付利息，到期归还本金。按照这种模式，债券估值的基本模型是：

$$V=\sum_{t=1}^{n}\frac{I_t}{(1+R)^t}+\frac{M}{(1+R)^n}$$

式中，V 为债券价值；I_t 为第 t 期的利息；M 为到期的本金；R 为折现率，即投资者要求的必要报酬率，一般采用当时的市场利率；n 为债券到期前的期数。

2. 债券估值的扩展模型

(1) 典型债券估值模型。典型债券通常是固定利率债券，每期计算并支付利息、到期归还本金。这种债券的估值模型为：

$$V=I \cdot (P/A,R,n)+M \cdot (P/F,R,n)$$

【例 4-10】 假设某种债券面值为 1 000 元，期限为 5 年，票面利率为 8%，每年计算并支付利息、到期归还本金。甲公司要对这种债券进行投资，当前的市场利率为 10%，则债券发行价格为多少时，甲公司才能进行投资？

解：债券的价值：

$$V=I \cdot (P/A,R,n)+M \cdot (P/F,R,n)$$
$$V=1 000 \times 8\% \times (P/A,10\%,5)+1 000 \times (P/F,10\%,5)$$
$$V=80 \times 3.790 8+1 000 \times 0.620 9$$
$$V=924.16(元)$$

即该种债券的发行价格必须低于 924.16 元才值得甲公司购买。

(2) 一次还本付息且不计算复利的债券估值模型。这种债券平时不支付利息，到期一次支付本金和利息且不计复利，我国有很多债券属于此种类型，其估值模型为：

$$V=(M+I \cdot n) \cdot (P/F,R,n)$$

【例 4-11】 假设甲公司拟购买一份面值为 1 000 元，期限为 5 年，票面利率为 8%，平时不支付利息，到期一次支付本金和利息且不计复利的债券。当前市场利率为 10%，则该债券发行价格为多少时，甲公司才能购买？

解：债券的价值：

$$V=(M+I \cdot n) \cdot (P/F,R,n)$$
$$V=(1 000+1 000 \times 8\% \times 5) \times (P/F,10\%,5)$$
$$V=1 400 \times 0.620 9$$
$$V=869.26(元)$$

即该种债券的发行价格必须低于 869.26 元才值得甲公司购买。

(3) 零息债券的估值模型。零息债券以折现的方式发行，没有票面利率，到期按面值偿还。其估值模型为：

$$V=M \cdot (P/F,R,n)$$

【例 4-12】 假设甲公司准备购买某债券，该债券面值为 1 000 元，5 年期，以折现方式发行，到期按面值偿还。当前市场利率为 10%，则该债券发行价格为多少时，甲公司才能购买？

解：债券的价值：

$$V=M \cdot (P/F,R,n)$$
$$V=1 000 \times (P/F,10\%,5)$$
$$V=1 000 \times 0.620 9$$
$$V=620.9(元)$$

即该种债券的发行价格必须低于 620.9 元才值得甲公司购买。

(4) 永久债券的估值模型。永久债券是指没有到期日、永不停止支付利息的债券。优先股实际上也是一种永久债券，若公司的股利支付没有问题，将会持续地支付固定的优先股股息。其估值模型为：

$$V = \frac{I}{R}$$

【例 4-13】 假设甲公司拟购买一股优先股，该优先股承诺每年支付优先股股息 50 元，假设折现率为 10%，则该优先股的价值是多少？

解： 优先股的价值：

$$V = \frac{I}{R}$$
$$V = \frac{50}{10\%}$$
$$V = 500(元)$$

则该优先股的价值为 500 元。

（三）债券投资报酬的衡量

债券的报酬水平通常用到期报酬率来衡量。债券到期报酬率是指自企业债券购买日至到期日可获得的报酬率。它是考虑了货币时间价值，按复利计算的投资报酬率，是指使债券投资未来现金流入的现值等于债券买入价格时的折现率，是净现值为零的折现率。具体计算公式如下：

$$P = \frac{I_1}{(1+i)^1} + \frac{I_2}{(1+i)^2} + \cdots + \frac{I_n}{(1+i)^n} + \frac{M}{(1+i)^n}$$

式中，P 为债券购买价格；I 为每期利息；M 为债券面值；n 为到期的年数；i 为折现率，即债券到期报酬率。

通过上述公式，将折现率 i 求解出来，即为债券到期报酬率。

【例 4-14】 甲公司于 2021 年 5 月 1 日以 900 元购入当天发行的面值为 1 000 元的公司债券，其票面利率为 8%，期限为 10 年，每年 5 月 1 日计算并支付利息。则该公司债券到期报酬率是多少？

解： $900 = 1\,000 \times 8\% \times (P/A, i, 10) + 1\,000 \times (P/F, i, 10)$

由于无法直接计算债券到期报酬率，可先用试误法计算：

当 $i = 9\%$ 时：

$P = 1\,000 \times 8\% \times (P/A, 9\%, 10) + 1\,000 \times (P/F, 9\%, 10)$

$P = 80 \times 6.417\,7 + 1\,000 \times 0.422\,4$

$P = 935.82(元)$

由于 935.82 元大于 900 元，说明债券到期报酬率应大于 9%。

再用 $i = 10\%$ 试算：

$P = 1\,000 \times 8\% \times (P/A, 10\%, 10) + 1\,000 \times (P/F, 10\%, 10)$

$P = 80 \times 6.144\,6 + 1\,000 \times 0.385\,5$

$P = 877.07(元)$

由于 877.07 元小于 900 元，说明债券到期报酬率应小于 10%，即应在 9%～10% 之间。

运用插值法计算债券到期报酬率：

$$\frac{i - 9\%}{10\% - 9\%} = \frac{900 - 935.82}{877.07 - 935.82}$$

求得 $i = 9.61\%$

则该公司债券到期报酬率为 9.61%。

由于试误法计算比较麻烦，为了简化计算，可以采用下面的方法求得债券到期报酬率的近似值。

$$债券到期报酬率=\frac{I+(M-P)/n}{(M+P)/2}$$

式中，I 为每年的利息；M 为债券面值；P 为债券购买价格；n 为年数。

【例 4-15】　以【例 4-14】中的有关数据为依据，计算债券到期报酬率。

解：债券到期报酬率 $=\frac{I+(M-P)/n}{(M+P)/2}=\frac{1\,000\times8\%+(1\,000-900)/10}{(1\,000+900)/2}=9.47\%$

特别提示：债券到期报酬率是企业能否进行债券投资的一个评价标准，它反映了企业债券投资的真实报酬率，当到期报酬率高于投资者要求的投资报酬率时，就可以进行该债券的投资，否则就应该放弃这种投资。

三、股票投资

（一）股票投资概述

1. 股票的概念

股票是股份公司为筹集自用资金而发行的有价证券，是持股人拥有被投资公司股份的基本凭证。股票持有者拥有对股份公司的重大决策权、盈利分配要求权、剩余财产求索权和股份转让权。企业购买其他企业发行的股票，称为股票投资。

2. 股票的种类

参见项目三的相关内容。

3. 股票投资的目的

企业进行股票投资的目的：一是获利；二是控股。获利是企业进行股票投资的短期目的；企业购买股票后可定期获得股利，并在未来出售股票获取股票买卖价差。控股是企业股票投资的长期目的，通过购买某一企业的大量股票达到控制该企业的目的。由于目的不同，投资策略也不相同，第一种情况下企业不应把大量资金投资于某一种股票上，而应采用证券组合投资以分散风险；在第二种情况下企业应将资金集中投放在被投资企业股票上以实现控股的目的。

（二）股票估值

1. 股票估值的基本模型

若投资者永远持有某股票，则该投资者只获得股利，一个永续的现金流入，这些股利的现值就是股票的价值，其估值基本模型如下：

$$P=\frac{D_1}{(1+i)^1}+\frac{D_2}{(1+i)^2}+\cdots+\frac{D_n}{(1+i)^n}+\cdots$$

$$P=\sum_{t=1}^{\infty}\frac{D_t}{(1+i)^t}$$

式中，P 为股票价值；i 为折现率，即投资者要求的必要报酬率；D_t 为第 t 期的预期股利。

若投资者不打算永久持有该股票，而是打算持有一段时间后出售，则投资该股票取得的未来现金流量是持有期间获得的股利收入和出售时的售价。这种情况下的股票估价模型为：

$$P = \sum_{t=1}^{n} \frac{D_t}{(1+i)^t} + \frac{P_n}{(1+i)^n}$$

式中，P_n 为未来出售时预计的股票价格；n 为预计持有股票的期数；P 为股票价值；i 为折现率，即投资者要求的必要报酬率；D_t 为第 t 期的预期股利。

【例 4-16】 张明准备购入甲公司股票，该股票预计最近三年的股利分别为每股 3 元、3.5 元和 4 元，三年后该股票的市价预计可达 30 元，投资者要求的必要报酬率为 8%，则当该股票的现行市价为多少时，张明才能购买？

解：股票价值：

$$P = \sum_{t=1}^{n} \frac{D_t}{(1+i)^t} + \frac{P_n}{(1+i)^n}$$

$$P = \frac{3}{(1+8\%)^1} + \frac{3.5}{(1+8\%)^2} + \frac{4}{(1+8\%)^3} + \frac{30}{(1+8\%)^3}$$

$$P = 32.77(元)$$

即该种股票的现行市价必须低于 32.77 元才值得张明购买。

2. 股利稳定不变的股票估值模型

假设每年股利固定不变，即预期股利增长为零，则所获取的股利收入是一个永续年金，则这种情况下的股票估值模型为：

$$P = \frac{D}{i}$$

式中，D 为每年固定股利；P 为股票价值；i 为折现率，即投资者要求的必要报酬率。

【例 4-17】 假设甲公司准备购买 M 公司股票，每年分配股利为 5 元，甲公司要求的必要报酬率是 10%，则当 M 公司的股票现行市价为多少时，甲公司才能购买？

解：M 公司股票价值：

$$P = \frac{D}{i}$$

$$P = \frac{5}{10\%} = 50(元)$$

则 M 公司股票的现行市价必须低于 50 元才值得甲公司购买。

3. 股利固定增长的股票估值模型

股利固定增长股票是指公司每年向股东支付的股利是稳定增长的。假设公司的股利保持稳定的增长率为 g，上年股利为 D_0，则第 t 年的股利应为：

$$D_t = D_0 \times (1+g)^t$$

根据股票估价的基本模型，股利固定增长股票估值模型为：

$$P = \sum_{t=1}^{\infty} \frac{D_0 \times (1+g)^t}{(1+i)^t}$$

通常情况下，$i > g$，则上式可进一步简化为：

$$P = \frac{D_1}{i-g}$$

式中，D_1 为未来第 1 年的股利。

【例 4-18】 假设甲公司准备购买 M 公司股票，该股票上年每股股利为 5 元，预计以后每年以 10% 的增长率增长。甲公司要求的必要报酬率为 15%，则当 M 公司的股票现行市价为多少时，甲公司才能购买？

解：计算 M 公司股票的价值：

$$P = \frac{D_1}{i-g}$$

$$P = \frac{5 \times (1+10\%)}{15\% - 10\%} = 110(元)$$

则 M 公司股票的现行市价必须低于 110 元才值得甲公司购买。

(三) 股票投资报酬的衡量

企业进行股票投资，每年获得的股利是经常变动的，当售出股票时，也可以收回一定资金。衡量股票投资报酬水平的指标主要为股票投资报酬率。可以根据股票价值的计算公式倒求股票投资报酬率。其计算公式为：

$$P = \sum_{t=1}^{n} \frac{D_t}{(1+i)^t} + \frac{P_n}{(1+i)^n}$$

式中，P 为股票的购买价格；P_n 为股票的出售价格；D_t 为每期的股利；n 为到期的年数；i 为折现率，即股票投资报酬率。

通过上述公式，将折现率 i 求解出来，即为股票投资报酬率。

【例 4-19】 甲公司投资 500 000 元购买 M 公司股票 100 000 股，连续三年每股分得现金股利分别为：0.30 元、0.50 元和 0.80 元，并于第三年后以每股 8.00 元的价格将股票全部售出，则该项股票投资的投资报酬率是多少？

解： $P = \sum_{t=1}^{n} \frac{D_t}{(1+i)^t} + \frac{P_n}{(1+i)^n}$

$500\ 000 = 30\ 000 \times (P/F, i, 1) + 50\ 000 \times (P/F, i, 2) + 80\ 000 \times (P/F, i, 3) + 800\ 000 \times (P/F, i, 3)$

由于无法直接计算股票投资报酬率，可先用试误法计算：

当 $i = 25\%$ 时

$P = 30\ 000 \times (P/F, 25\%, 1) + 50\ 000 \times (P/F, 25\%, 2) + 80\ 000 \times (P/F, 25\%, 3) + 800\ 000 \times (P/F, 25\%, 3)$

$P = 30\ 000 \times 0.800\ 0 + 50\ 000 \times 0.640\ 0 + 80\ 000 \times 0.512\ 0 + 800\ 000 \times 0.512\ 0$

$P = 506\ 560(元)$

由于 506 560 元大于 500 000 元，说明股票投资报酬率应大于 25%。

再用 $i = 26\%$ 试算

$P = 30\ 000 \times (P/F, 26\%, 1) + 50\ 000 \times (P/F, 26\%, 2) + 80\ 000 \times (P/F, 26\%, 3) + 800\ 000 \times (P/F, 26\%, 3)$

$P = 30\ 000 \times 0.7937 + 50\ 000 \times 0.629\ 9 + 80\ 000 \times 0.499\ 9 + 800\ 000 \times 0.499\ 9$

$P = 495\ 218(元)$

由于 495 218 元小于 500 000 元，说明股票投资报酬率应小于 26%，即应在 25%～26% 之间。

运用插值法计算股票投资报酬率：

$$\frac{i - 25\%}{26\% - 25\%} = \frac{500\ 000 - 506\ 560}{495\ 218 - 506\ 560}$$

求得 $i = 25.58\%$

则该项股票投资的投资报酬率为 25.58%。

关键词

　　项目投资、现金流入量、现金流出量、现金净流量、静态投资回收期、平均报酬率、动态投资回收期、净现值、现值指数、内含报酬率、年金净流量、系统性风险、非系统性风险、债券投资、债券估值、股票投资、股票估值。

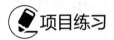

项目练习

扫码看练习及答案

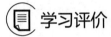

学习评价

专业能力测评表
（在□中打√，A掌握，B基本掌握，C未掌握）

业务能力	评价指标	自测结果	备注
投资的概念、分类和意义	1. 投资的概念	□A　□B　□C	
	2. 投资的分类	□A　□B　□C	
	3. 投资的意义	□A　□B　□C	
投资管理的特点、原则和基本要求	1. 投资管理的特点	□A　□B　□C	
	2. 投资管理的原则	□A　□B　□C	
	3. 投资管理的基本要求	□A　□B　□C	
项目投资现金流量的估计	1. 现金流量的概念	□A　□B　□C	
	2. 现金流量的内容	□A　□B　□C	
	3. 现金流量的计算方法	□A　□B　□C	
项目投资评价指标的计算	1. 非贴现现金流量指标的计算	□A　□B　□C	
	2. 贴现现金流量指标的计算	□A　□B　□C	
不同证券的价值评估	1. 债券估值方法的运用	□A　□B　□C	
	2. 股票估值方法的运用	□A　□B　□C	
教师评语：			
成绩		教师签字	

项目五
营运资金管理

教学目标

1. 知识目标
（1）理解营运资金管理有关概念。
（2）理解营运资金的管理策略。
（3）掌握流动资产管理方法。
（4）掌握流动负债管理方法。

2. 能力目标
（1）培养学生用理论分析、解决实际问题的能力。
（2）培养学生自主思考与统筹协调能力。
（3）培养学生管理能力。

3. 思政目标
（1）培养学生诚实守信、勇于承担的品质。
（2）引导学生树立正确的价值观。
（3）帮助学生理解商业逻辑。

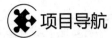 项目导航

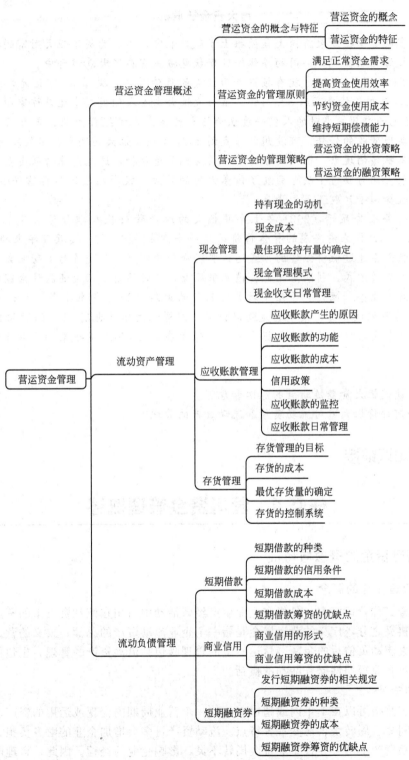

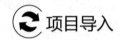 项目导入

恒大资金链危机

恒大财富的资金链断裂将恒大集团推上了风口浪尖，不少购买了恒大财富的投资人表示自己的基金投资无法提现，公司的整体经营现状也被暴露在了大众视野中。

早在 2021 年 6 月 30 日，就有数据表示恒大的负债最高达到 1.95 万亿元，流动资产为 1.57 万亿元，累积负债率高达 82.71%。上一次恒大走入人们视野中还是许家印在半年内还完了 3211 亿元的欠款，当时的人们一度认为恒大已经走出了经营困局，未来只需要稳定卖房卖车就能实现营收的好转。可没想到，直到 2021 年底，恒大的高负债不仅没有继续缩水，还出现了资不抵债的现象，恒大的银行贷款信用也严重受损，这就意味着来自金融机构的资金链已经断裂。同时股价下跌也引发了债券抛售的局面，投资人已经不再信任恒大的股票，留给恒大的选择似乎只剩下了卖资产。

恒大的财务报告显示，2021 年上半年恒大的地产营业收入增长了 2.3%，金额高达 3567.9 亿元，但总体来看房屋的整体售价约为一平方米 8295 元，接近 5 年来的最低记录。也就是说，恒大在通过低价抛售的方式迅速实现资金的回笼。可是作为主营业务，房地产如果采用低价抛售的方式，利润空间也会被无限压缩，到时候留给恒大还款的金额也会大打折扣。除了房地产业务，恒大也开始了对其他业务的抛售，2021 年上半年，恒大的恒腾网络公司有 11% 的股权被抛售，接手的是腾讯公司。同样恒大冰泉也有 49% 的股权出售给了他人，从国内证券交易机构的统计数据上来看，恒大在 2021 年上半年累计出售了价值 165.6 亿元的股权。

思考：

1. 请你谈谈恒大资金链断裂的原因和危害。
2. 你如何评价恒大针对流动负债和流动资产的管理？

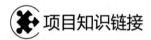 项目知识链接

任务 1 营运资金管理概述

一、营运资金的概念与特征

（一）营运资金的概念

营运资金又称营运资本，是指在企业生产经营活动中占用在流动资产上的资金。营运资金有广义和狭义之分，广义的营运资金是指一个企业流动资产的总额；狭义的营运资金是指流动资产减去流动负债后的余额。营运资金的管理既包括流动资产的管理，也包括流动负债的管理，是对企业短期性财务活动的概括。

1. 流动资产

流动资产是指可以在 1 年内或超过 1 年的一个营业周期内变现或运用的资产。流动资产具有占用时间短、周转快、易变现等特点。流动资产过多会增加企业的财务负担，影响企业的利润；流动资产不足会导致企业资金周转不灵，影响企业的经营。因此，合理配置流动资产的数量在财务管理中具有重要意义。流动资产按不同的标准可进行不同的分类，常见分类

方式如下：

（1）按占用形态不同，分为现金、以公允价值计量且其变动计入当期损益的金融资产、应收及预付款项和存货等。

（2）按在生产经营过程中所处的环节不同，分为生产领域中的流动资产、流通领域中的流动资产以及其他领域中的流动资产。

2．流动负债

流动负债是指需要在1年内或超过1年的一个营业周期内偿还的债务。流动负债又称短期负债，具有成本低、偿还期短的特点，必须加强流动负债的管理，否则企业将承担较大的财务风险。流动负债按不同标准可作不同分类，最常见的分类方式如下：

（1）以应付金额是否确定为标准，可以分成应付金额确定的流动负债和应付金额不确定的流动负债。应付金额确定的流动负债是指那些根据合同或法律规定到期必须偿付、并有确定金额的流动负债，如短期借款、应付票据、应付短期融资券等；应付金额不确定的流动负债是指那些要根据企业生产经营状况，到一定时期或具备一定条件时才能确定的流动负债，或应付金额需要估计的流动负债，如应交税费、应付股利等。

（2）以流动负债的形成情况为标准，可以分成自然性流动负债和人为性流动负债。自然性流动负债是指不需要正式安排，由结算程序或有关法律法规等原因而自然形成的流动负债；人为性流动负债是指由财务人员根据企业对短期资金需求情况，通过人为安排所形成的流动负债，如短期银行借款。

（3）以是否支付利息为标准，可以分为有息流动负债和无息流动负债。

（二）营运资金的特征

为了有效地管理企业的营运资金，必须研究营运资金的特点，以便有针对性地进行管理。营运资金一般具有以下特点：

（1）营运资金的来源具有多样性。企业筹集长期资金的方式一般较少，只有吸收直接投资、发行股票、发行债券等方式。与筹集长期资金的方式相比，企业筹集营运资金的方式比较灵活多样，既可以通过长期筹资方式解决，也可以通过短期筹资方式解决。短期筹资方式通常有银行短期借款、短期融资券、商业信用、应付职工薪酬等多种内外部融资方式。

（2）营运资金的数量具有波动性。流动资产或流动负债受企业内外条件的影响，数量的波动往往很大。企业必须能够有效地预测和控制这种波动，防止其对企业正常经营活动产生影响。

（3）营运资金的周转具有短期性。企业占用在流动资产上的资金，通常会在1年内或超过1年的一个营业周期内回收，对企业影响的时间比较短。如果营运资金周转很慢，那么企业的日常生产经营很可能出现了问题。

（4）营运资金的实物形态具有变动性和易变现性。企业营运资金的占有形态是经常变化的，营运资金的每次循环都要经过采购、生产、销售等过程，一般按照现金、材料、在产品、产成品、应收账款、现金的顺序转化。现金一般情况下可以随时供企业支配，不存在变现问题，其他非现金形态的营运资金，如存货、应收账款、有价证券等，与固定资产等长期资产相比，一般具有较强的变现能力，如果遇到意外情况，企业出现资金周转不灵、现金短缺时，便可迅速变卖这些资产，以获取现金，这对财务上应付临时性、突发性资金需求具有重要意义。

二、营运资金的管理原则

企业的营运资金在全部资金中占有相当大的比重，对营运资金的管理，既要保证有足够的资金满足日常生产经营需要，又要保证企业能按时、足额地偿还各种到期债务。企业进行营运资金管理，应遵循以下原则。

1. 满足正常资金需求

企业营运资金的需求数量与企业生产经营活动有直接关系，企业应认真分析生产经营状况，采用一定的方法预测营运资金需要的数量，营运资金的管理必须把满足正常合理的资金需求作为首要任务。

2. 提高资金使用效率

营运资金的周转是指企业的营运资金从现金投入生产经营开始，到最终转化为现金的过程。适度加快存货的周转，缩短应收账款的收款期，延长应付账款的付款期，可以减少营运资金的需要量，提高资金使用效率，以便企业用有限的资金服务于更大的产业规模，为企业获得更优的经济效益提供条件。

3. 节约资金使用成本

在营运资金管理中，必须对保证生产经营需要和节约资金使用成本两者进行权衡。要在保证生产经营需要的前提下，尽力降低资金使用成本。一方面，要挖掘资金潜力，加速资金周转，精打细算地使用资金；另一方面，积极拓展融资渠道，合理配置资源，筹措低成本资金，服务于生产经营。

4. 维持短期偿债能力

企业财务风险高低的判断标志之一是偿债能力。流动负债是在短期内需要偿还的债务，而流动资产则是在短期内可以转化为现金的资产。流动资产、流动负债以及两者之间的关系能较好地反映企业的短期偿债能力。合理安排流动资产与流动负债的比例关系，保持流动资产结构与流动负债结构的适配性，保证企业有足够的短期偿债能力是营运资金管理的重要原则之一。

三、营运资金的管理策略

企业需要评估营运资金管理中的风险与收益，制定流动资产的投资策略和融资策略。实际上，财务管理人员在营运资金管理方面必须做两项决策：一是需要拥有多少流动资产；二是如何为需要的流动资产融资。在实践中，这两项决策一般同时进行，且相互影响。

(一) 营运资金的投资策略

不同类型的营运资金在流动性、盈利性和风险性上存在差异，企业在权衡流动资产最优持有量时，应当综合考虑外部融资环境、企业所处的行业、企业规模、风险与报酬等因素，不仅要确定流动资产占总资产的比重，还要确定不同类型流动资产的合理水平。

制定流动资产投资策略时，首先，需要权衡的是资产的收益性与风险性。通常，持有大量的流动资产可以降低企业的风险，但将较多资金投放在流动资产上，则会降低企业的投资报酬率。

其次，制定流动资产投资策略时还应充分考虑企业面临的外部融资环境。通常，银行和其他借款人对企业流动性水平非常重视，因为流动性是这些债权人确定信用额度和借款利率的主要依据之一。他们还会考虑应收账款和存货的质量，尤其是这些资产被用来当作一项贷款的抵押品时。

此外，一个企业的流动资产投资策略可能还受行业因素的影响。不同行业的经营范围不同，资产组合有较大的差异。如在销售边际毛利较高的产业，在从额外销售中获得的利润超过额外应收账款所增加的成本的情况下，宽松的信用政策可能为企业带来更为可观的收益。

流动资产占用具有明显的行业特征。

根据流动资产和销售额之间的数量关系，我们可以将营运资金的投资策略分为三种基本类型：

1. 宽松的营运资金投资策略

宽松的营运资金投资策略通常要求企业维持高水平的流动资产与销售收入比率。在宽松的营运资金投资策略下，企业将保持高水平的现金和有价证券、高水平的应收账款（通常给予客户宽松的付款条件）和高水平的存货（通常源于补给原材料或不愿意因为产成品存货不足而失去销售市场）。这种策略的特点是流动性较高，企业的财务与经营风险较小，资产的收益较低。

2. 适中的营运资金投资策略

适中的营运资金投资策略要求企业保持适中的流动资产与销售收入比率。在适中的营运资金投资策略下，企业流动资产的数量既不过高，也不过低，流入的现金恰好满足支付的需求，存货也恰好满足生产和销售的需要。这种策略的特点是收益和风险相平衡。

3. 紧缩的营运资金投资策略

紧缩的营运资金投资策略要求企业维持低水平的流动资产与销售收入比率。紧缩的营运资金投资策略可以节约流动资产的持有成本，与此同时可能伴随着更高风险，这些风险表现为更紧的应收账款信用政策和较低的存货占有水平，以及缺乏用于偿还应付账款的现金等。但是，只要不可预见的事件没有损坏企业的流动性而导致严重的问题发生，紧缩的营运资金投资策略就会提高企业效益。

采用紧缩的营运资金投资策略，无疑对企业的管理水平有较高的要求。因为一旦失控，由于流动资产的短缺，会对企业经营活动产生重大影响。

(二) 营运资金的融资策略

企业对流动资产的需求数量，决定了营运资金的融资数量。因此，分析企业对营运资金的需求，是讨论营运资金的融资策略的重要内容。

在企业经营状况不发生大的变化的情况下，流动资产最基本的需求具有一定的刚性和相对稳定性，我们可以将其界定为流动资产的永久性水平。当销售发生季节性变化时，流动资产将会在永久性水平的基础上增加。流动资产可以被分解为两部分：永久性部分和波动部分。永久性流动资产是指满足企业长期最低需求的流动资产，其占有量通常相对稳定；波动性流动资产或称临时性流动资产，是指那些由于季节性或临时性的因素而形成的流动资产，其占有量随当时的需求而波动，见图5-1。

与流动资产的分类相对应，流动负债也可以分为临时性负债和自发性负债。一般来说，临时性负债又称为筹资性流动负债，是指为了满足临时性流动资金需要所发生的负债，如商业零售企业在春节前为满足节日销售需要，超量购入货物而举借的短期银行借款。临时性负债一般只能供企业短期使用。自发性负债，又称为经营性流动负债，是指直接产生于企业持续经营中的负债，如商业信用筹资和日常运营中产生的其他应付款，以及应付职工薪酬、应付利息、应交税费等。自发性流动负债虽然属于流动负债，但是旧的自发性流动负债消失之后，随着经营活动的进行，又会产生新的自发性流动负债，所以它属于长期来源，可供企业长期使用。

融资决策主要取决于管理者的风险导向，此外它还受短期、中期、长期负债的利率差异的影响。根据资产的期限结构与资金来源的期限结构的匹配程度差异，流动资产的融资策略可以划分为：期限匹配融资策略、保守融资策略和激进融资策略三种基本类型。

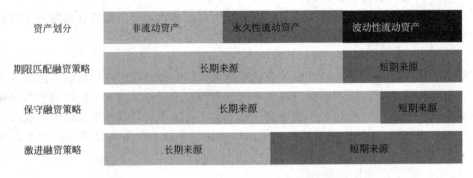

图 5-1 可供选择的流动资产的融资策略

1. 期限匹配融资策略

期限匹配融资策略是指企业的负债结构与企业资产的寿命周期相对应。永久性流动资产和非流动资产以长期融资方式（负债或股东权益）融通，波动性流动资产用短期来源融通。这意味着，在给定的时间，企业的短期融资数量反映了当时的波动性流动资产的数量。当波动性流动资产扩张时，信贷额度也会增加，以便支持企业的扩张；当波动性流动资产收缩时，就会释放出资金，以偿付短期借款。

实际上，由于现金流动和各类资产使用寿命的不确定性，企业也做不到完全匹配。具体原因是：①企业不可能为每一项资产按其有效期配置单独的资金来源，只能分为短期来源和长期来源两大类来统筹安排筹资。②企业必须有所有者权益筹资，它是无限期的资本来源，而资产总是有期限的，不可能完全匹配。③资产的实际有效期是不确定的，而还款期是确定的，必然会出现不匹配。因此，期限匹配融资策略是一种理想的融资模式，在现实生活中很难实现。

2. 保守融资策略

在保守融资策略中，长期融资支持非流动资产、永久性流动资产和部分波动性流动资产。企业通常以长期融资来源为波动性流动资产融资，短期融资只满足剩余的波动性流动资产，融资风险较低。这种策略通常最小限度地使用短期融资，但由于长期负债成本高于短期负债成本，就会导致融资成本较高，收益较低。

如果长期负债以固定利率为基础，而短期融资方式以浮动或可变利率为基础，则利率风险可能降低。因此，这是一种风险低、成本高的融资策略。

3. 激进融资策略

在激进融资策略中，企业以长期负债、自发性负债和股东权益资本为所有的非流动资产融资，仅对一部分永久性流动资产使用长期融资方式融资。短期融资方式支持剩下的永久性流动资产和所有的波动性流动资产。在这种策略观念下，通常使用更多的短期融资。

短期融资方式通常比长期融资方式具有更低的成本。然而，过多地使用短期融资会导致较低的流动比率和较高的流动性风险。采用激进融资策略的企业往往依靠大量的短期负债来解决目前的困境，这会导致企业每年都必须更新短期负债协议，进而产生更多的风险。但有些协议可以弱化这种风险。例如，多年期（通常 3～5 年）滚动信贷协议，这种协议允许企业以短期为基础进行借款。这种类型的借款协议不像传统的短期借款那样会降低流动比率。

任务 2　流动资产管理

一、现金管理

现金有广义、狭义之分。广义的现金是指在生产经营过程中以货币形态存在的资金,包括库存现金、银行存款和其他货币资金等。狭义的现金仅指库存现金。本章所讲的现金是指广义的现金。

现金是一项比较特殊的资产,其流动性最强,代表着企业直接支付能力和应变能力;同时,现金收益性最差。现金管理的目标就是在现金的流动性和收益性之间进行权衡,既要保证正常的生产经营,又要尽可能降低现金的占用量,争取从闲置的现金中获得最大的收益。

(一) 持有现金的动机

持有现金有三种动机:交易性动机、预防性动机和投机性动机。

1. 交易性动机

交易性动机是指企业为了维持日常周转及正常商业活动而持有现金的动机。企业销售商品不能马上收到现金,而原料采购、支付职工薪酬等需要现金,这些支出和收入在数额上不相等,在时间上不匹配,企业需要持有一定现金来调节,以使生产经营活动能继续进行。

2. 预防性动机

预防性动机是指企业为应付突发事件需要持有一定量现金的动机。这种突发事件可能是社会经济环境变化,也可能是企业的某大客户违约导致企业突发性偿付等。

确定预防性需求的现金数额时,需要考虑以下因素:(1)企业愿冒现金短缺风险的程度。若企业不愿冒现金短缺的风险,则会倾向于保留大量的现金余额,以应付其交易性需求和大部分预防性资金需求。(2)若企业预测现金收支可靠的程度。现金收支预测可靠性程度较高、信誉良好、与银行关系良好的企业,预防性需求的现金持有量一般较低。(3)企业临时融资的能力。若企业临时融资能力强,则现金持有量较低。

3. 投机性动机

投机性动机是指企业为抓住突然出现的获利机会需要持有一定量现金的动机。这种机会大多是一闪即逝的,如证券价格的突然下跌,企业若没有用于投机的现金,就会错过这一机会。

由于社会环境和企业状况等因素不断变化,每一种动机需要的现金数量是很难确定的,同时为某一需求持有的现金可以用于满足其他需求。因此,企业的现金持有量一般小于三种需求下的现金持有量之和。

(二) 现金成本

持有现金是有成本的,最优的现金持有量是使得现金持有成本最小化的持有量。现金持有成本包括如下项目。

1. 机会成本

现金的机会成本是指企业因持有一定现金余额丧失的再投资收益。再投资收益是企业不能同时用该现金进行有价证券投资所产生的机会成本,这种成本在数额上等于资金成本。例如,甲公司年均持有现金 100 万元,资金成本为 10%,则甲公司每年持有现金的机会成本为 10 万元(即:100 万元×10%)。放弃的再投资收益即机会成本属于变动成本,它与现金持有量的多少密切相关,即现金持有量越大,机会成本越大。

2. 管理成本

现金的管理成本是指企业因持有一定数量的现金而发生的管理费用。例如，管理人员工资、安全措施费用等。一般认为这是一种固定成本，这种固定成本在一定范围内和现金持有量之间没有明显的比例关系。

3. 转换成本

转换成本是指企业用现金购入有价证券以及转让有价证券换取现金时付出的交易费用，如委托买卖佣金、委托手续费、证券过户费、交割手续费等。在现金需要量既定的前提下，现金持有量越少，进行证券变现的次数越多，相应的转换成本就越大；反之，现金持有量越多，证券变现的次数就越少，转换成本就越小。

4. 短缺成本

现金的短缺成本是指在现金持有量不足，又无法及时通过有价证券变现加以补充而给企业造成的损失，包括直接损失与间接损失。现金的短缺成本随现金持有量的增加而下降，随现金持有量的减少而上升，即与现金持有量负相关。

（三）最佳现金持有量的确定

确定最佳现金持有量是现金管理的主要内容，确定最佳现金持有量的模型主要有以下几种。

1. 成本分析模型

成本分析模型是根据持有现金的各项成本，分析预测其总成本最低时现金持有量的一种模型。其计算公式为：

最佳现金持有量下的现金持有总成本＝min（管理成本＋机会成本＋短缺成本）

因此，成本分析模型是要找到机会成本、管理成本和短缺成本所组成的总成本曲线中最低点所对应的现金持有量，把它作为最佳现金持有量，可用图 5-2 表示。

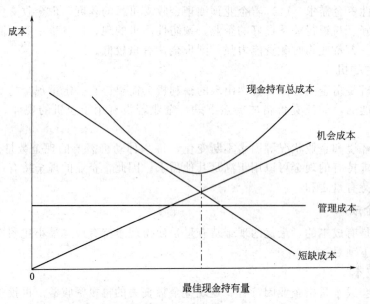

图 5-2　成本分析模型的现金持有总成本

在实际工作中运用成本分析模型确定最佳现金持有量的具体步骤为：

（1）根据不同现金持有量测算并确定现金成本数值。

（2）按照不同现金持有量及其相关成本资料编制最佳现金持有量测算表。

（3）在测算表中找出现金持有总成本最低的现金持有量，即最佳现金持有量。

【例 5-1】 甲公司现有 ABCD 四种现金持有方案：

表 5-1　现金持有量备选方案

项目	A	B	C	D
现金持有量/元	100 000	200 000	300 000	400 000
机会成本率/%	10	10	10	10
管理成本/元	2 000	2 000	2 000	2 000
短缺成本/元	48 000	25 000	10 000	5 000

根据表 5-1 采用成本分析模型确定该企业最佳现金持有量。

解： 测算表数据如表 5-2 所示。

表 5-2　现金持有总成本　　　　　　　　　　　　　　单位：元

方案及现金持有量	机会成本	管理成本	短缺成本	相关总成本
A(100 000)	10 000	2 000	48 000	60 000
B(200 000)	20 000	2 000	25 000	47 000
C(300 000)	30 000	2 000	10 000	42 000
D(400 000)	40 000	2 000	5 000	47 000

通过比较分析表 5-2 中各方案的总成本，最佳现金持有量为 300 000 元，应该选择 C 方案。

2. 存货模型

1952 年美国学者鲍莫尔（W. J. Baumol）提出存货的经济批量模型，又称鲍莫尔模型。确定现金最佳余额的存货模型正是来源于存货的经济批量模型。在此模型下，只考虑持有现金的机会成本和转换成本，由于二者与现金持有量的关系不同，因此存在一个最佳现金持有量，使二者之和最低。

有价证券转换回现金所付出的代价（如支付手续费等）为转换成本，又被称为现金的交易成本。现金交易成本与持有量成反比，现金持有的机会成本与持有量成正比。现金的交易成本与现金的机会成本所组成的现金持有总成本曲线，如图 5-3 所示。

在图 5-3 中，现金的机会成本和交易成本是两条随现金持有量呈不同方向发展的曲线，两条曲线交叉点对应的现金持有量，即相关总成本最低的现金持有量。

企业需要确定现金最佳持有量 C^*，以使现金的相关总成本最低。解决这一问题先要明确三点：

（1）一定期间的现金总需求量，用 T 表示。

（2）每次出售有价证券以补充现金所需的交易成本，用 F 表示；一定时期内出售有价证券的总交易成本为：

$$交易成本 = (T/C) \times F$$

（3）持有现金的机会成本率，用 K 表示。

$$机会成本 = (C/2) \times K$$

一定时期内持有现金的总机会成本表示为：

$$现金持有总成本 = 机会成本 + 交易成本 = (C/2) \times K + (T/C) \times F$$

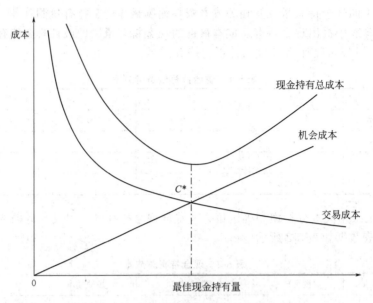

图 5-3 存货模型的现金持有总成本

从图 5-3 可知，最佳现金持有量 C^* 是机会成本线与交易成本线交叉点所对应的现金持有量（数学推理过程与本章"经济订货基本模型"中经济订货批量的计算一致），因此 C^* 应当满足：机会成本＝交易成本，即 $(C^*/2)\times K=(T/C^*)\times F$，整理可知：

$$C^*=\sqrt{(2T\times F)/K}$$

最低现金相关总成本的计算公式如下：

$$TC=\sqrt{2T\times F\times K}$$

【例 5-2】 甲公司预计全年（按 360 天计算）需要现金 100 万元，现金与有价证券的转换成本为每次 3 000 元，有价证券的年利率为 15%，则该公司的最佳现金持有量是多少？最低现金管理相关总成本是多少？

解： $C^*=\sqrt{(2T\times F)/K}=\sqrt{(2\times1\ 000\ 000\times3\ 000)/15\%}=200\ 000$（元）

$TC=\sqrt{2T\times F\times K}=\sqrt{2\times1\ 000\ 000\times3\ 000\times15\%}=30\ 000$（元）

3. 随机模型

随机模型是由默顿·米勒（Merton Miller）和丹尼尔·奥尔（Daniel Orr）创建的一种基于不确定性的现金管理模型，也称米勒-奥尔模型（The Miller Orr Model）。该模型假定企业每日现金流量接近正态分布，每日现金流量可能低于也可能高于期望值，其变化是随机的。由于现金流量波动是随机的，只能对现金持有量确定一个控制区域，定出上限和下限。当企业现金余额在上限和下限之间波动时，表明企业现金持有量处于合理的水平，无须进行调整。当现金余额达到上限时，则将部分现金转换为有价证券；当现金余额降到下限时，则卖出部分证券补充现金。

图 5-4 是现金管理的随机模型，该模型有两条控制线和一条回归线。最低控制线 L 取决于模型之外的因素，其数额是由现金管理部经理在综合考虑短缺现金的风险程度、企业借款能力、企业日常周转所需资金、银行要求的补偿性余额等因素的基础上确定的。回归线 R 可按下列公式计算：

$$R=\sqrt[3]{\frac{3b\times\delta^2}{4i}}+L$$

式中，b 为证券转换为现金或现金转换为证券的成本；δ 为企业每日现金流量变动的标准差；i 为以日为基础计算的现金机会成本。

最高控制线 H 的计算公式为：

$$H = 3R - 2L$$

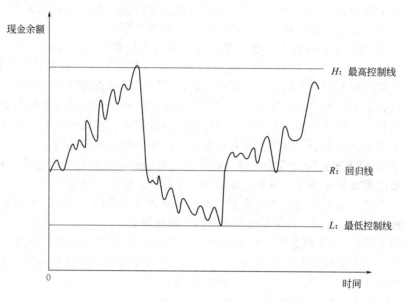

图 5-4　随机模型

运用随机模型求现金最佳持有量体现的是随机思想，即企业现金支出是随机的，收入是无法预知的，所以，适用于所有企业现金最佳持有量的测算。另外，随机模型建立在企业的现金未来需求总量和收支不可预测的前提下，计算出来的现金持有量比较保守。

【例 5-3】 甲公司的日现金余额标准差为 150 元，每次证券交易成本为 100 元，现金的日收益率为 0.05%，公司每日最低现金需要为 0，则该公司的最佳现金持有量和现金持有量的最高上限是多少？

解：

$$R = \sqrt[3]{\frac{3b \times \delta^2}{4i}} + L = \sqrt[3]{\frac{3 \times 100 \times 150^2}{4 \times 0.05\%}} + 0 = 1\,500（元）$$

$$H = 3R - 2L = 3 \times 1\,500 = 4\,500（元）$$

（四）现金管理模式

1. "收支两条线" 的管理模式

"收支两条线"原本是政府为了加强财政管理和整顿财政秩序对财政资金采取的一种管理模式。当前，一些大型集团企业也开始采用"收支两条线"资金管理模式来管理现金。

（1）企业实行"收支两条线"管理模式的目的。

企业作为追求价值最大化的营利组织，实施"收支两条线"主要出于两个目的：第一，对企业范围内的现金进行集中管理，减少现金持有成本，加速资金周转，提高资金使用效率；第二，以实施"收支两条线"为切入点，通过高效的价值化管理来提高企业效益。

（2）"收支两条线"资金管理模式的构建。

构建企业"收支两条线"资金管理模式，可从规范资金的流向、流量和流程三个方面入手：

①资金的流向方面：企业"收支两条线"要求各部门或分支机构在内部银行或当地银行设立两个账户（收入户和支出户），并规定所有收入的现金都必须进入收入户（外地分支机构的收入户资金还必须及时、足额地回笼到总部），收入户资金由企业资金管理部门（内部银行或财务结算中心）统一管理，而所有的货币性支出都必须从支出户里支付，支出户里的资金只能根据一定的程序由收入户划拨而来，严禁现金坐支。

②资金的流量方面：在收入环节上要确保所有收入的资金都进入收入户，不允许有私设的"账外小金库"。另外，还要加快资金的结算速度，尽量压缩资金在结算环节的沉淀量；在调度环节上通过动态的现金流量预算和资金收支计划实现对资金的精确调度；在支出环节上，根据"以收定支"和"最低限额资金占用"的原则从收入户按照支出预算安排将资金定期划拨到支出户，支出户平均资金占用额应压缩到最低限度。有效的资金流量管理将有助于确保及时、足额地收入资金，合理控制各项费用支出和有效调剂内部资金。

③资金的流程方面：资金流程是指与资金流动有关的程序和规定。它是"收支两条线"内部控制体系的重要组成部分，主要包括以下几个部分：第一，关于账户管理、货币资金安全性等规定；第二，收入资金管理与控制；第三，支出资金管理与控制；第四，资金内部结算与信贷管理与控制；第五，"收支两条线"的组织保障等。

需要说明的是，"收支两条线"作为一种企业的内部资金管理模式，与企业的性质、战略、管理文化和组织架构都有很大的关系。因此，企业在构建"收支两条线"管理模式时，一定要注意与自己的实际相结合，以管理有效性为导向。

2.集团企业资金集中管理模式

企业集团是指以资本为主要联结纽带的母子公司为主体，以集团章程为共同行为规范的母公司、子公司、参股公司及其他成员企业或机构共同组成的具有一定规模的企业法人联合体。集团企业下属机构多，地域分布广，资源统筹协调难。通过建立资金管理中心，加强对集团所属企业资金的宏观调控，盘活存量资金，调剂资金余缺，加速资金周转，降低财务费用，促进资源的优化配置。

资金集中管理，也称司库制度，是指集团企业借助商业银行的网上银行功能及其他信息技术手段，将分散在集团各所属企业的资金集中到总部，由总部统一调度、统一管理和统一运用。资金集中管理在各个集团的具体运用可能会有所差异，但一般包括以下主要内容：资金集中、内部结算、融资管理、外汇管理、支付管理等。其中资金集中是基础，其他各方面均建立在此基础之上。目前，资金集中管理模式逐渐被我国企业集团所采用。

资金集中管理模式的选择，实质上是关乎集团管理属于集权还是分权体制的体现，也就是说，在企业集团内部所属各子企业或分部是否有货币资金使用的决策权、经营权，这是由行业特点和本集团资金运行规律决定的。现行的资金集中管理模式大致可以分为以下几种：

(1)统收统支模式。

在该模式下，企业的一切现金收入都集中在集团总部的财务部门，各分支机构或子企业不单独设立账号，一切现金支出都通过集团总部财务部门付出，现金收支的批准权高度集中。统收统支模式有利于企业集团实现全面收支平衡，提高资金的周转效率，减少资金沉淀，监控现金收支，降低资金成本。但是该模式不利于调动成员企业开源节流的积极性，影响成员企业经营的灵活性，以致降低整个集团经营活动和财务活动的效率，而且在制度的管理上欠缺一定的合理性，如果每笔收支都要经过总部财务部门之手，那么总部财务部门的工作量就大了很多。因此，这种模式通常适用于规模比较小的企业。

（2）拨付备用金模式。

拨付备用金模式是指集团按照一定的期限统拨给所有所属分支机构或子企业备齐使用的一定数额的现金。各分支机构或子企业发生现金支出后，持有关凭证到集团财务部门报销以补足备用金。拨付备用金模式相比统收统支模式具有一定的灵活性，但这种模式也通常适用于那些经营规模比较小的企业。

（3）结算中心模式。

结算中心通常是企业集团内部设立的，办理内部各成员现金收付和往来结算业务的专门机构。结算中心通常设于财务部门内，是一个独立运行的职能机构。结算中心是企业集团发展到一定阶段，应企业内部资金管理需求而生的一个内部资金管理机构，是根据集团财务管理和控制的需要在集团内部设立的，为成员企业办理资金融通和结算，以降低企业成本、提高资金使用效率的服务机构。结算中心帮助企业集中管理各分支机构或子企业的现金收入和支出，分支机构或子企业收到现金后就直接转账存入结算中心在银行开立的联户，当需要资金的时候，再进行统一的拨付，有助于企业监控资金的流向。

（4）内部银行模式。

内部银行是将社会银行的基本职能与管理方式引入企业内部管理机制而建立起来的一种内部资金管理机构，它将"企业管理""金融信贷""财务管理"三者融为一体，一般是将企业的自有资金和商业银行的信贷资金统筹运作，在内部银行统一调剂、融通运用。通过吸纳企业下属各单位闲散资金，调剂余缺，减少资金占用，活化与加快资金周转速度，提高资金使用效率、效益。内部银行通常具有三大职能：结算、融资信贷和监督控制。内部银行一般适用于具有较多责任中心的企事业单位。

（5）财务公司模式。

财务公司是一种经营部分银行业务的非银行金融机构。集团公司发展到一定规模后，经过中国人民银行审核批准才能设立财务公司。财务公司的主要职责是开展集团内部资金集中结算，同时为集团成员企业提供包括存贷款、融资租赁、担保、债券承销、财务顾问等在内的全方位金融服务。集团设立财务公司是把一种市场化的企业关系或银企关系引入集团内部，集团各子公司具有完全独立的财权，可以自行管理自身的现金，对现金的使用行使决策权。另外集团对各子公司的现金控制是通过财务公司进行的，财务公司对集团各子公司进行专门约束，而且这种约束是建立在各自具有独立的经济利益基础上的。集团公司经营者（或最高决策机构）不再直接干预子公司的现金使用和取得。

（五）现金收支日常管理

1. 现金周转期

企业的经营周期是指从取得存货开始到销售存货并收回现金为止的时期。其中，从收到原材料，加工原材料，形成产成品，到将产成品卖出的这一时期，称为存货周转期；产品卖出后到收到顾客支付的货款的这一时期，称为应收账款周转期或收账期。现金周转期，是指介于企业支付现金与收到现金之间的时间段，它等于经营周期减去应付账款周转期。具体循环过程如图 5-5 所示。

上述周转过程可以表示为：

$$经营周期＝存货周转期＋应收账款周转期$$
$$现金周转期＝经营周期－应付账款周转期$$

其中：

$$存货周转期＝存货平均余额/每天的销货成本$$

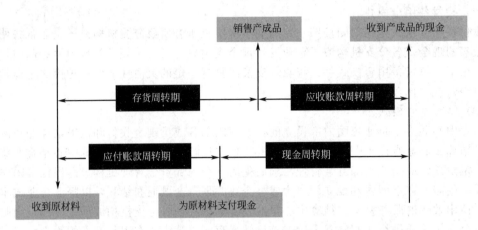

图 5-5　现金周转期循环过程

$$应收账款周转期＝应收账款平均余额/每天的销货收入$$
$$应付账款周转期＝应付账款平均余额/每天的购货成本$$

如果要减少现金周转期，可以从以下方面着手：加快制造与销售产成品来减少存货周转期；加速应收账款的回收来减少应收账款周转期；减缓支付应付账款来延长应付账款周转期。

2. 收款管理

高效率的收款系统能够使收款成本和收款浮动期达到最小，同时能够保证与客户汇款及其他现金流入来源相关的信息的质量。收款成本包括浮动期成本、管理收款系统的相关费用（如银行手续费）及第三方处理费用或清算相关费用。收款浮动期是指从支付开始到企业收到资金的时间间隔。收款浮动期主要是由纸基（或称纸质）支付工具导致的，如邮寄、处理和计算等花费的时间。

电子支付方式对比纸基支付方式是一种改进，电子支付方式使得结算时间和资金可用性变得可以预计；向任何一个账户或任何金融机构的支付都具有灵活性，不受人工干扰；客户的汇款信息可与支付同时传送，更容易更新应收账款；客户的汇款从纸基方式转向电子方式，减少或消除了收款浮动期，降低了收款成本，收款过程更容易控制，并且提高了预测精度。

3. 付款管理

现金支出管理的主要任务是在不损害企业信誉的条件下，尽可能延缓现金的支出时间。

（1）使用现金浮游量。

现金浮游量是指由于企业提高收款效率和延长付款时间所产生的企业账户上的现金余额和银行账户上的企业存款余额之间的差额。

（2）推迟应付款的支付。

推迟应付款的支付是指企业在不影响自己信誉的前提下，充分运用供货方所提供的信用优惠，尽可能地推迟应付款的支付期。

（3）汇票代替支票。

汇票分为商业承兑汇票和银行承兑汇票，与支票不同的是，承兑汇票并不是见票即付。这一方式的优点是它推迟了企业调入资金支付汇票的实际所需时间。这样企业就只需在银行中保持较少的现金余额。它的缺点是某些供应商可能并不喜欢用汇票付款，银行也不喜欢处理汇票，它们通常需要花费更多的人力。同支票相比，银行对于汇票会收取较高的手续费。

（4）改进员工工资支付模式。

企业可以为支付工资专门设立一个工资账户，通过银行向职工支付工资。为了最大限度地减少工资账户的存款余额，企业要合理预测开出支付工资到职工去银行兑现的具体时间。

（5）透支。

透支是指企业支出的金额大于活期存款余额。它实际上是银行向企业提供的信用。透支的限额，由银行和企业共同商定。

（6）争取现金流出与现金流入同步。

企业应尽量使现金流出与流入同步，这样就可以降低交易性现金余额，同时可以减少有价证券转换为现金的次数，提高现金的利用效率，节约转换成本。

（7）使用零余额账户。

企业与银行合作，应保持一个主账户和一系列子账户。企业只在主账户保持一定的安全储备，而在一系列子账户则不需要。当某个子账户需要资金时，就从主账户划拨过去，从而使更多的资金可以挪作他用。

二、应收账款管理

应收账款是指企业对外赊销产品、材料、供应劳务等而应向购货或接受劳务的单位收取的款项，它是企业短期资产的一个重要项目。企业通过提供商业信用，采取赊销、分期付款等方式可以扩大销售、增加利润，应收账款的增加也可能会造成资金成本、坏账损失等费用的增加，所以企业需要在应收账款所增加的盈利和所增加的成本之间做出权衡。应收账款管理就是分析赊销的条件，使赊销带来的盈利增加大于应收账款投资产生的成本费用增加，最终使企业利润增加，企业价值上升。

（一）应收账款产生的原因

1. 激烈的市场竞争

在市场竞争激烈的情况下，企业为了扩大销售，增加企业的竞争力，通常会采用赊销的方式去争取客户，扩大市场占有率。对于同等的产品价格、类似的质量水平、相同的售后服务，实行赊销的产品销售额将会大于现金销售的产品，因为客户可以从赊销中获得好处。这就是形成应收账款的原因。

2. 销货和收款的时间差

商品销售的时间和收到货款的时间经常是不一致的，这就导致了应收账款的产生。在实务中，零售行业现金销售是很常见的，批发和大批量生产的企业，销货和收款有明显的时间差。

（二）应收账款的功能

1. 增加销售的功能

企业销售产品时可以采取现销和赊销两种方式，现销最大的特点就是能够及时收回款项。然而，在激烈的市场竞争中，赊销方式的促销作用是非常明显的。因为企业在向顾客提供商品的同时，也在一个有限的时间内向客户提供了购买该商品的资金。因此，企业在销售新产品、开拓新市场时，赊销显得尤为重要。

提供赊销所增加的产品一般不增加固定成本，因此，赊销所增加的收益等于增加的销量与单位边际贡献的乘积，计算公式如下：

$$增加的收益＝增加的销售量×单位边际贡献$$

2. 减少存货的功能

赊销可以避免仓储费用、管理费用等持有存货产生的费用。所以，无论是季节性生产企业还是非季节性生产企业，当产成品存货较多时，一般会采用优惠的信用条件进行赊销，尽快把存货转化为应收账款，减少产成品存货，以降低成本，提高企业收益。

(三) 应收账款的成本

企业持有应收账款会产生一定的成本。应收账款的成本主要有：

1. 机会成本

应收账款的机会成本是指因资金投资于应收账款而放弃的可能投资于其他项目所获取的收益，如投资债券获得利息收入。其计算公式如下：

应收账款平均余额＝日销售额×平均收现期

应收账款占用资金＝应收账款平均余额×变动成本率

应收账款占用资金的应计利息（即机会成本）

$\qquad$＝应收账款占用资金×资金成本

$\qquad$＝应收账款平均余额×变动成本率×资金成本

$\qquad$＝日销售额×平均收现期×变动成本率×资金成本

$\qquad$＝全年销售额/360×平均收现期×变动成本率×资金成本

$\qquad$＝(全年销售额×变动成本率/360)×平均收现期×资金成本

$\qquad$＝全年变动成本/360×平均收现期×资金成本

式中，平均收现期为各种收现期的加权平均数。

【例 5-4】 甲公司预测年度赊销额为 540 万元，应收账款平均收现期为 50 天，变动成本率为 70%，资金成本率为 12%，则应收账款的机会成本为多少？

解： 应收账款平均余额＝5 400 000/360×50＝750 000(元)

$\qquad$应收账款占用资金＝750 000×70%＝525 000(元)

$\qquad$应收账款占用资金的应计利息（即机会成本）＝525 000×12%＝63 000(元)

2. 管理成本

应收账款的管理成本主要是指在进行应收账款管理时所增加的费用。主要包括：调查顾客信用状况的费用、收集各种信息的费用、账簿的记录费用、收账费用、数据处理成本、相关管理人员成本和从第三方购买信用信息的成本等。

3. 坏账成本

坏账成本是指由某种原因导致应收账款不能收回而给企业带来的损失。在赊销交易中，债务人因故无力偿还债务，债权人就有可能因无法收回应收账款而发生损失。可以说，企业发生坏账成本是不可避免的，而此项成本一般与应收账款发生的数量成正比。

坏账成本一般用下列公式测算：

应收账款的坏账成本＝赊销额×预计坏账损失率

(四) 信用政策

信用政策即应收账款的管理政策，是指企业为了对应收账款进行规划和控制而确立的基本原则与行为规范。信用政策包括信用标准、信用条件和收账政策三个方面。

1. 信用标准

信用标准是指企业要求信用申请者获得企业提供信用所必须达到的最低信用水平，通常以预期的坏账损失率作为判别标准。企业在制定或选择信用标准时应考虑三个基本因素：①同行业竞争对手的情况。②企业承担违约风险的能力。③客户的资信程度。若企业采取较为严格的信用标准，可能会降低对符合可接受信用风险标准客户的赊销额，相应地减少坏账损失，减少应收账款的机会成本，但不利于扩大企业销售量甚至会因此限制企业的销售机会；若企业采取较为宽松的信用标准，则可能会对不符合可接受信用风险标准的客户提供赊销，因此，会增加之后客户的还款风险以及应收账款的管理成本与坏账成本。

2. 信用条件

信用条件是指企业接受客户信用订单时在对客户等级进行评价的基础上提出的付款要求，由信用期限、折扣期限和现金折扣三个要素组成。

信用期限是企业允许顾客从购货到付款之间的时间，或者说是企业给予顾客的最长付款时间，一般简称为信用期。企业通过评估改变现行信用期对收入和成本的影响来确定信用期。延长信用期，会使销售额增加，产生有利影响；与此同时，应收账款、收账费用和坏账损失增加，会产生不利影响。当收入大于成本时，可以延长信用期，否则不宜延长。如果缩短信用期，情况则与此相反。

【例 5-5】　甲公司信用条件是"$n/30$"，现将信用期间放宽至 60 天，假设资金成本率为 15%，其他相关数据如表 5-3 所示。

表 5-3　信用期决策

项目	信用期间(30 天)	信用期间(60 天)
全年销售量/件	100 000	120 000
全年销售额(单价 5 万元)/万元	500 000	600 000
变动成本(每件 4 万元)/万元	400 000	480 000
固定成本/万元	50 000	52 000
可能发生的收账费用/万元	3 000	4 000
可能发生的坏账损失/万元	5 000	9 000

请计算增加的盈利，增加的成本费用以及增加的税前损益。

解： (1) 计算增加的盈利：

$$增加的盈利＝增加的边际贡献－增加的固定成本$$
$$＝(120\,000－100\,000)×(5－4)－(52\,000－50\,000)$$
$$＝18\,000(万元)$$

(2) 计算增加的成本费用：

① 计算增加的应收账款机会成本：

$$变动成本率＝4÷5×100\%＝80\%$$

$$改变信用期间增加的机会成本＝60\ 天信用期应计利息－30\ 天信用期应计利息$$
$$＝600\,000÷360×60×80\%×15\%－500\,000÷$$
$$360×30×80\%×15\%$$
$$＝7\,000(万元)$$

② 计算增加的收账费用和坏账损失：

$$增加的收账费用＝4\,000－3\,000＝1\,000(万元)$$
$$增加的坏账损失＝9\,000－5\,000＝4\,000(万元)$$

(3) 计算增加的税前损益：

$$放宽信用期增加的税前损益＝盈利增加－成本费用增加$$

$$=18\,000-7\,000-1\,000-4\,000$$
$$=6\,000(万元)$$

由于放宽信用期增加的税前损益大于 0，故应放宽信用期，即采用 60 天信用期。

折扣条件包括折扣期限和现金折扣两个方面。折扣期限是为顾客规定的可享受现金折扣的付款时间。现金折扣是在顾客提前付款时给予的优惠。向顾客提供现金折扣的主要目的在于吸引顾客为享受优惠而提前付款，缩短企业的平均收款期。另外，现金折扣也能招揽一些视折扣为减价出售的顾客前来购货，借此扩大销售量。现金折扣的表示常用如"5/10、3/20、N/30"这样的符号。这三个符号的含义为：5/10 表示 10 天内付款，可享受 5% 的现金折扣；3/20 表示 20 天内付款，可享受 3% 的现金折扣；N/30 表示付款的最后期限为 30天，此时不可享受现金折扣。

【例 5-6】 沿用【例 5-5】信用期决策的数据，假设该企业在放宽信用期的同时，为了吸引顾客尽早付款，提出了"0.8/30，N/60"的现金折扣条件，估计会有一半的顾客（按 60 天信用期所能实现的销售量计算）将享受现金折扣优惠。请计算增加的盈利、增加的应计利息、增加的收账费用和坏账损失、增加的现金折扣成本以及增加的税前损益。

解：（1）计算增加的盈利：

$$增加的盈利=增加的边际贡献-增加的固定成本$$
$$=(120\,000-100\,000)\times(5-4)-(52\,000-50\,000)$$
$$=18\,000(万元)$$

（2）计算增加的应计利息：

$$30\ 天信用期应计利息=500\,000\div360\times30\times80\%\times15\%=5\,000(万元)$$
$$提供现金折扣的平均收现期=30\times50\%+60\times50\%=45(天)$$
$$提供现金折扣的应计利息=600\,000\div360\times45\times80\%\times15\%=9\,000(万元)$$
$$增加的应计利息=9\,000-5\,000=4\,000(万元)$$

（3）计算增加的收账费用和坏账损失：

$$增加的收账费用=4\,000-3\,000=1\,000(万元)$$
$$增加的坏账损失=9\,000-5\,000=4\,000(万元)$$

（4）计算增加的现金折扣成本：

$$增加的现金折扣成本=新的销售水平\times享受现金折扣的顾客比例\times新的现金折扣率-$$
$$旧的销售水平\times享受现金折扣的顾客比例\times旧的现金折扣率$$
$$=600\,000\times50\%\times0.8\%-500\,000\times0\times0=2\,400(万元)$$

（5）计算增加的税前损益：

$$增加的税前损益=盈利增加-成本费用增加$$
$$=18\,000-4\,000-1\,000-4\,000-2\,400$$
$$=6\,600(万元)$$

由于增加的税前损益大于 0，应当放宽信用期并提供现金折扣。

3. 收账政策

收账政策是指企业在信用条件被违反时所采取的收账策略。企业如果采取较积极的收账政策，可能会减少应收账款投资，减少坏账损失，但要增加收账成本。如果采用较消极的收账政策，则可能会增加应收账款投资，增加坏账损失，但会减少收账费用。企业需要做出适当的权衡。一般来说，可以参照评价信用标准、信用条件的方法来评价收账政策。

（五）应收账款的监控

实施信用政策时，企业需监督和控制每一笔应收账款，不仅可以运用应收账款周转天数衡量企业需要多长时间收回应收账款，也可以通过账龄分析法追踪每一笔应收账款，还可以采用 ABC 分析法来确定重点监控的对象等。因为应收账款的增加会影响企业的流动性，还可能导致额外融资的需要；应收账款总体水平的显著变化可能表明业务方面发生了改变，企业管理部门需要分析这些变化以确定其起因并采取纠正措施；对应收账款总额进行分析还有助于预测未来现金流入的金额和时间。

1. 应收账款周转天数

应收账款周转天数或平均收账期是衡量应收账款管理状况的一个指标。将企业当前的应收账款周转天数与规定的信用期限、历史趋势以及行业正常水平进行比较，可以反映企业整体的收款效率。然而，应收账款周转天数可能会被销售量的变动趋势和显著的销售的季节性所影响。

【例 5-7】　甲公司本年第一季度应收账款平均余额为 300 000 元，信用条件为在 60 天内全额付款，3 个月的赊销情况如下。

1 月份：100 000 元

2 月份：105 000 元

3 月份：125 000 元

应收账款周转天数为多少？平均逾期天数为多少？

解： 平均日销售额＝(100 000＋105 000＋125 000)/90＝3 666.67(元)

应收账款周转天数＝应收账款平均余额/平均日销售额

＝300 000/3 666.67＝81.82(天)

平均逾期天数＝应收账款周转天数－平均信用期天数＝81.82－60＝21.82(天)

2. 账龄分析法

账龄分析法是在把所有的应收账款按账龄分为几类后，把每一类的金额和所占比例列在表中的一种方法。企业既可以按照应收账款总额进行账龄分析，也可以分顾客进行账龄分析。账龄分析法可以确定逾期应收账款，随着逾期时间的增加，应收账款收回的可能性变小。假定信用期限为 30 天，表 5-4 中将应收账款按账龄分为 0～30 天、30～60 天、60～90 天和 90 天以上并分别列示。

表 5-4　账龄分析表

账龄/天	应收账款金额/元	占应收账款总额的百分比/%
0～30	1 750 000	70
30～60	375 000	15
60～90	250 000	10
90 天以上	125 000	5
合计	2 500 000	100

账龄分析表给出了应收账款分布的模式，而应收账款周转天数不能明确地表现出账款拖欠情况，因此比计算应收账款周转天数更能揭示应收账款变化趋势。但当各个月之间的销售额变化很大时，账龄分析表和应收账款周转天数都可能发出错误信号。

3. 应收账款账户余额的模式

账龄分析表可以用于进一步建立应收账款余额的模式，应收账款账户余额的模式反映一定期间（如 1 个月）的赊销额，在发生赊销的当月末及随后的各月仍未偿还的百分比。企业收款的历史决定了其正常的应收账款余额的模式，企业管理部门通过将当前的模式和过去的模式对比来评价应收账款余额模式的任何变化。企业还可以运用应收账款账户余额的模式来计划应收账款金额水平，衡量应收账款的收账效率以及预测未来的现金流。

【例 5-8】 计算 1 月份的销售在 3 月末的未收回应收账款（表 5-5）。

表 5-5　各月份销售及收款情况　　　　　　　　　　　　　　　　　　单位：元

1 份销售额		250 000
1 月份收款（销售额的 5%）	5%×250 000	12 500
2 月份收款（销售额的 40%）	40%×250 000	100 000
3 月份收款（销售额的 35%）	35%×250 000	87 500
收款合计：	12 500＋100 000＋87 500	200 000
一月份的销售仍未收回的应收账：	250 000－200 000	50 000

4. ABC 分析法

ABC 分析法是现代经济管理中广泛应用的一种"抓重点、照顾一般"的管理方法，又称重点管理法。它是将企业的所有欠款客户按其金额的多少进行分类排队，然后分别采用不同收账策略的一种方法。它一方面能加快应收账款收回，另一方面能将收款费用与预期收益联系起来。

【例 5-9】 甲公司共有 50 家客户，应收账款逾期金额为 260 万元，为了及时收回逾期货款，该公司采用 ABC 分析法来加强应收账款回收的监控。具体数据如表 5-6 所示。

表 5-6　欠款客户 ABC 分类法（1）

客户	逾期金额/万元	预期期限	逾期金额所占比重/%
A	85	4 个月	32.69
B	34	3 个月	13.08
C	46	6 个月	17.69
D	19	3 个月	7.31
E	24	2 个月	9.23
F	15.5	2 个月	5.96
G	11.5	55 天	4.42
H	10	40 天	3.85
I	6	30 天	2.31
J	4	28 天	1.54
…	…	…	…

解：先按所有客户应收账款逾期金额的多少分类排队，并计算出逾期金额所占比重。从表 5-7 中可以看出，应收账款逾期金额在 25 万元以上的有 3 家，占客户总数的 6%，逾期总额为 165 万元，占应收账款逾期金额总额的 63.46%，我们将其划入 A 类，这类客户是催款的重点对象。应收账款逾期金额在 10 万～25 万元的客户有 5 家，占客户总数的 10%，其逾期金额占应收账款逾期金额总数的 30.77%，我们将其划入 B 类。欠款在 10 万元以下的客

户有 42 家，占客户总数的 84%，但其逾期金额仅占应收账款逾期金额总额 5.77%，我们将其划入 C 类。

表 5-7　欠款客户 ABC 分类法(2)

客户	逾期金额/万元	预期期限	逾期金额所占比重/%	类别
A	85	4 个月	32.69	
B	46	6 个月	17.69	A
C	34	3 个月	13.08	
小计	165		63.46	
D	24	2 个月	9.23	
E	19	3 个月	7.31	
F	15.5	2 个月	5.96	B
G	11.5	55 天	4.42	
H	10	40 天	3.85	
小计	80		30.77	
I	6	30 天	2.31	
J	4	28 天	1.54	C
…	…	…	…	
小计	15		5.77	
合计	260		100	

对这三类不同的客户，应采取不同的收款策略。例如，对 A 类客户，可以发出措辞较为严厉的信件催收，或派专人催收，或委托收款代理机构处理，甚至可通过法律解决；对 B 类客户可以多发几封信函催收，或打电话催收；对 C 类客户只需要发出通知其付款的信函即可。

（六）应收账款日常管理

应收账款的管理难度比较大，在确定合理的信用政策之后，还要做好应收账款的日常管理工作，包括对客户的信用调查和分析评价、应收账款的催收工作等。

1. 调查客户信用

信用调查是指收集和整理反映客户信用状况有关资料的工作。信用调查是企业应收账款日常管理的基础，是正确评价客户信用的前提条件。企业对顾客进行信用调查主要通过直接调查和间接调查两种方法。

直接调查是指调查人员通过与被调查单位进行直接接触，通过当面采访、询问、观看等方式获取信用资料的一种方法。直接调查可以保证收集资料的准确性和及时性，但也有一定的局限，获得的往往是感性材料，同时若不能得到被调查单位的配合，则会使调查工作难以开展。

间接调查是以被调查单位以及其他单位保存的有关原始记录和核算资料为基础，通过加工整理获得被调查单位信用资料的一种方法。这些资料主要有：①财务报表。通过财务报表分析，可以基本掌握一个企业的财务状况和信用状况。②信用评估机构。专门的信用评估部门，因为它们的评估方法先进，评估调查细致，评估程序合理，所以可信度较高。在我国，目前的信用评估机构有三种形式：第一种是独立的社会评级机构，它们只根据自身的业务吸收有关专家参加，不受行政干预和集团利益的牵制，独立自主地开办信用评估业务；第二种是政策性银行、政策性保险公司负责组织的评估机构，一般由银行、保险公司有关人员和各部门专家进行评估；第三种是由商业性银行、商业性保险公司组织的评估机构，由商业性银行、商业性保险公司组织专家对其客户进行评估。③银行。银行是信用资料的一个重要来源，许多银行都设有信用部，为其顾客服务，并负责对其顾客信用状况进行记录、评估。但银行的资料一般仅愿意在内部及同行间进行交流，而不愿向其他单位提供。④其他途径。如财税部门、工商管理部门、消费者协会等机构都可能提供相关的信用状况资料。

2. 评估客户信用

收集好信用资料以后，就需要对这些资料进行分析，并对客户的信用状况进行评估。企业一般采用"5C"系统来评价，并对客户信用进行等级划分。"5C"是指信用品质（Character）、偿付能力（Capacity）、资本（Capital）、抵押品（Collateral）和条件（Condition）。在信用等级方面，目前主要有两种分级方式：第一种是三类九等，即将企业的信用状况分为AAA、AA、A、BBB、BB、B、CCC、CC、C九等，其中AAA为信用最优等级，C为信用最低等级；第二种是三级制，即分为AAA、AA、A三个信用等级。

3. 收账的日常管理

应收账款发生后，企业应采取各种措施，尽量争取按期收回款项，否则会因拖欠时间过长而发生坏账，使企业蒙受损失。因此，企业必须在对收账的收益与成本进行比较分析的基础上，制定切实可行的收账政策。通常企业可以采取寄发账单、电话催收、派人上门催收、法律诉讼等方式进行应收账款催收，然而催收账款要发生费用，某些催款方式的费用还会很高。一般来说，收账的花费越大，收账措施越有力，可收回的应收账款也越多，坏账损失也就越小。因此制定收账政策，又要在收账费用和所减少的坏账损失之间做出权衡。制定有效、得当的收账政策很大程度上要靠有关人员的经验。从财务管理的角度讲，也有一些数量化的方法可以参照。根据应收账款总成本最小化的原则，可以通过比较各收账方案成本的大小对其加以选择。

三、存货管理

（一）存货管理的目标

存货是指企业在生产经营过程中为销售或者耗用而储备的物资，包括原材料、燃料、低值易耗品、在产品、半成品、协作件、外购商品等。存货是企业流动资产的重要组成部分，存货管理的目标就是在保证生产或销售需要的前提下，最大限度地降低存货成本。具体包括以下几个方面：

1. 保证生产正常进行

企业持有一定量的原材料和在产品，是为了保证正常的生产经营。一定量的存货储备，可以有效避免生产中断、停工待料的发生，减少由此带来的损失。

2. 提高销售机动性

一定数量的存货储备能够增加企业适应市场变化的能力。市场需求激增时，企业拥有能满足客户需求的存货。产品价格上涨时，企业储存的原材料存货也能获得物价上涨带来的好处。因此保持一定量的存货有利于市场销售。

3. 维持均衡生产，降低产品生产成本

当企业无法准确估计市场变化时，生产能力有时得不到充分利用，有时又超负荷，使得生产成本上升。一定量的原材料和产成品储备，能够保证企业实现均衡生产，降低生产成本。

4. 降低存货取得成本

企业批量采购原材料，可以获取价格上的优惠，也可以降低管理费用和采购费用。

5. 防止意外事件发生

企业在采购、运输、生产和销售过程中，都可能发生意料之外的事故，保持必要的存货保险储备，可以避免或减少意外事件带来的损失。

（二）存货的成本

企业对存货的储备并不是越多越好，持有存货是有成本的，具体包括以下几方面：

1. 采购成本

采购成本指为购买存货本身所支出的成本，即存货本身的价值，经常用数量与单价的乘积来确定。年需要量用 D 表示，单价用 U 表示，于是采购成本的计算公式为：

$$采购成本＝D \cdot U$$

2. 订货成本

订货成本指取得订单的成本，如办公费、差旅费、邮资、电话费、运输费、检验费、入库搬运费等支出。订货成本中有一部分与订货次数无关，如常设采购机构的基本开支等，称为订货的固定成本，用 F_1 表示；另一部分与订货次数有关，如差旅费、邮资等，称为订货的变动成本，每次订货的变动成本用 K 表示。订货次数等于存货年需要量 D 与每次进货量 Q 之商。订货成本的计算公式为：

$$订货成本＝F_1＋\frac{D}{Q} \cdot K$$

3. 储存成本

储存成本指为持有存货而发生的成本，包括存货占用资金应计的利息、仓库费用、保险费用、存货破损和变质损失等，通常用 TC_c 来表示。

储存成本也分为固定成本和变动成本。固定储存成本与存货数量的多少无关，如仓库折旧、仓库职工的固定工资等，常用 F_2 表示。变动储存成本与存货的数量有关，如存货资金的应计利息、存货的破损和变质损失、存货的保险费用等，单位变动储存成本用 K_c 来表示。用公式表达的储存成本为：

$$储存成本＝固定储存成本＋变动储存成本$$

$$TC_c＝F_2＋K_c \cdot \frac{Q}{2}$$

4. 缺货成本

缺货成本指由于存货供应中断而造成的损失，包括材料供应中断造成的停工损失、产成品库存缺货造成的拖欠发货损失和丧失销售机会的损失及商誉损失等。如果生产企业以紧急采购代用材料解决库存材料中断之急，那么缺货成本表现为紧急额外购入成本。缺货成本用 TC_s。

如果以 TC 来表示储备存货的总成本，它的计算公式为：

$$TC＝D \cdot U＋F_1＋\frac{D}{Q} \cdot K＋F_2＋K_c \cdot \frac{Q}{2}＋TC_s$$

企业存货的最优化，就是使企业存货总成本即上式 TC 值最小。

（三）最优存货量的确定

存货的决策涉及四项内容：决定进货项目、选择供应单位、决定进货时间和决定进货批量。按照存货管理的目的，需要通过合理的进货批量和进货时间，使存货的总成本最低，这个批量就是经济订货量或经济批量，主要采取经济订货模型加以计算。

1. 经济订货批量基本模型

为了简化问题，经济订货基本模型是做出了一系列严格假设。这些假设包括：

① 存货总需求量是已知常数。

② 不存在订货提前期，即可以随时补充存货。

③ 货物是一次性入库。

④ 单位货物成本为常数，无批量折扣。

⑤ 库存储存成本与库存水平呈线性关系。

⑥ 货物是一种独立需求的物品，不受其他货物影响。

⑦ 不允许缺货，即无缺货成本，TC_s 为零。

设立上述假设后，前述的总成本公式可以简化为：

$$TC = D \cdot U + F_1 + \frac{D}{Q} \cdot K + F_2 \cdot \frac{Q}{2}$$

当 F_1、K、D、U、F_2、K_c 为常数时，TC 的大小取决于 Q。

为了求出 TC 的极小值，对其进行求导，根据一阶导数等于 0，可以得出经济订货基本模型，公式如下：

$$EOQ = \sqrt{2KD/K_c}$$

式中，EOQ 为经济订货批量；K 为每次订货的变动成本；D 为存货年需要量；K_c 为单位变动储存成本。

把 $EOQ = \sqrt{2KD/K_c}$ 带入 $\frac{D}{Q}K + K_c\frac{Q}{2}$ 可得：

与经济订货批量相关的存货总成本 $TC(EOQ) = \sqrt{2KDK_c}$

在经济订货批量下，变动订货成本＝变动储存成本＝$\sqrt{2KDK_c}/2$

【例 5-10】 甲公司每年耗用某种材料 1 000 千克，该材料的单位采购成本为 280 元，单位储存成本为 8 元，平均每次订货费用为 80 元。经济订货批量为多少？与经济订货批量相关的存货总成本为多少？

解： $EOQ = \sqrt{2KD/K_c} = \sqrt{2 \times 80 \times 1\,000/8} = 141.42$（千克）

$TC(EOQ) = \sqrt{2KDK_c} = \sqrt{2 \times 80 \times 1\,000 \times 8} = 1\,131.37$（元）

2. 经济订货批量基本模型的拓展

放宽经济订货基本模型的相关假设，就可以扩展经济订货模型，以扩大适用范围。

（1）再订货点。

再订货点就是在提前订货的情况下，为确保存货用完时订货刚好到达，企业再次发出订货单时应保持的存货库存量。

$$再订货点＝平均交货时间×每日平均需用量$$

$$R = L \cdot d$$

式中，R 为再订货点；L 为平均交货时间；d 为每日平均需用量。

例如，订货日至到货日的时间为 5 天，每日存货需用量为 20 千克，那么：

$$R = L \cdot d = 5 \times 20 = 100（千克）$$

企业在还有 100 千克存货时，就应当再次订货，等到下批订货到达时（再次发出订货单 5 天后），原有库存刚好用完。此时，订货提前期的情形如图 5-6 所示。这就是说，订货提前期对经济订货量并无影响，每次订货批量、订货次数、订货间隔时间等与瞬时补充相同。

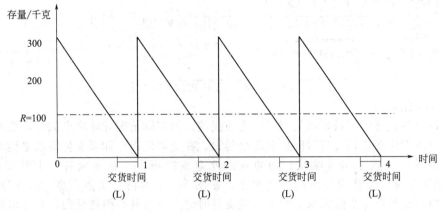

图 5-6　订货提前期

（2）存货陆续供应和使用模型。

经济订货基本模型建立在存货一次全部入库的假设之上。事实上，各批存货一般都是陆续入库，库存量陆续增加。特别是产成品入库和在产品转移，几乎总是陆续供应和陆续耗用的。在这种情况下，需要对经济订货的基本模型做一些修正。

假设每批订货数为 Q，每日送货量为 p，则该批货全部送达所需天数即送货期为：

$$送货期 = \frac{Q}{p}$$

假设每日耗用量为 d，则送货期内的全部耗用量为：

$$送货期内耗用量 = \frac{Q}{p} \times d$$

由于零件边送边用，所以每批送完时，送货期内平均库存量为：

$$送货期内平均库存量 = \frac{1}{2}\left(Q - \frac{Q}{p} \times d\right)$$

假设存货年需用量为 D，每次订货费用为 K，单位变动储存成本为 K_c，则与批量有关的总成本为：

$$\mathrm{TC}(Q) = \frac{D}{Q}K + \frac{1}{2}\left(Q - \frac{Q}{p} \times d\right) \times K_c = \frac{D}{Q}K + \frac{Q}{2}\left(1 - \frac{d}{p}\right) \times K_c$$

在订货变动成本与储存变动成本相等时，$\mathrm{TC}(Q)$ 有最小值，故存货陆续供应和使用的经济订货量公式为：

$$\frac{D}{Q}K = \frac{Q}{2}\left(1 - \frac{d}{p}\right) \times K_c$$

$$\mathrm{EOQ} = \sqrt{2KD/K_c \times p/(p-d)}$$

将上式代入 $\mathrm{TC}(Q)$ 公式，可得出存货陆续供应和使用的经济订货量相关总成本公式为：

$$\mathrm{TC}(\mathrm{EOQ}) = \sqrt{2KDK_c \times \left(1 - \frac{d}{p}\right)}$$

【例 5-11】 某零件年需要量为 3 600 件，每日送货量为 30 件，每日耗用量为 10 件，单价为 20 元，一次订货成本为 25 元，单位储存变动成本为 2 元。计算该零件的经济订货批量和相关总成本。

解： $\text{EOQ}=\sqrt{2KD/K_c \times p/(p-d)}$

$$=\sqrt{2\times25\times3\,600/2\times30/(30-10)}=367\text{ 件}$$

$$\text{TC(EOQ)}=\sqrt{2KDK_c \times \left(1-\frac{d}{p}\right)}$$

$$=\sqrt{2\times25\times3\,600/2\times(1-10/30)}=490\text{ 元}$$

（3）安全储备。

前面讨论的经济订货量是以供需稳定为前提的。但实际情况并非完全如此，企业对存货的需求量可能发生变化，交货时间也可能会延误。在交货期内，如果发生需求量增大或交货时间延误的情况，就会出现缺货。为防止由此造成的损失，企业应有一定的安全储备。图 5-7 显示了在具有安全储备时的存货水平。在图 5-7 中的再订货点，企业按 EOQ 订货。在交货期内，如果对存货的需求量很大，或交货时间由于某种原因被延误，企业可能发生缺货。为防止存货中断，再订货点应等于交货期内的预计需求与安全储备之和。即：

再订货点＝预计交货期内的需求＋安全储备

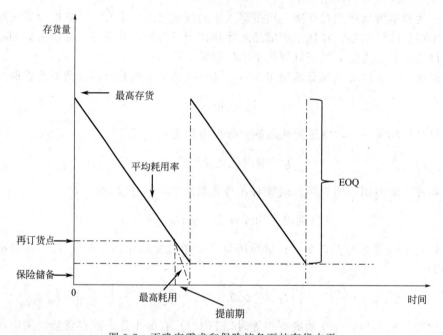

图 5-7　不确定需求和保险储备下的存货水平

企业应保持多少安全储备才合适？这取决于存货中断的概率和存货中断的损失。较高的安全储备可降低缺货损失，但也增加了存货的储存成本。因此，最佳的保险储备应该是使缺货损失和保险储备的储存成本之和达到最低。

安全储备的储备成本＝保险储备×单位储存成本
缺货成本＝一次订货期望缺货量×年订货次数×单位缺货损失
相关总成本＝安全储备的储存成本＋缺货损失

（四）存货的控制系统

存货管理不仅需要各种模型帮助确定适当的存货水平，还需要建立相应的存货控制系统。传统的存货控制系统有定量控制系统和定时控制系统两种。定量控制系统是指存货下降到一定水平时即发出订货单，订货数量是固定的和事先决定的。定时控制系统是每隔一定固定时期，无论现有存货水平多少，即发出订货申请。这两种系统都比较简单和易于理解，但不够精确。现在许多大型企业都已采用了计算机存货控制系统。当存货数据输入计算机后，计算机即对这批货物开始跟踪。此后，每当有该货物被取出时，计算机就及时做出记录并修正库存余额。当存货下降到再订货点时，计算机自动发出订单，并在收到订货时记下所有的库存量。计算机系统能对大量种类的存货进行有效管理，这也是大型企业愿意采用这种系统的原因之一。对于大型企业而言，其存货种类数以万计，要使用人力及传统方法来对如此众多的库存进行有效管理，及时调整存货水平，避免出现缺货或浪费现象简直是不可能的，但计算机系统对此却能做出迅速有效的反应。

伴随着业务流程重组的兴起以及计算机行业的发展，存货管理系统也得到了很大的发展。从MRP（物料资源规划）发展到MRP-Ⅱ（制造资源规划），再到ERP（企业资源规划），以及后来的柔性制造和供应链管理，甚至是外包（Outsourcing）等管理方法的快速发展，都大大地提高了企业存货管理方法的发展。这些新的生产方式把信息技术革命和管理进步融为一体，提高了企业的整体运作效率。以下将对两个典型的存货控制系统进行介绍。

1. ABC控制系统

ABC控制系统就是把企业种类繁多的存货，依据其重要程度、价值大小或者资金占用等标准分为三大类：A类高价值存货，品种数量占整个存货的10％～15％，但价值占全部存货的50％～70％；B类中等价值存货，品种数量占整个存货的20％～25％，价值占全部存货的15％～20％；C类低价值存货，品种数量多，占整个存货的60％～70％，价值占全部存货的10％～35％。针对不同类别的存货分别采用不同的管理方法，A类存货应作为管理的重点，实行重点控制、严格管理；而对B类和C类存货的重视程度则可依次降低，采取一般管理。

2. 适时制库存控制系统

适时制库存控制系统又称零库存管理、看板管理系统。它最早是由丰田公司提出并应用于实践，是指制造企业事先和供应商及客户协调好：只有当制造企业在生产过程中需要原料或零件时，供应商才会将原料或零件送来；每当产品生产出来就被客户拉走。这样，制造企业的存货持有水平就可以大大下降，企业的物资供应、生产和销售形成连续的同步运动过程。显然，适时制库存控制系统需要的是稳定而标准的生产程序以及诚信的供应商，否则，任何一环出现差错都将导致整个生产线的停止。目前，已有越来越多的企业利用适时制库存控制系统减少甚至消除对存货的需求，即实行零库存管理，如沃尔玛、海尔等。适时制库存控制系统经过进一步的发展，被应用于企业整个生产管理的过程中——集开发、生产、库存和分销于一体，大大提高了企业运营管理效率。

任务3　流动负债管理

流动负债有三种主要来源：短期借款、商业信用和短期融资券，各种来源具有不同的获取速度、灵活性、成本和风险。

一、短期借款

企业的借款通常按其流动性或偿还时间的长短，划分为短期借款和长期借款。短期借款是指企业向银行或其他金融机构借入的期限在 1 年以内（含 1 年）的各种借款。

短期借款可以随企业的需要安排，便于灵活使用，但其突出的缺点是短期内要归还，且可能会有很多附加条件，主要有信贷额度、周转信贷协定和补偿性余额等。

（一）短期借款的种类

目前，我国短期借款按照目的和用途分为生产周转借款、临时借款、结算借款、票据贴现借款等。按照国际惯例，短期借款往往按不同偿还方式分为一次性偿还借款和分期偿还借款；按利息不同支付方式分为收款法借款、贴现法借款和加息法借款；按有无担保分为抵押借款和信用借款。

（二）短期借款的信用条件

银行等金融机构对企业贷款时，通常会附带一定的信用条件。短期借款所附带的一些信用条件主要有：

1. 信贷额度

信贷额度即贷款限额，是借款企业与银行在协议中规定的借款最高限额，信贷额度的有效期限通常为 1 年。一般情况下，在信贷额度内，企业可以随时按需要支用借款。但是，银行并不承担必须支付全部信贷数额的义务。如果企业信誉恶化，即使在信贷额度的有效期限内，企业也可能得不到借款。此时，银行不承担法律责任。

2. 周转信贷协定

周转信贷协定是银行具有法律义务地承诺提供不超过某一最高限额的贷款协定。在协定的有效期内，只要企业借款总额未超过最高限额，银行就必须满足企业任何时候提出的借款要求。企业要依照周转信贷协定，通常要对贷款限额的未使用部分付给银行一笔承诺费用。

周转信贷协定的有效期通常超过 1 年，但实际上贷款每几个月发放一次，所以这种信贷具有短期借款和长期借款的双重特点。

【例 5-12】 甲公司与银行商定的周转信贷额度为 5 000 万元，承诺费率为 0.5%，该公司年度内使用了 4 800 万元，余额 200 万元。则该公司应向银行支付承诺费用是多少？

解： $$承诺费＝200×0.5\%＝1(万元)$$

3. 补偿性余额

补偿性余额是银行要求借款企业在银行中保持按贷款限额或实际借用额一定比例（通常为 10%～20%）计算的最低存款余额。对于银行来说，补偿性余额有助于降低贷款风险，补偿其可能遭受的风险损失；对借款企业来说，补偿性余额则提高了借款的实际利率，加重了企业负担。

【例 5-13】 甲公司向银行借款 200 万元，年利率 10%。假设银行要求借款企业在银行中保留 20% 的余额，则该项贷款的实际利率是多少？

解： 补偿性余额贷款实际利率＝名义利率/(1－补偿性余额比率)
$$＝10\%/(1－20\%)＝12.5\%$$

4. 借款抵押

为了降低风险，银行发放贷款时往往需要有抵押品担保。短期借款的抵押品主要有应收账款、存货、应收票据、债券等。银行将根据抵押品面值的 30%～90% 发放贷款，具体比例取决于抵押品的变现能力和银行对风险的评估。

5. 偿还条件

贷款的偿还有到期一次性偿还和在贷款期内定期（每月、季）等额偿还两种方式。一般来讲，企业不希望采用后一种偿还方式，因为这会提高借款的实际年利率；而银行不希望企业采用前一种偿还方式，因为这会加重企业的财务负担，增加企业的拒付风险，同时会降低实际贷款利率。

6. 其他承诺

银行有时还会要求企业为取得贷款而做出其他承诺，如及时提供财务报表、保持适当的财务水平（如特定的流动比率）等。如果企业违背所做出的承诺，银行可以要求企业立即偿还全部贷款。

（三）短期借款成本

短期借款的成本主要包括利息、手续费等。其成本的高低主要取决于贷款利率的高低和利息的支付方式。短期贷款利息的支付方式有收款法、贴现法和加息法三种，付息方式不同，短期借款成本计算也有所不同。

1. 收款法

收款法是在借款到期时企业向银行支付利息的方法。银行向企业提供贷款一般都是采用这种方法收取利息。采用收款法时，短期贷款的实际利率就是名义利率。

2. 贴现法

贴现法又称折价法，是指银行向企业发放贷款时，先从本金中扣除利息部分，到期时借款企业偿还全部贷款本金的一种利息支付方法。在这种利息支付方式下，企业可以利用的贷款只是本金减去利息部分后的差额，因此，贷款的实际利率要高于名义利率。

【例 5-14】　甲公司从银行取得借款 200 万元，期限一年，利率 6%，利息 12 万元。按贴现法付息，企业实际可获得贷款 188 万元。该借款的实际利率是多少？

解： 借款实际利率＝$200 \times 6\%/188 = 6\%/(1-6\%) = 6.38\%$

3. 加息法

加息法是银行发放分期等额偿还贷款时采用的利息收取方法。在分期等额偿还贷款情况下，银行将根据名义利率计算的利息加到贷款本金上，计算出贷款的本息和，并要求企业在贷款期内分期偿还本息之和。例如，某企业从银行贷款 100 万元，利率为 10%，银行根据名义利率计算出企业应当归还的本息和为 110 万元，企业按月等额偿还贷款，期限为 1 年。企业在贷款的次月起就要开始分期偿还本金和利息，第 1 个月偿还的本金其实没有使用到 1 年，而是使用了 1 个月就还给了银行。依此类推，在贷款分期均衡偿还的情形下，借款企业实际上使用了贷款本金的一半，却按全额贷款支付了利息。这样企业所负担的实际利率便要高于名义利率大约 1 倍。

【例 5-15】　某人从银行贷款 2 万元，利率 12%，分 12 个月等额偿还本息。该项借款的实际年利率是多少？

解： 借款实际年利率＝$20\,000 \times 12\%/(20\,000 \div 2) = 24\%$

（四）短期借款筹资的优缺点

1. 短期借款筹资的优点

（1）短期借款是一种及时、方便的筹资方式。对于季节性和临时性的资金需求，采用短期银行借款尤为方便。规模大、信誉好的企业，一般能以较低的利率借入资金。

（2）借款数额和借款时间弹性较大，可以在资金需要增加时借入，在资金需要减少时还款，便于企业灵活安排资金。

2. 短期借款筹资的缺点

（1）资金成本较高。与商业信用筹资和发行短期融资券相比，采用短期借款筹资的资金成本较高。通常，短期借款的利率高于短期融资券的利率。如果采用抵押借款，还需要支付一定的管理和服务费。对于资信状况不佳的企业，银行可能还会上浮利率，资产成本会更高。

（2）银行对企业提出的限制性条件较多。向银行申请借款，银行都会对企业的生产经营状况和财务状况进行调查，然后才能决定是否提供贷款。通常银行会在借款合同中规定许多限制性条款。在企业使用贷款期间，银行还要进行贷后管理，检查企业是否执行了借款合同中规定的有关条款。此外，银行为了降低贷款风险，可能还会对企业的资产负债率、流动比率等指标做出限制。

二、商业信用

商业信用是指企业在商品或劳务交易中，以延期付款或预收货款方式进行购销活动而形成的借贷关系。它是企业之间因商品和货币在时间和空间上的分离而形成的直接信用行为，也是企业短期资金的重要来源。商业信用产生于企业生产经营的商品、劳务交易之中，是一种"自动性筹资"。

（一）商业信用的形式

1. 应付账款

应付账款是供应商给企业提供的一种商业信用。由于购买者往往在到货一段时间后才付款，商业信用就成为企业的短期资金来源。如企业规定对所有账单均见票后若干日付款，商业信用就成为随生产周转而变化的一项内在的资金来源。当企业扩大生产规模时，其进货和应付账款相应增长，商业信用就提供了增产需要的部分资金。

商业信用条件通常包括以下两种：第一，有信用期，但无现金折扣，如"$N/30$"表示30天内按发票金额全数支付。第二，有信用期和现金折扣，如"$2/10$，$N/30$"表示10天内付款享受现金折扣2%，若买方放弃折扣，30天内必须付清款项。供应商在信用条件中规定有现金折扣，主要目的是加速资金回收。企业在决定是否享受现金折扣时，应仔细考虑。通常，放弃现金折扣的成本较高。

（1）放弃现金折扣的信用成本。倘若买方企业购买货物后在卖方规定的折扣期内付款，可以获得免费信用，这种情况下企业不用因为取得延期付款信用而付出代价。例如，某应付账款规定付款信用条件为"$2/10$，$N/30$"，是指买方在10天内付款，可获得2%的付款折扣；若在10~30天内付款，则无折扣；允许买方付款期限最长为30天。

（2）放弃现金折扣的信用决策。企业放弃应付账款现金折扣的原因，可能是企业资金暂时的缺乏，也可能是基于将应付的账款用于临时性短期投资，以获得更高的投资收益。如果企业将应付账款额用于短期投资，所获得的投资收益率高于放弃折扣的信用成本率，则应当放弃现金折扣。

2. 应付票据

应付票据是指企业在商品购销活动和对工程价款进行结算中，因采用商业汇票结算方式而产生的商业信用。商业汇票是指付款人或存款人（或承兑申请人）签发的，由承兑人兑现，并于到期日向收款人或被背书人支付款项的一种票据，包括商业承兑汇票和银行承兑汇票。应付票据可以带息，也可以不带息，其利率一般低于银行贷款利率。

3. 预收账款

预收货款是指销货单位按照合同和协议规定，在发出货物之前向购货单位预先收取部分或全部货款的信用行为。购买单位对于紧俏商品往往采用这种方式购货；销货单位对于生产周期长、造价较高的商品，往往采用预收货款方式销货，以缓解本企业资金占用过多的问题。

4．应计未付款

应计未付款是企业在生产经营和利润分配过程中已经计提但尚未以货币支付的款项，主要包括应付职工薪酬、应交税费、应付利润或应付股利等。以应付职工薪酬为例，它相当于职工给企业的一个信用。企业通常以半月或月为单位支付职工薪酬，在应付职工薪酬已计但未付的这段时间，就会形成应计未付款。应交税费、应付利润或应付股利也有类似的性质。应计未付款随着企业规模扩大而增加，企业使用这些自然形成的资金无须付出任何代价。但企业不是总能控制这些款项，因为其支付是有一定时间限制的，企业不能总拖欠这些款项。所以，尽管企业可以充分利用应计未付款项，但并不能控制这些账目的水平。

（二）商业信用筹资的优缺点

1．商业信用筹资的优点

（1）商业信用容易获得。商业信用的载体是商品购销行为，企业总有一批既有供需关系又有相互信任基础的客户，所以对大多数企业而言，应付账款和预收账款是自然的、持续的信贷形式。商业信用的提供方一般不会对企业的经营状况和风险作严格的考量，企业无须办理像银行借款那样复杂的手续便可取得商业信用，有利于应对企业生产经营之急需。

（2）企业有较大的机动权。企业能够根据需要，选择决定筹资的金额大小和期限长短，同样要比银行借款等其他方式灵活得多，甚至如果在期限内不能付款或交货时，一般还可以通过与客户的协商，请求延长时限。

（3）企业一般不用提供担保。通常，商业信用筹资不需要第三方担保，也不会要求筹资企业用资产进行抵押。这样，在出现逾期付款或交货的情况时，可以避免像银行借款那样面临抵押资产被处置的风险，企业的生产经营能力在相当长的一段时间内不会受到限制。

2．商业信用筹资的缺点

（1）商业信用筹资成本高。在附有现金折扣条件的应付账款融资方式下，其筹资成本与银行信用相比较高。

（2）容易恶化企业的信用水平。商业信用的期限短，还款压力大，对企业现金流量管理的要求很高。如果长期或经常性地拖欠账款，会造成企业的信誉恶化。

（3）受外部环境影响较大。商业信用筹资受外部环境影响较大，稳定性较差，即使不考虑机会成本，也不能无限利用。一是受商品市场的影响，如当求大于供时，卖方可能停止提供信用；二是受资金市场的影响，当市场资金供应紧张或有更好的投资方向时，商业信用筹资就可能遇到障碍。

三、短期融资券

短期融资券是指企业依照《银行间债券市场非金融企业债务融资工具管理办法》的条例和程序，在银行间债券市场发行和交易并约定在一定期限内还本付息的有价证券。短期融资券是由企业依法发行的无担保短期本票，是一种筹措短期（1年以内）资金的直接融资方式。

（一）发行短期融资券的相关规定

（1）在我国，目前发行人为非金融企业，发行企业均应经过在我国境内工商注册且具备债券评级能力的评级机构的信用评级，并将评级结果向银行间债券市场公示。

（2）发行和交易的对象是银行间债券市场的机构投资者，不向社会公众发行和交易。

（3）融资券的发行由符合条件的金融机构承销，企业不得自行销售融资券，发行融资券募集的资金用于本企业的生产经营。

（4）融资券采用实名记账方式在中央国债登记结算有限责任公司（简称中央结算公司）登记托管，中央结算公司负责提供有关服务。

（5）债务融资工具发行利率、发行价格和所涉费率以市场化方式确定，任何商业机构不得以欺诈、操纵市场等行为获取不正当利益。

（二）短期融资券的种类

（1）按发行人分类，短期融资券分为金融企业的融资券和非金融企业的融资券。在我国，目前发行和交易的是非金融企业的融资券。

（2）按发行方式分类，短期融资券分为经纪人承销的融资券和直接销售的融资券。非金融企业发行融资券一般采用经纪人承销方式进行，金融企业发行融资券一般采用直接销售方式进行。

（三）短期融资券的成本

短期融资券成本也就是利息，是在贴现的基础上支付的。相对于发行企业债券筹资而言，发行短期融资券的筹资成本较低。短期融资券的成本 i 的计算公式如下：

$$i = \frac{r}{1 - r \times \frac{n}{360}}$$

式中，i 为年利率；r 为票面利率；n 为票据期限。

【例 5-16】 甲公司发行了为期 120 天的短期融资券，其票面利率为 12%，则该短期融资券的成本是多少？

解： $i = \dfrac{12\%}{1 - 2\% \times \frac{120}{360}} = 12.5\%$

如果有多个短期融资券的发行方案可供选择，那么应该选择年利率最低的方案，以使成本最低。发行短期融资券的公司一般都保持备用的信用额度，以便为出售短期融资券时发生的问题提供保证。对于这种备用的信用额度，银行一般要按年收取一定的费用，这将使企业的成本增加。

（四）短期融资券筹资的优缺点

1. 短期融资券筹资的优点

（1）筹资成本较低。通常，短期融资券利率低于银行的同期贷款利率。

（2）筹资数额较大。一般而言，银行不会向公司发行巨额的短期借款，而企业发行短期融资券能筹集到数额较大的资金。

（3）提高企业信誉和知名度。由于能在货币市场上发行短期融资券的企业都是信誉较好的大型公司，一家企业能够发行短期融资券，就说明这家企业的信誉良好。随着短期融资券的发行，公司的知名度也会大大提升。

2. 短期融资券筹资的缺点

（1）风险较大。短期融资券的期限不长于 365 天，到期必须归还，一般不会有延期的可能。因此，利用短期融资券筹资的风险较大。

（2）弹性较小。只有当公司的资金需求达到一定数量时才能使用短期融资券，且短期融资券一般不能提前偿还，即使公司资金比较充裕，也要到期还款。

（3）条件较严。发行短期融资券需要满足一定条件，通常只有信誉好、实力强、效益高的企业才能使用。而一些信誉不太好、实力不强的企业很难通过发行短期融资券来筹集资金。

 关键词

　　营运资金、流动资产、流动负债、现金、机会成本、管理成本、短缺成本、转换成本、最佳现金持有量、收支两条线、资金集中管理、现金周转期、存货、订货成本、购置成本、储存成本、缺货成本、经济订货批量、应收账款、信用政策、信用标准、信用条件、收账政策、短期借款、信贷额度、周转信贷协定、补偿性余额、商业信用、短期融资券、应付账款、应付票据。

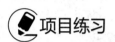 项目练习

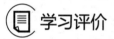 学习评价

专业能力测评表

（在□中打√，A 掌握，B 基本掌握，C 未掌握）

业务能力	评价指标	自测结果	备注
营运资金管理	1. 营运资金投资策略的内容	□A　□B　□C	
	2. 营运资金融资政策的内容	□A　□B　□C	
最佳现金持有量决策	1. 成本模型的应用	□A　□B　□C	
	2. 存货模型的应用	□A　□B　□C	
	3. 随机模型的应用	□A　□B　□C	
应收账款管理	1. 应收账款周转天数的计算	□A　□B　□C	
	2. 账龄分析法的应用	□A　□B　□C	
	3. 应收账款账户余额的模式的计算	□A　□B　□C	
	4. ABC 分析法的应用	□A　□B　□C	
存货经济订货批量	1. 最优存货量的确定	□A　□B　□C	
	2. 总成本的计算	□A　□B　□C	
教师评语：			
成绩		教师签字	

项目六
收益分配管理

 教学目标

1. 知识目标
（1）理解收益分配的原则与程序。
（2）掌握股利支付方式与程序。
（3）理解股利分配理论，掌握各种股利政策。
（4）熟悉股票分割与股票回购。
2. 能力目标
（1）培养学生运用知识解决实际问题的能力。
（2）培养学生逻辑思维能力。
3. 思政目标
（1）引导学生树立做人应当正直的思想意识。
（2）引导学生处理收益分配时兼顾各方面的利益，保障做到公平、公正与公开。

项目导航

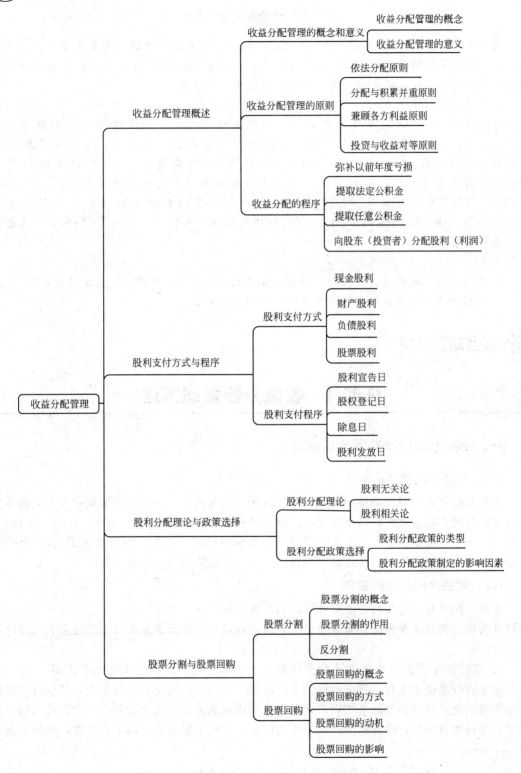

收益分配管理

- 收益分配管理概述
  - 收益分配管理的概念和意义
    - 收益分配管理的概念
    - 收益分配管理的意义
  - 收益分配管理的原则
    - 依法分配原则
    - 分配与积累并重原则
    - 兼顾各方利益原则
    - 投资与收益对等原则
  - 收益分配的程序
    - 弥补以前年度亏损
    - 提取法定公积金
    - 提取任意公积金
    - 向股东（投资者）分配股利（利润）
- 股利支付方式与程序
  - 股利支付方式
    - 现金股利
    - 财产股利
    - 负债股利
    - 股票股利
  - 股利支付程序
    - 股利宣告日
    - 股权登记日
    - 除息日
    - 股利发放日
- 股利分配理论与政策选择
  - 股利分配理论
    - 股利无关论
    - 股利相关论
  - 股利分配政策选择
    - 股利分配政策的类型
    - 股利分配政策制定的影响因素
- 股票分割与股票回购
  - 股票分割
    - 股票分割的概念
    - 股票分割的作用
    - 反分割
  - 股票回购
    - 股票回购的概念
    - 股票回购的方式
    - 股票回购的动机
    - 股票回购的影响

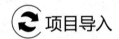 项目导入

贵州茅台的股利政策 ❶

贵州茅台自 2001 年上市以来每一年都在发放现金股利,并且股利基本上呈稳定增长的趋势,股利政策连续性很好。在长年的发展中,该企业始终居于 A 股上市公司现金分红最高榜,无论是营业收入还是净利润,均呈现为逐年增长趋势。

现金股利规模不断扩大:2005 年每股派发现金股利 0.3 元,此后一直增长,2011 每股派现 3.99 元,一举成为 A 股史上最高的现金分红方案。2012 年每股现金股利更是高达 6.42 元,2013 年、2014 年继续延续现金股利排名第一的地位,2017 年、2018 年每股现金股利分别为 10.99 元、14.54 元。从股利支付率来看,2001—2018 年的 18 年间除两三年股利支付率在 20% 以下外,其他年份股利支付率都接近或超过 30%,而且在 2012 年、2015 年、2016 年、2017 年、2018 年这五年的股利支付率水平已经超过了 50%。2018 年股利支付率高达 51.88%,即使在白酒行业整体不景气的 2013 年,其股利支付率也没有低于 30%。

思考:

1. 贵州茅台的股利支付方式为哪一种? 除此之外,你还知道哪些股利支付方式?
2. 你认为贵州茅台高派现股利政策实施的动因是什么?

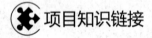 项目知识链接

任务 1　收益分配管理概述

一、收益分配管理的概念和意义

(一) 收益分配管理的概念

收益分配是指公司根据相关法律规定,按照一定的程序,以收益为对象在多方利益主体之间进行分配。收益通常以净利润表示。企业的收益分配涉及国家、企业、股东、债权人、内部职工等多方利益主体,与企业的生存与发展紧密相关,收益分配不仅是实现资产保值、维持简单再生产的手段,同时也是实现资产增值、实现扩大再生产的工具。

(二) 收益分配管理的意义

收益分配管理作为现代企业财务管理的重要内容之一,对于维护企业与各相关利益主体的财务关系、提升企业价值具有重要意义。具体来说,企业收益分配管理的意义表现在以下几个方面:

1. 收益分配管理集中体现了企业所有者、经营者与劳动者之间的利益关系

企业所有者是企业权益资金的提供者,按照"谁出资,谁受益"的原则,其应得的投资收益须通过企业的收益分配来实现,而获得投资收入的多少取决于企业盈利状况及利润分配政策。通过收益分配,投资者能实现预期的收益,有利于提高企业的信誉程度,增强企业未

---

❶　杨玲. 贵州茅台高派现股利政策的案例分析 [D]. 南昌:江西财经大学,2019.

来融通资金的能力。

企业的债权人在向企业投入资金的同时也承担了一定的风险。企业的收入分配中应体现出对债权人利益的充分保护，不能伤害债权人的利益。除按时支付到期本金、利息外，企业在进行收益分配时也要考虑债权人未偿付本金的保障程度，否则将在一定程度上削弱企业的偿债能力，从而降低企业的财务弹性。

企业职工是价值的创造者，是企业收入和利润的源泉。通过薪资的支付以及各种福利的提供，可以提高职工的工作热情，为企业创造更多价值。因此，为了正确、合理地处理好企业各方利益相关者的需求，就必须对企业所实现的收入进行合理分配。

2. 收益分配管理是企业维持简单再生产和实现扩大再生产的基本条件

企业在生产经营过程中所投入的各类资金，随着生产经营活动的进行不断地发生消耗和转移，形成成本费用，最终构成商品价值的一部分。收益的取得，为企业成本费用的补偿提供了前提，为企业简单再生产的正常进行创造了条件。通过收益分配，企业能形成一部分自行安排的资金，可以增强企业生产经营的财力，有利于企业适应市场需要扩大再生产。

3. 收益分配管理是企业优化资本结构、降低资金成本的重要措施

留存收益，是企业重要的权益资金来源。留存收益的多少，影响企业积累的多少，从而影响权益与负债的比例，即资本结构。企业价值最大化的目标要求企业的资本结构最优，而收入与分配便成了优化资本结构、降低资金成本的重要措施。

4. 收益分配管理是国家财政资金的重要来源之一

生产经营活动中，企业不仅为自己创造了价值，还为社会创造了一定的价值，即利润。利润代表企业的新创财富，是企业收入的重要构成部分。除满足企业自身的生产经营性积累外，通过收益分配，国家税收也能够集中一部分企业利润，由国家有计划地分配使用，实现国家政治职能和经济职能，为社会经济的发展创造良好条件。

二、收益分配管理的原则

（一）依法分配原则

依法分配是正确处理各方利益的关键。为了规范企业的收益分配行为，维护各利益相关者的合法权益，国家颁布了《公司法》《证券法》等法律法规。这些法规规定了企业收益分配的基本要求、一般次序和重大比例，企业应该认真执行，不得违反。

（二）分配与积累并重原则

公司进行收益分配，应正确处理长远利益和近期利益的关系，将二者有机结合起来，坚持分配与积累并重。企业通过经营活动获取收入，既要保证企业简单再生产的持续进行，又要不断积累企业扩大再生产的财力基础。恰当处理分配与积累之间的关系，留存一部分净利润，能够增强企业抵抗风险的能力，同时，也可以提高企业经营的稳定性与安全性。

（三）兼顾各方利益原则

企业的收益分配涉及国家、企业、股东、债权人、内部职工等多方利益主体，正确处理它们之间的关系，协调其矛盾，对企业的生存、发展至关重要。企业在进行收益分配时，应当统筹兼顾，维护各利益相关者的合法权益。

（四）投资与收益对等原则

收入分配应当体现"谁投资，谁受益"、收入大小与投资比例相对等的原则。这是正确处理投资者利益关系的关键。企业在向投资者分配收入时，应本着平等一致的原则，按照投

资者投资额的比例进行分配，不允许任何一方随意多分多占，以从根本上实现收益分配中的公开、公平和公正，保护投资者的利益。但是，公司章程或协议明确规定出资比例与收入分配比例不一致的除外。

三、收益分配的程序

收益分配关系着国家、企业及所有者等各方面的利益，必须严格按照国家的法律规定执行。根据《公司法》及相关法律制度的规定，公司的利润分配应按下列顺序进行。

(一)弥补以前年度亏损

可供分配的利润为公司当期实现的净利润加上年初未分配利润（或减去年初未弥补亏损）后的余额。如果可供分配的利润为负数（即亏损），则不能进行后续分配。只有可供分配的利润为正数（即本年盈余），才可在弥补以前年度亏损后进行后续分配。

公司发生的年度亏损可以用下一年度的税前利润弥补，下一年度不足以弥补的，可以在后连续五年之内用税前利润延续弥补，如果五年仍然弥补不足的，则从第六年开始以税后利润弥补。

(二)提取法定公积金

根据《公司法》的规定，公司在分配当年税后利润时，应当按照当年税后利润（弥补亏损后）10％的比例计提法定公积金。公司法定公积金累计额为公司注册资本的50％以上的，可以不再计提。盈余公积金主要用于弥补以前年度税前未弥补完的亏损、支付股利、扩大生产经营及转增资本。当法定公积金转为资本时，所留存的该项公积金不得少于转增前公司注册资本的25％。

(三)提取任意公积金

公司从税后利润中提取法定公积金后，经股东会或者股东大会决议，还可以从税后利润中提取任意公积金。提取任意公积金可以让更多的利润留存于公司以便今后的发展，同时也能起到限制普通股股利的分配、平衡各年股利分配的作用。任意公积金的计提标准没有法定要求，可由董事会提出方案，经股东大会审议通过后实施。

(四)向股东(投资者)分配股利(利润)

根据《公司法》的规定，公司弥补亏损和提取公积金后所余税后利润，可以向投资者分配。有限责任公司股东按照实缴的出资比例分取红利，全体股东约定不按照出资比例分取红利的除外。股份有限公司按照股东持有的股份比例分配，但股份有限公司章程规定不按照持股比例分配的除外。此外，公司持有的本公司股份不得分配利润。

需要注意的是，上述利润分配是按顺序进行的。若公司股东会或董事会违反上述利润分配顺序，在抵补亏损和提取法定公积金之前向股东分配利润，则违反规定发放的利润必须被退还公司。

任务 2 股利支付方式与程序

一、股利支付方式

(一)现金股利

现金股利是指股份公司以现金支付的股利，它是股利支付最常见的方式。例如，每10股派现3元。现金股利发放的数额取决于公司的股利政策和经营业绩。上市公司选择发放现金股利除要有足够的留存收益外，还要有足够的现金，因此公司在支付现金股利前必须筹备充足的现金。

（二）财产股利

财产股利是以现金以外的其他资产支付的股利，常见的财产股利有实物股利和证券股利两种形式。其中，实物股利是指以公司实物资产或产品充当股利；证券股利则是以公司拥有的其他企业的有价证券，如债券、股票等，作为股利发放给股东。

（三）负债股利

负债股利是以负债方式支付的股利，通常以公司的应付票据支付给股东，有时也以发放公司债券的方式支付股利。负债股利通常是公司在已宣告发放股利而又缺乏现金的情况下采用的一种权宜之计，目的在于维护公司的信誉和股利政策的连续性。负债股利在我国上市公司的股利分配中很少使用。

（四）股票股利

股票股利是公司以增发股票的方式所支付的股利，我国实务中通常也称其为"红股"。发放股票股利对公司来说，并没有现金流出企业，也不会导致公司的财产减少，而只是将公司的未分配利润转化为股本和资本公积。但股票股利会增加流通在外的股票数量，同时降低股票的每股价值。它不改变公司股东权益总额，但会改变股东权益的构成。我们用例子说明这一问题。

【例 6-1】 在发放股票股利前，甲公司的股东权益情况如表 6-1 所示。

表 6-1　发放股票股利前甲公司的股东权益

普通股（面额 1 元，已发行 300 000 股）	300 000 元
资本公积	600 000 元
未分配利润	3 000 000 元
股东权益合计	3 900 000 元

分析发放股票股利会改变什么？

解： 假定甲公司宣布发放 10% 的股票股利，即增发 30 000 股普通股，现有股东每持10 股就可得 1 股。若股票的市价为每股 20 元，那么随股票股利的发放，需要从"未分配利润"项目划转出的资金为：

$$20 \times 300\ 000 \times 10\% = 600\ 000（元）$$

由于股票面额为 1 元不变，增发股票时，普通股项目只应增加 30 000 元（即 1×30 000），其余的 570 000 元（即 600 000−30 000）应作为股票溢价转至资本公积项目。可见，未分配利润减少 600 000 元，而普通股和资本公积项目相应增加 600 000 元（即 30 000＋570 000），股东权益总额仍保持不变。在发放股票股利后，甲公司的股东权益状况如表 6-2 所示。

表 6-2　发放股票股利后甲公司的股东权益

普通股（面额 1 元，已发行 330 000 股）	330 000 元
资本公积	1 170 000 元
未分配利润	2 400 000 元
股东权益合计	3 900 000 元

根据上述所示，发放股票股利并未影响甲公司股东权益总额，而只影响各股东权益项目之间的再分配。此外，股票股利的发放并不直接增加股东财富。原因是什么呢？因为在盈利总额不变时，发放股票股利增加的普通股股数会引起每股盈余和每股市价下降，但又由于股东所持股份成比例上升而所占股份比例不变，所以每位股东所持股票的市场价值总额仍保持不变。

发放股票股利虽不直接增加股东的财富，也不增加公司的价值，但对股东和公司都有特殊意义。

1. 对股东来讲，股票股利的优点

（1）理论上，派发股票股利后，每股市价会成反比例下降，但实务中这并非必然结果。因为市场和投资者普遍认为，发放股票股利往往预示着公司会有较大的发展和成长，这样的信息传递会稳定股价或使股价下降比例减小甚至不降反升，股东便可以获得股票价值相对上升的好处。

（2）由于股利收入和资本利得税率的差异，如果股东把股票股利出售，还会给他带来资本利得纳税上的好处。

2. 对公司来讲，股票股利的优点

（1）发放股票股利不需要向股东支付现金，在再投资机会较多的情况下，公司就可以为再投资提供成本较低的资金，从而有利于公司的发展。

（2）发放股票股利可以降低公司股票的市场价格，既有利于促进股票的交易和流通，又有利于吸引更多的投资者成为公司股东，进而使股权更为分散，有效地防止公司被恶意控制。

（3）股票股利的发放可以传递公司未来发展前景良好的信息，从而增强投资者的信心，在一定程度上稳定股票价格。

二、股利支付程序

有限公司的股利分配方案通常由公司董事会提出，然后提交股东大会决议，股东大会决议通过分配预案之后，向股东宣布股利发放的方案。股份有限公司向股东支付股利，主要包括以下时间流程节点：股利宣告日、股权登记日、股票除息日和股利支付日。

（一）股利宣告日

股利宣告日即股东大会决议通过并由董事会将股利支付情况予以公告的日期。公告中将宣布每股应支付的股利、股权登记日、除息日以及股利支付日。

（二）股权登记日

股权登记日即有权领取股利的股东其资格登记的截止日期。只有在股权登记日前在公司股东名册上的股东，才有权分享股利。

上市公司的股票在公司宣布发放股利至公司实际发出股利间有一定的时间间隔，在此时间间隔内交易并没有停止，公司股东也会随股票交易而不断改变。为了明确股利的归属，公司确定了股权登记日，凡在股权登记日之前（含登记日当天）列于公司股东名册上的股东，都将获得此次发放的股利，而在这一天之后才列于公司股东名册上的股东，即使在股利实际发放之前取得股票，也将得不到此次发放的股利，股利归原股东所有。

（三）除息日

除息日即领取股利的权利与股票分离的日期，也称除权日。除息日是股权登记的下一个交易口。在除息日之前购买股票的股东才能领取本次股利，而在除息日当天或是以后购买股票的股东，则不能领取本次股利。由于失去了"收息"的权利，除息日的股票价格会下跌。

（四）股利发放日

股利发放日即公司按照公布的分红方案向股权登记日在册的股东实际支付股利的日期。

任务 3 股利分配理论与政策选择

一、股利分配理论

股利分配是财务管理的一部分，我们同样要考虑其对公司价值的影响。一方面的观点认为股利政策与公司价值无关，因为公司价值由公司的盈利能力和经营风险决定，价值取决于收益的产生，而与收益在股利和留存收益之间的分配无关，另一方面的观点则相反，认为税收因素、资金成本、投资者存在对当期股利的偏好等因素导致股利政策与公司价值相关。

（一）股利无关论

股利无关论认为，股利政策对公司股票价格或者资金成本都不会产生影响。

该理论建立在一些假定之上：不存在个人或公司所得税；不存在股票的发行和交易费用；公司的投资政策已经确定并且为投资者所理解；经理与外部投资者之间不存在代理成本；公司的投资者和管理当局可相同地获得关于公司未来投资机会的信息。即假定投资者处于完美无缺的市场，因而股利无关论又被称为完全市场理论。下面介绍股利无关论的观点。

1. 投资者并不关心公司股利的分配

如果公司留存较多的利润用于再投资，会导致公司股票价格上升，尽管此时股利较低，但需用现金的投资者可以出售股票换取现金。如果公司发放较多的股利，投资者又可以用现金再买入一些股票以扩大投资。也就是说，投资者对股利和资本利得并无偏好。

2. 股利的支付比率不影响公司的价值

既然投资者不关心股利的分配，公司的价值就完全由其投资决策及获利能力所决定，公司的股利支付比率并不影响公司的价值。即便公司已经支付了高额股利，与此同时又遇到了理想的投资机会，也可以重新募集新股，因为新投资者会对公司的投资机会做出认可。

（二）股利相关论

股利相关论认为，企业的股利政策会影响股票价格和公司价值。主要观点有以下四种：

1. "手中鸟" 理论

"手中鸟"理论又称"一鸟在手"理论，源于"双鸟在林不如一鸟在手"。该理论认为，用留存收益再投资给投资者带来的收益具有较大的不确定性，并且投资的风险随着时间的推移会进一步加大。因此，厌恶风险的投资者会偏好确定的股利收益，而不愿将收益留存在公司内部去承担未来的投资风险。该理论认为公司的股利政策与公司的股票价格是密切相关的，即当公司支付较高的股利时，公司的股票价格会随之上升，公司价值将得到提高。

2. 信号传递理论

信号传递理论认为，在信息不对称的情况下，公司可以通过股利政策向市场传递有关公司未来获利能力的信息，从而会影响公司的股价。一般来讲，预期未来获利能力强的公司，往往愿意通过相对较高的股利支付水平把自己同预期获利能力差的公司区别开来，以吸引更多的投资者。对于市场上的投资者来讲，股利政策的差异或许是反映公司预期获利能力的有价值的信号。如果公司连续保持较为稳定的股利支付水平，那么，投资者就可能对公司未来的盈利能力与现金流量抱有乐观的预期。另外，如果公司的股利支付水平在过去一个较长的时期内相对稳定，而现在却有所变动，投资者将会把这种现象看作公司管理当局将要改变公司未来收益率的信号，股票市价将会对股利的变动做出反应。

3. 所得税差异理论

所得税差异理论认为，由于普遍存在的税率以及纳税时间的差异，资本利得收益比股利收益更有助于实现收益最大化目标，公司应当采用低股利政策。一般来说，对资本利得收益征收的税率低于对股利收益征收的税率；再者，即使两者没有税率上的差异，由于投资者对资本利得收益的纳税时间选择更具有弹性，投资者仍可以享受延迟纳税带来的收益差异。

4. 代理理论

代理理论认为，股利政策有助于减缓管理者与股东之间的代理冲突，即股利政策是协调股东与管理者之间代理关系的一种约束机制。公司利益相关者的各自目标并非完全一致，在各方追求自身利益最大化的情况下，可能会牺牲其他利益方的利益，由此产生代理冲突和代理成本。该理论认为，股利的支付能够有效地降低代理成本。首先，股利的支付减少了管理者对自由现金流量的支配权，这在一定程度上可以抑制公司管理者的过度投资行为，从而保护外部投资者的利益；其次，较多的现金股利发放，减少了内部融资，导致公司需要进入资本市场寻求外部融资，从而公司将接受资本市场上更多的、更严格的监督，这样便通过资本市场的监督减少了代理成本。因此，高水平的股利政策降低了企业的代理成本，但同时增加了外部融资成本，理想的股利政策应当使两种成本之和最小。

二、股利分配政策选择

股利政策是企业在遵守国家法律法规的前提下，根据本企业具体情况来制定的。在股利分配的实务中，公司采用的股利政策主要包括剩余股利政策、固定或稳定增长股利政策、低正常股利加额外股利政策和固定股利支付率政策四种。

（一）股利分配政策的类型

1. 剩余股利政策

剩余股利政策是将股利的分配与公司的资本结构有机地联系起来，即根据公司的最佳资本结构测算出公司投资所需的权益资本数额，先从盈余中留用，然后将剩余的盈余作为股利向投资者分配。

（1）剩余股利政策确定股利的步骤：

第一，确定公司的最佳资本结构即确定权益性资本和债务性资本的比例关系。在最佳资本结构下，公司的资金成本率最低。

第二，确定最佳资本结构下所需的权益资本数额。

第三，最大限度地使用公司留存收益来满足投资方案所需的权益资本数额。

第四，投资方案所需的权益资本得到满足后，如果公司的未分配利润还有剩余，就将其作为股利发放给股东。

【**例 6-2**】　甲公司 2021 年提取了公积金后的税后净利润为 700 万元，第二年的投资计划所需资金为 900 万元。公司的最佳资本结构为权益资本占 60％、债务资本占 40％。那么，按照剩余股利政策，公司能够发放的股利是多少？

解：按照最佳资本结构的要求，公司投资方案所需的权益资本数额为：

$900 \times 60\% = 540$（万元）。

公司当年提取了公积金后的税后净利润为 700 万元，可以满足上述投资方案所需的权益资本数额并有剩余，剩余部分再作为股利发放。

当年发放的股利额即为：$700 - 540 = 160$（万元）。

假设当年该公司流通在外的普通股为 80 万股，则每股股利为：$160 \div 80 = 2$（元）。

（2）剩余股利政策的优缺点。

剩余股利政策的优点：有助于降低再投资的资金成本，保持最佳的资本结构，实现企业价值的长期最大化。

剩余股利政策的缺陷：若完全遵照执行剩余股利政策，股利发放额就会每年随着投资机会和盈利水平的波动而波动。在盈利水平不变的前提下，股利发放额与投资机会的多寡呈反方向变动，投资机会越多，股利越少；反之，投资机会越少，股利发放越多。而在投资机会维持不变的情况下，股利发放额将因公司盈利的波动呈同方向波动，盈利越多，股利越多；反之，盈利越少，股利的发放也会越少。剩余股利政策不利于投资者安排收入与支出，也不利于公司树立良好的形象。因此，只有在投资者能接受这种股利无常变化的情况下，剩余股利政策才会是最合适的股利政策。剩余股利政策一般适用于公司初创阶段。

2．固定或稳定增长股利政策

固定或稳定增长的股利政策是指公司将每年派发的股利额固定在某一特定水平或是在此基础上维持某一固定比率逐年稳定增长。只有当公司认为未来盈余将会显著地、不可逆地增长时，才提高年度的股利发放额。

固定或稳定增长股利政策的优点：①稳定的股利向市场传递着公司正常发展的信息，有利于树立公司的良好形象，增强投资者对公司的信心，稳定股价。②稳定的股利额有助于投资者安排股利收入和支出，有利于吸引那些打算进行长期投资并对股利有很高依赖性的股东。③固定或稳定增长的股利政策可能会不符合剩余股利理论，但考虑到股票市场会受多种因素影响（包括股东的心理状态和其他要求），为了将股利或股利增长率维持在稳定的水平上，即使推迟某些投资方案或暂时偏离目标资本结构，也可能比降低股利或股利增长率更为有利。

当然，该政策也有缺点：股利的支付与企业的盈利相脱节，即不论公司盈利多少，均要支付固定的或按固定比率增长的股利，这可能会导致企业资金紧缺，财务状况恶化，并进一步影响公司的未来发展。同时，支付固定的或持续增长的股利使公司也不能像剩余股利政策那样将资金成本保持在较低水平。

3．低正常股利加额外股利政策

低正常股利加额外股利政策是指公司事先设定一个较低的正常股利额，每年除按正常股利额向股东发放股利外，还在公司盈余较多、资金较为充裕的年份向股东发放额外股利。但是，额外股利并不固定，不意味着公司永久地提高了股利支付额。可以用以下公式表示：

$$Y = a + bX$$

式中，Y 为每股股利；X 为每股收益；a 为每股低正常股利；b 为额外股利支付比率。

低正常股利加额外股利政策的优点：①赋予公司较大的灵活性，使公司在股利发放上留有余地，并具有较大的财务弹性。公司可根据每年的具体情况，选择不同的股利发放水平，以稳定和提高股价，进而实现公司价值的最大化。②使那些依靠股利度日的股东每年至少可以得到虽然较低但比较稳定的股利收入，从而吸引这部分股东。

低正常股利加额外股利政策的缺点：①由于各年度之间公司盈利的波动使得额外股利不断变化，造成分派的股利不同，容易给投资者造成收益不稳定的感觉。②当公司在较长时间持续发放额外股利后，可能会被股东误认为"正常股利"，一旦取消，传递出的信号可能会使股东认为这是公司财务状况恶化的表现，进而导致股价下跌。

4. 固定股利支付率政策

固定股利支付率政策是指公司事先确定一个股利占税后利润的百分比，以后每年均按这一比率向股东发放股利。这一百分比通常称为股利支付率，股利支付率一经确定，一般不得随意变更。在这一股利政策下，只要公司的税后利润一经计算确定，所派发的股利也就相应确定了。固定股利支付率越高，公司留存的净利润越少。

固定股利支付率政策的优点：①采用固定股利支付率政策，股利与公司盈余紧密地配合，体现了"多盈多分、少盈少分、无盈不分"的股利分配原则。②采用固定股利支付率政策，公司每年按固定的比例从税后利润中支付现金股利，从企业的支付能力的角度看，这是一种稳定的股利政策。

固定股利支付率政策的缺点：①大多数公司每年的收益很难保持稳定不变，导致年度间的股利额波动较大，由于股利的信号传递作用，波动的股利很容易给投资者带来经营状况不稳定、投资风险较大的不良印象，成为影响股价的不利因素。②容易使公司面临较大的财务压力。公司实现的盈利多，并不能代表公司就有足够的现金流用来支付较多的股利额。③合适的固定股利支付率的确定难度比较大。

由于公司每年面临的投资机会、筹资渠道都不同，而这些都可以影响公司的股利分派，所以，大多数公司不采用固定股利支付率政策，固定股利支付率政策更适用于那些处于稳定发展且财务状况也较稳定的公司。

（二）股利分配政策制定的影响因素

公司股利的分配是在各种制约因素下进行的，影响公司股利政策的因素主要包括以下几个方面。

1. 法律因素

（1）资本保全约束。

规定公司不能用资本（包括实收资本或股本和资本公积）发放股利，目的在于维持企业资本的完整性，防止企业任意减少资本结构中的所有者权益的比例，以保护企业完整的产权基础，保障债权人的利益。

（2）资本积累约束。

规定公司必须按照一定的比例和基数提取各种公积金，股利只能从企业的可供股东分配利润中支付。此处可供股东分配利润包含公司当期的净利润按照规定提取各种公积金后的余额和以前累积的未分配利润。另外，在进行利润分配时，一般应当贯彻"无利不分"的原则，即当企业出现年度亏损时，一般不进行利润分配。

（3）超额累积利润约束。

由于资本利得与股利收入的税率不一致，如果公司为了股东避税而使盈余的保留大大超过了公司目前及未来的投资需要时，将被加征额外的税款。

（4）偿债能力约束。

偿债能力是企业按时、足额偿付各种到期债务的能力。如果当期没有足够的现金派发股利，则不能保证企业在短期债务到期时有足够的偿债能力，这就要求公司考虑现金股利分配对偿债能力的影响，确定在分配后仍能保持较强的偿债能力，以维持公司的信誉和借贷能力，从而保证公司正常的资金周转。

2. 公司因素

（1）盈余的稳定性。

公司能否获得长期稳定的盈余，是其股利决策的重要基础。盈余相对稳定的公司比盈余不稳定的公司有更大可能支付更高的股利。盈余下降容易产生无法支付股利、股价下降的风险，为有效地降低风险，盈余不稳定的公司往往采取低股利政策。

（2）资产的流动性。

现金股利的支付，会减少公司的现金持有量，使资产的流动性降低。倘若公司没有足够充裕的现金，则其发放现金股利的数额必然受到限制。

（3）举债能力。

具有较强举债能力的公司因为能够及时地筹措到所需的现金，通过增加外部筹资来弥补现金短缺，有可能采取较宽松的股利政策。而举债能力弱的公司往往采取保守的股利政策。

（4）投资机会。

如果公司的投资机会多，对资金的需求量大，那么它就很可能会考虑采用低股利支付水平的分配政策；相反，如果公司的投资机会少，对资金的需求量小，那么它就很可能倾向于采用较高的股利支付水平的分配政策。此外，如果公司将留存收益用于再投资所得报酬低于股东个人单独将股利收入投资于其他投资机会所得的报酬时，公司就不应多留留存收益，而应多发放股利，这样有利于股东价值的最大化。

（5）资金成本。

与发行新股相比，保留盈余是一种较为经济的筹资渠道，无须花费筹资费用。因而，从资金成本角度考虑，公司若存在扩张需求，应采取低股利政策。

（6）债务需要。

公司可通过举借新债、发行新股等方式筹资偿债，亦可用经营积累直接偿付债务。若前者资金成本较高或受其他限制，公司则将因还债需要而减少股利支付。

3. 股东因素

（1）控制权的稀释。

现有股东往往将股利政策作为维持其控制地位的工具。公司支付较高的股利会导致留存收益减少，当公司为有利可图的投资机会筹集所需资金时，发行新股的可能性增大，新股东的加入必然稀释现有股东的控制权。所以，股东会倾向于较低的股利支付水平，以便从内部的留存收益中取得所需资金。

（2）稳定的收入。

如果股东依赖现金股利维持生活，他们往往要求公司能够支付稳定的股利，而反对留存过多的利润。还有一些股东认为通过增加留存收益使股价上涨而获得的资本利得是有风险的，而目前的股利是确定的，即便是现在较少的股利，也强于未来的资本利得，因此他们往往也要求较多的股利支付。

（3）避税。

政府对企业利润征收所得税以后，还要对自然人股东征收个人所得税，股利收入的税率要高于资本利得的税率。一些高股利收入的股东出于避税的考虑，往往倾向于较低的股利支付水平。

4．其他因素

（1）债务契约。

一般来说，股利支付水平越高，留存收益越少，公司的破产风险加大，就越有可能损害债权人的利益。因此，为了保证自己的利益不受侵害，债权人通常都会在债务契约、租赁合同中加入关于借款公司股利政策的限制条款。

（2）通货膨胀。

通货膨胀会带来货币购买力水平的下降，导致固定资产重置资金不足，此时，企业往往不得不考虑留用一定的利润，以便弥补由于购买力下降而造成的固定资产重置资金缺口。因此，在通货膨胀时期，企业一般会采取偏紧的利润分配政策。

任务 4　股票分割与股票回购

一、股票分割

（一）股票分割的概念

股票分割，又称拆股，即将一股股票拆分成多股股票的行为。股票分割一般只会增加发行在外的股票总数，但不会对公司的资本结构产生任何影响。股票分割与股票股利非常相似，都是在不增加股东权益的情况下增加了股份的数量，所不同的是，股票股利虽不会引起股东权益总额的改变，但股东权益的内部结构会发生变化，而股票分割之后股东权益总额及其内部结构都不会发生任何变化，变化的只是股票面值。

【例 6-3】 某股份有限公司股票分割前的股东权益账面价值如表 6-3 所示。

表 6-3　股票分割前股东权益账面价值

普通股（面值 2 元，已发行 200 000 股）	400 000 元
资本公积	980 000 元
留存收益	3 620 000 元
股东权益合计	5 000 000 元

2021 年公司决定将原普通股每一股分割成两股，进行股票分割后，公司的股东权益账面价值及其结构将如何改变？假定本公司 2021 年净利润为 600 000 元，分割后，每股收益和每股市价将如何变化？

解：根据股票分割的概念，股东权益账面价值及结构不会发生改变，如表 6-4 所示。

表 6-4　股票分割后股东权益账面价值

普通股（面值 1 元，已发行 400 000 股）	400 000 元
资本公积	980 000 元
留存收益	3 620 000 元
股东权益合计	5 000 000 元

假定本公司本年利润为 600 000 元，则股票分割前的每股收益为 3 元（即 600 000÷200 000）。假定股票分割后公司净利润保持不变，则分割后的每股收益为 1.5 元（即 600 000÷400 000）。相应地，普通股每股市价也会因此而下降。

（二）股票分割的作用

1. 提高公司股票的流动性

股票分割是在不增加股东权益的情况下增加流通中的股票数量，分割后每股股票所代表的股东权益的价值降低，每股股票的市场价格也将相应降低。当股票的市场价格过高时，对于许多潜在投资者，股票交易会因每手交易所需的资金量太大而力不从心，从而限制了这类股票的流动性。因此，许多公司在其股价过高或者准备发行新股时，通过股票分割降低股票的交易价格。这样可以提高股票的可转让性和促进市场交易活动，由此增加投资者对股票的兴趣，提高公司股票的流通性，促进新发行股票的畅销；同时通过扩大公司的股东规模使股权分散，可以防止少数股东对公司的控制。

2. 传递公司发展壮大的信号

股票分割易给人一种公司正发展壮大的印象，可以向股票市场和广大投资者传递公司业绩好、利润高、具备增长潜力的信号，股票价格有望进一步上涨，有利于公司树立良好的形象并吸引投资者。因此，股票分割往往是成长中公司的行为，如在兼并另一个公司前，合并方公司常常进行股票分割。

3. 增加现金股利的获得

只要股票分割后每股现金股利的下降幅度小于股票分割幅度，即使股票分割会导致每股收益的下降，但股东仍能多获现金股利，因此股票分割可能增加股东的现金股利，使股东感到满意。

（三）反分割

与股票分割相反，公司有时也进行股票合并操作。股票合并又称合股、逆向分割或反分割，即公司用一股新股换取一股以上的旧股。股票合并可以减少流通在外的股票数量，提高每股股票的面值和其所代表的净资产的数额，进而提高股票的市场价格，却没有使公司发生任何的现金流出。通常，业绩不佳、股价过低的公司会通过股票合并来提高股票价格。

二、股票回购

（一）股票回购的概念

股票回购是指公司出资购回其发行在外的股票。公司以多余的现金购回股东所持股份，使流通股份减少，每股盈余增加，从而使股价上升，股东可因此获得资本利得，这相当于公司支付股利，因此，可以将股票回购看作现金股利的替代方式。

《公司法》对公司回购股票的情形做出了规定，包括：减少公司注册资本；与持有本公司股份的其他公司合并；将股份用于员工持股计划或者股权激励；股东因对股东大会作出的公司合并、分立决议持异议而要求公司收购其股份；将股份用于转换上市公司发行的可转换为股票的公司债券；上市公司为维护公司价值及股东权益所必需。

属于减少公司注册资本收购本公司股份的，应当自收购之日起 10 日内注销；属于与持有本公司股份的其他公司合并和股东因对股东大会作出的公司合并、分立决议持异议，要求公司收购其股份的，应当在 6 个月内转让或者注销；属于其余三种情形的，公司合计持有的本公司股份数不得超过本公司已发行股份总额的 10%，并应当在 3 年内转让或者注销。

（二）股票回购的方式

上市公司将股份用于员工持股计划或者股权激励、将股份用于转换上市公司发行的可转换为股票的公司债券以及上市公司为维护公司价值及股东权益所必需情形收购本公司股票的，应当通过公开的集中交易方式进行。上市公司以现金为对价，采取要约方式、集中竞价方式回购股份的，视同上市公司现金分红，纳入现金分红的相关比例计算。公司不得接受本公司的股票作为质押权的标的。

（三）股票回购的动机

在证券市场上，股票回购的动机多种多样，主要有以下几点：

（1）现金股利的替代。现金股利政策会对公司产生未来的派现压力，而股票回购不会。当公司有富余资金时，通过回购股东所持股票将现金分配给股东，这样，股东就可以根据自己的需要选择继续持有股票或出售以获得现金。

（2）改变公司的资本结构。无论是现金回购还是举债回购股份，都会提高公司的财务杠杆水平，改变公司的资本结构。公司认为权益资本在资本结构中所占比例较大时，为了调整资本结构而进行股票回购，可以在一定程度上降低整体资金成本。

（3）传递公司信息。由于信息不对称和预期差异，证券市场上的公司股票价格可能被低估，而过低的股价将会对公司产生负面影响。一般情况下，投资者会认为股票回购意味着公司认为其股票价值被低估而采取的应对措施。

（4）基于控制权的考虑。控股股东为了保证其控制权不被改变，往往采取直接或间接的方式回购股票，从而巩固既有的控制权。另外，股票回购使流通在外的股份数变少，股价上升，从而可以有效地防止敌意收购。

（四）股票回购的影响

股票回购对上市公司的影响主要表现在以下几个方面：

（1）符合股票回购条件的多渠道回购方式允许公司选择适当时机回购本公司股份，将进一步提升公司调整股权结构和管理风险的能力，提高公司整体质量和投资价值。

（2）因实施持股计划和股权激励的股票回购，形成资本所有者和劳动者的利益共同体，有助于提高投资者回报能力；将股份用于转换上市公司发行的可转换为股票的公司债券实施的股票回购，也有助于拓展公司融资渠道，改善公司资本结构。

（3）当市场不理性，公司股价严重低于股票内在价值时，为了避免投资者损失，适时进行股份回购，减少股份供应量，有助于稳定股价，增强投资者信心。

（4）股票回购若用大量资金支付回购成本，一方面，容易造成资金紧张，降低资产流动性，影响公司的后续发展；另一方面，在公司没有合适的投资项目又持有大量现金的情况下，回购股份，也能更好地发挥货币资金的作用。

（5）上市公司通过履行信息披露义务和公开的集中交易方式进行股份回购有利于防止操纵市场、内幕交易等利益输送行为。

💡 关键词

收益分配、现金股利、股票股利、财产股利、负债股利、资金成本、股利政策股利、支付率、股利宣告日、股权登记日、除息日、股利支付日、股票分割、反分割、股票回购。

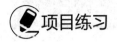

项目练习

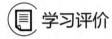

学习评价

专业能力测评表

（在□中打√，A掌握，B基本掌握，C未掌握）

业务能力	评价指标	自测结果	备注
收益分配管理认知	1. 收益分配管理的原则	□A　□B　□C	
	2. 收益分配的程序	□A　□B　□C	
股利支付方式与程序	1. 股利支付方式	□A　□B　□C	
	2. 股利支付程序	□A　□B　□C	
股利分配理论与政策选择	1. 股利分配理论	□A　□B　□C	
	2. 股利分配政策选择	□A　□B　□C	
股票分割与股票回购	1. 股票分割	□A　□B　□C	
	2. 股票回购	□A　□B　□C	
教师评语：			
成绩		教师签字	

附录一
复利终值系数表

i＼n	1%	2%	3%	4%	5%	6%	7%	8%	9%	10%
1	1.010 0	1.020 0	1.030 0	1.040 0	1.050 0	1.060 0	1.070 0	1.080 0	1.090 0	1.100 0
2	1.020 1	1.040 4	1.060 9	1.081 6	1.102 5	1.123 6	1.144 9	1.166 4	1.188 1	1.210 0
3	1.030 3	1.061 2	1.092 7	1.124 9	1.157 6	1.191 0	1.225 0	1.259 7	1.295 0	1.331 0
4	1.040 6	1.082 4	1.125 5	1.169 9	1.215 5	1.262 5	1.310 8	1.360 5	1.411 6	1.464 1
5	1.051 0	1.104 1	1.159 3	1.216 7	1.276 3	1.338 2	1.402 6	1.469 3	1.538 6	1.610 5
6	1.061 5	1.126 2	1.194 1	1.265 3	1.340 1	1.418 5	1.500 7	1.586 9	1.677 1	1.771 6
7	1.072 1	1.148 7	1.229 9	1.315 9	1.407 1	1.503 6	1.605 8	1.713 8	1.828 0	1.948 7
8	1.082 9	1.171 7	1.266 8	1.368 6	1.477 5	1.593 8	1.718 2	1.850 9	1.992 6	2.143 6
9	1.093 7	1.195 1	1.304 8	1.423 3	1.551 3	1.689 5	1.838 5	1.999 0	2.171 9	2.357 9
10	1.104 6	1.219 0	1.343 9	1.480 2	1.628 9	1.790 8	1.967 2	2.158 9	2.367 4	2.593 7
11	1.115 7	1.243 4	1.384 2	1.539 5	1.710 3	1.898 3	2.104 9	2.331 6	2.580 4	2.853 1
12	1.126 8	1.268 2	1.425 8	1.601 0	1.795 9	2.012 2	2.252 2	2.518 2	2.812 7	3.138 4
13	1.138 1	1.293 6	1.468 5	1.665 1	1.885 6	2.132 9	2.409 8	2.719 6	3.065 8	3.452 3
14	1.149 5	1.319 5	1.512 6	1.731 7	1.979 9	2.260 9	2.578 5	2.937 2	3.341 7	3.797 5
15	1.161 0	1.345 9	1.558 0	1.800 9	2.078 9	2.396 6	2.759 0	3.172 2	3.642 5	4.177 2
16	1.172 6	1.372 8	1.604 7	1.873 0	2.182 9	2.540 4	2.952 2	3.425 9	3.970 3	4.595 0
17	1.184 3	1.400 2	1.652 8	1.947 9	2.292 0	2.692 8	3.158 8	3.700 0	4.327 6	5.054 5
18	1.196 1	1.428 2	1.702 4	2.025 8	2.406 6	2.854 3	3.379 9	3.996 0	4.717 1	5.559 9
19	1.208 1	1.456 8	1.753 5	2.106 8	2.527 0	3.025 6	3.616 5	4.315 7	5.141 7	6.115 9
20	1.220 2	1.485 9	1.806 1	2.191 1	2.653 3	3.207 1	3.869 7	4.661 0	5.604 4	6.727 5
21	1.232 4	1.515 7	1.860 3	2.278 8	2.786 0	3.399 6	4.140 6	5.033 8	6.108 8	7.400 2
22	1.244 7	1.546 0	1.916 1	2.369 9	2.925 3	3.603 5	4.430 4	5.436 5	6.658 6	8.140 3
23	1.257 2	1.576 9	1.973 6	2.464 7	3.071 5	3.819 7	4.740 5	5.871 5	7.257 9	8.954 3
24	1.269 7	1.608 4	2.032 8	2.563 3	3.225 1	4.048 9	5.072 4	6.341 2	7.911 1	9.849 7
25	1.282 4	1.640 6	2.093 8	2.665 8	3.386 4	4.291 9	5.427 4	6.848 5	8.623 1	10.834 7
26	1.295 3	1.673 4	2.156 6	2.772 5	3.555 7	4.549 4	5.807 4	7.396 4	9.399 2	11.918 2
27	1.308 2	1.706 9	2.221 3	2.883 4	3.733 5	4.822 3	6.213 9	7.988 1	10.245 1	13.110 0
28	1.321 3	1.741 0	2.287 9	2.998 7	3.920 1	5.111 7	6.648 8	8.627 1	11.167 1	14.421 0
29	1.334 5	1.775 8	2.356 6	3.118 7	4.116 1	5.418 4	7.114 3	9.317 3	12.172 2	15.863 1
30	1.347 8	1.811 4	2.427 3	3.243 4	4.321 9	5.743 5	7.612 3	10.062 7	13.267 7	17.449 4

续表

n\i	11%	12%	13%	14%	15%	16%	17%	18%	19%	20%
1	1.110 0	1.120 0	1.130 0	1.140 0	1.150 0	1.160 0	1.170 0	1.180 0	1.190 0	1.200 0
2	1.232 1	1.254 4	1.276 9	1.299 6	1.322 5	1.345 6	1.368 9	1.392 4	1.416 1	1.440 0
3	1.367 6	1.404 9	1.442 9	1.481 5	1.520 9	1.560 9	1.601 6	1.643 0	1.685 2	1.728 0
4	1.518 1	1.573 5	1.630 5	1.689 0	1.749 0	1.810 6	1.873 9	1.938 8	2.005 3	2.073 6
5	1.685 1	1.762 3	1.842 4	1.925 4	2.011 4	2.100 3	2.192 4	2.287 8	2.386 4	2.488 3
6	1.870 4	1.973 8	2.082 0	2.195 0	2.313 1	2.436 4	2.565 2	2.699 6	2.839 8	2.986 0
7	2.076 2	2.210 7	2.352 6	2.502 3	2.660 0	2.826 2	3.001 2	3.185 5	3.379 3	3.583 2
8	2.304 5	2.476 0	2.658 4	2.852 6	3.059 0	3.278 4	3.511 5	3.758 9	4.021 4	4.299 8
9	2.558 0	2.773 1	3.004 0	3.251 9	3.517 9	3.803 0	4.108 4	4.435 5	4.785 4	5.159 8
10	2.839 4	3.105 8	3.394 6	3.707 2	4.045 6	4.411 4	4.806 8	5.233 8	5.694 7	6.191 7
11	3.151 8	3.478 6	3.835 9	4.226 2	4.652 4	5.117 3	5.624 0	6.175 9	6.776 7	7.430 1
12	3.498 5	3.896 0	4.334 5	4.817 9	5.350 3	5.936 0	6.580 1	7.287 6	8.064 2	8.916 1
13	3.883 3	4.363 5	4.898 0	5.492 4	6.152 8	6.885 8	7.698 7	8.599 4	9.596 4	10.699 3
14	4.310 4	4.887 1	5.534 8	6.261 3	7.075 7	7.987 5	9.007 5	10.147 2	11.419 8	12.839 2
15	4.784 6	5.473 6	6.254 3	7.137 9	8.137 1	9.265 5	10.538 7	11.973 7	13.589 5	15.407 0
16	5.310 9	6.130 4	7.067 3	8.137 2	9.357 6	10.748 0	12.330 3	14.129 0	16.171 5	18.488 4
17	5.895 1	6.866 0	7.986 1	9.276 5	10.761 3	12.467 7	14.426 5	16.672 2	19.244 1	22.186 1
18	6.543 6	7.690 0	9.024 3	10.575 2	12.375 5	14.462 5	16.879 0	19.673 3	22.900 5	26.623 3
19	7.263 3	8.612 8	10.197 4	12.055 7	14.231 8	16.776 5	19.748 4	23.214 4	27.251 6	31.948 0
20	8.062 3	9.646 3	11.523 1	13.743 5	16.366 5	19.460 8	23.105 6	27.393 0	32.429 4	38.337 6
21	8.949 2	10.803 8	13.021 1	15.667 6	18.821 5	22.574 5	27.033 6	32.323 8	38.591 0	46.005 1
22	9.933 6	12.100 3	14.713 8	17.861 0	21.644 7	26.186 4	31.629 3	38.142 1	45.923 3	55.206 1
23	11.026 3	13.552 3	16.626 6	20.361 6	24.891 5	30.376 2	37.006 2	45.007 6	54.648 7	66.247 4
24	12.239 2	15.178 6	18.788 1	23.212 2	28.625 2	35.236 4	43.297 3	53.109 0	65.032 0	79.496 8
25	13.585 5	17.000 1	21.230 5	26.461 9	32.919 0	40.874 2	50.657 8	62.668 6	77.388 1	95.396 2
26	15.079 9	19.040 1	23.990 5	30.166 6	37.856 8	47.414 1	59.269 7	73.949 0	92.091 8	114.475 5
27	16.738 7	21.324 9	27.109 3	34.389 9	43.535 3	55.000 4	69.345 5	87.259 8	109.589 3	137.370 6
28	18.579 9	23.883 9	30.633 5	39.204 5	50.065 6	63.800 4	81.134 2	102.966 6	130.411 2	164.844 7
29	20.623 7	26.749 9	34.615 8	44.693 1	57.575 5	74.008 5	94.927 1	121.500 5	155.189 3	197.813 6
30	22.892 3	29.959 9	39.115 9	50.950 2	66.211 8	85.849 9	111.064 7	143.370 6	184.675 3	237.376 3

i / n	21%	22%	23%	24%	25%	26%	27%	28%	29%	30%
1	1.210 0	1.220 0	1.230 0	1.240 0	1.250 0	1.260 0	1.270 0	1.280 0	1.290 0	1.300 0
2	1.464 1	1.488 4	1.512 9	1.537 6	1.562 5	1.587 6	1.612 9	1.638 4	1.664 1	1.690 0
3	1.771 6	1.815 8	1.860 9	1.906 6	1.953 1	2.000 4	2.048 4	2.097 2	2.146 7	2.197 0
4	2.143 6	2.215 3	2.288 9	2.364 2	2.441 4	2.520 5	2.601 4	2.684 4	2.769 2	2.856 1
5	2.593 7	2.702 7	2.815 3	2.931 6	3.051 8	3.175 8	3.303 8	3.436 0	3.572 3	3.712 9
6	3.138 4	3.297 3	3.462 8	3.635 2	3.814 7	4.001 5	4.195 9	4.398 0	4.608 3	4.826 8
7	3.797 5	4.022 7	4.259 3	4.507 7	4.768 4	5.041 9	5.328 8	5.629 5	5.944 7	6.274 9
8	4.595 0	4.907 7	5.238 9	5.589 5	5.960 5	6.352 8	6.767 5	7.205 8	7.668 6	8.157 3
9	5.559 9	5.987 4	6.443 9	6.931 0	7.450 6	8.004 5	8.594 8	9.223 4	9.892 5	10.604 5
10	6.727 5	7.304 6	7.925 9	8.594 4	9.313 2	10.085 7	10.915 3	11.805 9	12.761 4	13.785 8
11	8.140 3	8.911 7	9.748 9	10.657 1	11.641 5	12.708 0	13.862 5	15.111 6	16.462 2	17.921 6
12	9.849 7	10.872 2	11.991 2	13.214 8	14.551 9	16.012 0	17.605 3	19.342 8	21.236 2	23.298 1
13	11.918 2	13.264 1	14.749 1	16.386 3	18.189 9	20.175 2	22.358 8	24.758 8	27.394 7	30.287 5
14	14.421 0	16.182 2	18.141 4	20.319 1	22.737 4	25.420 7	28.395 7	31.691 3	35.339 1	39.373 8
15	17.449 4	19.742 3	22.314 0	25.195 6	28.421 7	32.030 1	36.062 5	40.564 8	45.587 5	51.185 9
16	21.113 8	24.085 6	27.446 2	31.242 6	35.527 1	40.357 9	45.799 4	51.923 0	58.807 9	66.541 7
17	25.547 7	29.384 4	33.758 8	38.740 8	44.408 9	50.851 0	58.165 2	66.461 4	75.862 1	86.504 2
18	30.912 7	35.849 0	41.523 3	48.038 6	55.511 2	64.072 2	73.869 8	85.070 6	97.862 2	112.455 4
19	37.404 3	43.735 8	51.073 7	59.567 9	69.388 9	80.731 0	93.814 7	108.890 4	126.242 2	146.192 0
20	45.259 3	53.357 6	62.820 6	73.864 1	86.736 2	101.721 1	119.144 6	139.379 7	162.852 4	190.049 6
21	54.763 7	65.096 3	77.269 4	91.591 5	108.420 2	128.168 5	151.313 7	178.406 0	210.079 6	247.064 5
22	66.264 1	79.417 5	95.041 3	113.573 5	135.525 3	161.492 4	192.168 3	228.359 6	271.002 7	321.183 9
23	80.179 5	96.889 4	116.900 8	140.831 2	169.406 6	203.480 4	244.053 8	292.300 3	349.593 5	417.539 1
24	97.017 2	118.205 0	143.788 0	174.630 6	211.758 2	256.385 3	309.948 3	374.144 4	450.975 6	542.800 8
25	117.390 9	144.210 1	176.859 3	216.542 0	264.697 8	323.045 4	393.634 4	478.904 9	581.758 5	705.641 0
26	142.042 9	175.936 4	217.536 9	268.512 1	330.872 2	407.037 3	499.915 7	612.998 2	750.468 5	917.333 3
27	171.871 9	214.642 4	267.570 4	332.955 0	413.590 3	512.867 0	634.892 9	784.637 7	968.104 4	1192.533 3
28	207.965 1	261.863 7	329.111 5	412.864 2	516.987 9	646.212 4	806.314 0	1004.336 3	1248.854 6	1550.293 3
29	251.637 7	319.473 7	404.807 2	511.951 6	646.234 9	814.227 6	1024.018 7	1285.550 4	1611.022 5	2015.381 3
30	304.481 6	389.757 9	497.912 9	634.819 9	807.793 6	1025.926 7	1300.503 8	1645.504 6	2078.219 0	2619.995 6

附录二
复利现值系数表

i / n	1%	2%	3%	4%	5%	6%	7%	8%	9%	10%
1	0.990 1	0.980 4	0.970 9	0.961 5	0.952 4	0.943 4	0.934 6	0.925 9	0.917 4	0.909 1
2	0.980 3	0.961 2	0.942 6	0.924 6	0.907 0	0.890 0	0.873 4	0.857 3	0.841 7	0.826 4
3	0.970 6	0.942 3	0.915 1	0.889 0	0.863 8	0.839 6	0.816 3	0.793 8	0.772 2	0.751 3
4	0.961 0	0.923 8	0.888 5	0.854 8	0.822 7	0.792 1	0.762 9	0.735 0	0.708 4	0.683 0
5	0.951 5	0.905 7	0.862 6	0.821 9	0.783 5	0.747 3	0.713 0	0.680 6	0.649 9	0.620 9
6	0.942 0	0.888 0	0.837 5	0.790 3	0.746 2	0.705 0	0.666 3	0.630 2	0.596 3	0.564 5
7	0.932 7	0.870 6	0.813 1	0.759 9	0.710 7	0.665 1	0.622 7	0.583 5	0.547 0	0.513 2
8	0.923 5	0.853 5	0.789 4	0.730 7	0.676 8	0.627 4	0.582 0	0.540 3	0.501 9	0.466 5
9	0.914 3	0.836 8	0.766 4	0.702 6	0.644 6	0.591 9	0.543 9	0.500 2	0.460 4	0.424 1
10	0.905 3	0.820 3	0.744 1	0.675 6	0.613 9	0.558 4	0.508 3	0.463 2	0.422 4	0.385 5
11	0.896 3	0.804 3	0.722 4	0.649 6	0.584 7	0.526 8	0.475 1	0.428 9	0.387 5	0.350 5
12	0.887 4	0.788 5	0.701 4	0.624 6	0.556 8	0.497 0	0.444 0	0.397 1	0.355 5	0.318 6
13	0.878 7	0.773 0	0.681 0	0.600 6	0.530 3	0.468 8	0.415 0	0.367 7	0.326 2	0.289 7
14	0.870 0	0.757 9	0.661 1	0.577 5	0.505 1	0.442 3	0.387 8	0.340 5	0.299 2	0.263 3
15	0.861 3	0.743 0	0.641 9	0.555 3	0.481 0	0.417 3	0.362 4	0.315 2	0.274 5	0.239 4
16	0.852 8	0.728 4	0.623 2	0.533 9	0.458 1	0.393 6	0.338 7	0.291 9	0.251 9	0.217 6
17	0.844 4	0.714 2	0.605 0	0.513 4	0.436 3	0.371 4	0.316 6	0.270 3	0.231 1	0.197 8
18	0.836 0	0.700 2	0.587 4	0.493 6	0.415 5	0.350 3	0.295 9	0.250 2	0.212 0	0.179 9
19	0.827 7	0.686 4	0.570 3	0.474 6	0.395 7	0.330 5	0.276 5	0.231 7	0.194 5	0.163 5
20	0.819 5	0.673 0	0.553 7	0.456 4	0.376 9	0.311 8	0.258 4	0.214 5	0.178 4	0.148 6
21	0.811 4	0.659 8	0.537 5	0.438 8	0.358 9	0.294 2	0.241 5	0.198 7	0.163 7	0.135 1
22	0.803 4	0.646 8	0.521 9	0.422 0	0.341 8	0.277 5	0.225 7	0.183 9	0.150 2	0.122 8
23	0.795 4	0.634 2	0.506 7	0.405 7	0.325 6	0.261 8	0.210 9	0.170 3	0.137 8	0.111 7
24	0.787 6	0.621 7	0.491 9	0.390 1	0.310 1	0.247 0	0.197 1	0.157 7	0.126 4	0.101 5
25	0.779 8	0.609 5	0.477 6	0.375 1	0.295 3	0.233 0	0.184 2	0.146 0	0.116 0	0.092 3
26	0.772 0	0.597 6	0.463 7	0.360 7	0.281 2	0.219 8	0.172 2	0.135 2	0.106 4	0.083 9
27	0.764 4	0.585 9	0.450 2	0.346 8	0.267 8	0.207 4	0.160 9	0.125 2	0.097 6	0.076 3
28	0.756 8	0.574 4	0.437 1	0.333 5	0.255 1	0.195 6	0.150 4	0.115 9	0.089 5	0.069 3
29	0.749 3	0.563 1	0.424 3	0.320 7	0.242 9	0.184 6	0.140 6	0.107 3	0.082 2	0.063 0
30	0.741 9	0.552 1	0.412 0	0.308 3	0.231 4	0.174 1	0.131 4	0.099 4	0.075 4	0.057 3

续表

n \ i	11%	12%	13%	14%	15%	16%	17%	18%	19%	20%
1	0.900 9	0.892 9	0.885 0	0.877 2	0.869 6	0.862 1	0.854 7	0.847 5	0.840 3	0.833 3
2	0.811 6	0.797 2	0.783 1	0.769 5	0.756 1	0.743 2	0.730 5	0.718 2	0.706 2	0.694 4
3	0.731 2	0.711 8	0.693 1	0.675 0	0.657 5	0.640 7	0.624 4	0.608 6	0.593 4	0.578 7
4	0.658 7	0.635 5	0.613 3	0.592 1	0.571 8	0.552 3	0.533 7	0.515 8	0.498 7	0.482 3
5	0.593 5	0.567 4	0.542 8	0.519 4	0.497 2	0.476 1	0.456 1	0.437 1	0.419 0	0.401 9
6	0.534 6	0.506 6	0.480 3	0.455 6	0.432 3	0.410 4	0.389 8	0.370 4	0.352 1	0.334 9
7	0.481 7	0.452 3	0.425 1	0.399 6	0.375 9	0.353 8	0.333 2	0.313 9	0.295 9	0.279 1
8	0.433 9	0.403 9	0.376 2	0.350 6	0.326 9	0.305 0	0.284 8	0.266 0	0.248 7	0.232 6
9	0.390 9	0.360 6	0.332 9	0.307 5	0.284 3	0.263 0	0.243 4	0.225 5	0.209 0	0.193 8
10	0.352 2	0.322 0	0.294 6	0.269 7	0.247 2	0.226 7	0.208 0	0.191 1	0.175 6	0.161 5
11	0.317 3	0.287 5	0.260 7	0.236 6	0.214 9	0.195 4	0.177 8	0.161 9	0.147 6	0.134 6
12	0.285 8	0.256 7	0.230 7	0.207 6	0.186 9	0.168 5	0.152 0	0.137 2	0.124 0	0.112 2
13	0.257 5	0.229 2	0.204 2	0.182 1	0.162 5	0.145 2	0.129 9	0.116 3	0.104 2	0.093 5
14	0.232 0	0.204 6	0.180 7	0.159 7	0.141 3	0.125 2	0.111 0	0.098 5	0.087 6	0.077 9
15	0.209 0	0.182 7	0.159 9	0.140 1	0.122 9	0.107 9	0.094 9	0.083 5	0.073 6	0.064 9
16	0.188 3	0.163 1	0.141 5	0.122 9	0.106 9	0.093 0	0.081 1	0.070 8	0.061 8	0.054 1
17	0.169 6	0.145 6	0.125 2	0.107 8	0.092 9	0.080 2	0.069 3	0.060 0	0.052 0	0.045 1
18	0.152 8	0.130 0	0.110 8	0.094 6	0.080 8	0.069 1	0.059 2	0.050 8	0.043 7	0.037 6
19	0.137 7	0.116 1	0.098 1	0.082 9	0.070 3	0.059 6	0.050 6	0.043 1	0.036 7	0.031 3
20	0.124 0	0.103 7	0.086 8	0.072 8	0.061 1	0.051 4	0.043 3	0.036 5	0.030 8	0.026 1
21	0.111 7	0.092 6	0.076 8	0.063 8	0.053 1	0.044 3	0.037 0	0.030 9	0.025 9	0.021 7
22	0.100 7	0.082 6	0.068 0	0.056 0	0.046 2	0.038 2	0.031 6	0.026 2	0.021 8	0.018 1
23	0.090 7	0.073 8	0.060 1	0.049 1	0.040 2	0.032 9	0.027 0	0.022 2	0.018 3	0.015 1
24	0.081 7	0.065 9	0.053 2	0.043 1	0.034 9	0.028 4	0.023 1	0.018 8	0.015 4	0.012 6
25	0.073 6	0.058 8	0.047 1	0.037 8	0.030 4	0.024 5	0.019 7	0.016 0	0.012 9	0.010 5
26	0.066 3	0.052 5	0.041 7	0.033 1	0.026 4	0.021 1	0.016 9	0.013 5	0.010 9	0.008 7
27	0.059 7	0.046 9	0.036 9	0.029 1	0.023 0	0.018 2	0.014 4	0.011 5	0.009 1	0.007 3
28	0.053 8	0.041 9	0.032 6	0.025 5	0.020 0	0.015 7	0.012 3	0.009 7	0.007 7	0.006 1
29	0.048 5	0.037 4	0.028 9	0.022 4	0.017 4	0.013 5	0.010 5	0.008 2	0.006 4	0.005 1
30	0.043 7	0.033 4	0.025 6	0.019 6	0.015 1	0.011 6	0.009 0	0.007 0	0.005 4	0.004 2

续表

n\i	21%	22%	23%	24%	25%	26%	27%	28%	29%	30%
1	0.826 4	0.819 7	0.813 0	0.806 5	0.800 0	0.793 7	0.787 4	0.781 3	0.775 2	0.769 2
2	0.683 0	0.671 9	0.661 0	0.650 4	0.640 0	0.629 9	0.620 0	0.610 4	0.600 9	0.591 7
3	0.564 5	0.550 7	0.537 4	0.524 5	0.512 0	0.499 9	0.488 2	0.476 8	0.465 8	0.455 2
4	0.466 5	0.451 4	0.436 9	0.423 0	0.409 6	0.396 8	0.384 4	0.372 5	0.361 1	0.350 1
5	0.385 5	0.370 0	0.355 2	0.341 1	0.327 7	0.314 9	0.302 7	0.291 0	0.279 9	0.269 3
6	0.318 6	0.303 3	0.288 8	0.275 1	0.262 1	0.249 9	0.238 3	0.227 4	0.217 0	0.207 2
7	0.263 3	0.248 6	0.234 8	0.221 8	0.209 7	0.198 3	0.187 7	0.177 6	0.168 2	0.159 4
8	0.217 6	0.203 8	0.190 9	0.178 9	0.167 8	0.157 4	0.147 8	0.138 8	0.130 4	0.122 6
9	0.179 9	0.167 0	0.155 2	0.144 3	0.134 2	0.124 9	0.116 4	0.108 4	0.101 1	0.094 3
10	0.148 6	0.136 9	0.126 2	0.116 4	0.107 4	0.099 2	0.091 6	0.084 7	0.078 4	0.072 5
11	0.122 8	0.112 2	0.102 6	0.093 8	0.085 9	0.078 7	0.072 1	0.066 2	0.060 7	0.055 8
12	0.101 5	0.092 0	0.083 4	0.075 7	0.068 7	0.062 5	0.056 8	0.051 7	0.047 1	0.042 9
13	0.083 9	0.075 4	0.067 8	0.061 0	0.055 0	0.049 6	0.044 7	0.040 4	0.036 5	0.033 0
14	0.069 3	0.061 8	0.055 1	0.049 2	0.044 0	0.039 3	0.035 2	0.031 6	0.028 3	0.025 4
15	0.057 3	0.050 7	0.044 8	0.039 7	0.035 2	0.031 2	0.027 7	0.024 7	0.021 9	0.019 5
16	0.047 4	0.041 5	0.036 4	0.032 0	0.028 1	0.024 8	0.021 8	0.019 3	0.017 0	0.015 0
17	0.039 1	0.034 0	0.029 6	0.025 8	0.022 5	0.019 7	0.017 2	0.015 0	0.013 2	0.011 6
18	0.032 3	0.027 9	0.024 1	0.020 8	0.018 0	0.015 6	0.013 5	0.011 8	0.010 2	0.008 9
19	0.026 7	0.022 9	0.019 6	0.016 8	0.014 4	0.012 4	0.010 7	0.009 2	0.007 9	0.006 8
20	0.022 1	0.018 7	0.015 9	0.013 5	0.011 5	0.009 8	0.008 4	0.007 2	0.006 1	0.005 3
21	0.018 3	0.015 4	0.012 9	0.010 9	0.009 2	0.007 8	0.006 6	0.005 6	0.004 8	0.004 0
22	0.015 1	0.012 6	0.010 5	0.008 8	0.007 4	0.006 2	0.005 2	0.004 4	0.003 7	0.003 1
23	0.012 5	0.010 3	0.008 6	0.007 1	0.005 9	0.004 9	0.004 1	0.003 4	0.002 9	0.002 4
24	0.010 3	0.008 5	0.007 0	0.005 7	0.004 7	0.003 9	0.003 2	0.002 7	0.002 2	0.001 8
25	0.008 5	0.006 9	0.005 7	0.004 6	0.003 8	0.003 1	0.002 5	0.002 1	0.001 7	0.001 4
26	0.007 0	0.005 7	0.004 6	0.003 7	0.003 0	0.002 5	0.002 0	0.001 6	0.001 3	0.001 1
27	0.005 8	0.004 7	0.003 7	0.003 0	0.002 4	0.001 9	0.001 6	0.001 3	0.001 0	0.000 8
28	0.004 8	0.003 8	0.003 0	0.002 4	0.001 9	0.001 5	0.001 2	0.001 0	0.000 8	0.000 6
29	0.004 0	0.003 1	0.002 5	0.002 0	0.001 5	0.001 2	0.001 0	0.000 8	0.000 6	0.000 5
30	0.003 3	0.002 6	0.002 0	0.001 6	0.001 2	0.001 0	0.000 8	0.000 6	0.000 5	0.000 4

附录三
年金终值系数表

$\frac{i}{n}$	1%	2%	3%	4%	5%	6%	7%	8%	9%	10%
1	1.000 0	1.000 0	1.000 0	1.000 0	1.000 0	1.000 0	1.000 0	1.000 0	1.000 0	1.000 0
2	2.010 0	2.020 0	2.030 0	2.040 0	2.050 0	2.060 0	2.070 0	2.080 0	2.090 0	2.100 0
3	3.030 1	3.060 4	3.090 9	3.121 6	3.152 5	3.183 6	3.214 9	3.246 4	3.278 1	3.310 0
4	4.060 4	4.121 6	4.183 6	4.246 5	4.310 1	4.374 6	4.439 9	4.506 1	4.573 1	4.641 0
5	5.101 0	5.204 0	5.309 1	5.416 3	5.525 6	5.637 1	5.750 7	5.866 6	5.984 7	6.105 1
6	6.152 0	6.308 1	6.468 4	6.633 0	6.801 9	6.975 3	7.153 3	7.335 9	7.523 3	7.715 6
7	7.213 5	7.434 3	7.662 5	7.898 3	8.142 0	8.393 8	8.654 0	8.922 8	9.200 4	9.487 2
8	8.285 7	8.583 0	8.892 3	9.214 2	9.549 1	9.897 5	10.259 8	10.636 6	11.028 5	11.435 9
9	9.368 5	9.754 6	10.159 1	10.582 8	11.026 6	11.491 3	11.978 0	12.487 6	13.021 0	13.579 5
10	10.462 2	10.949 7	11.463 9	12.006 1	12.577 9	13.180 8	13.816 4	14.486 6	15.192 9	15.937 4
11	11.566 8	12.168 7	12.807 8	13.486 4	14.206 8	14.971 6	15.783 6	16.645 5	17.560 3	18.531 2
12	12.682 5	13.412 1	14.192 0	15.025 8	15.917 1	16.869 9	17.888 5	18.977 1	20.140 7	21.384 3
13	13.809 3	14.680 3	15.617 8	16.626 8	17.713 0	18.882 1	20.140 6	21.495 3	22.953 4	24.522 7
14	14.947 4	15.973 9	17.086 3	18.291 9	19.598 6	21.015 1	22.550 5	24.214 9	26.019 2	27.975 0
15	16.096 9	17.293 4	18.598 9	20.023 6	21.578 6	23.276 0	25.129 0	27.152 1	29.360 9	31.772 5
16	17.257 9	18.639 3	20.156 9	21.824 5	23.657 5	25.672 5	27.888 1	30.324 3	33.003 4	35.949 7
17	18.430 4	20.012 1	21.761 6	23.697 5	25.840 4	28.212 9	30.840 2	33.750 2	36.973 7	40.544 7
18	19.614 7	21.412 3	23.414 4	25.645 4	28.132 4	30.905 7	33.999 0	37.450 2	41.301 3	45.599 2
19	20.810 9	22.840 6	25.116 9	27.671 2	30.539 0	33.760 0	37.379 0	41.446 3	46.018 5	51.159 1
20	22.019 0	24.297 4	26.870 4	29.778 1	33.066 0	36.785 6	40.995 5	45.762 0	51.160 1	57.275 0
21	23.239 2	25.783 3	28.676 5	31.969 2	35.719 2	39.992 7	44.865 2	50.422 9	56.764 5	64.002 5
22	24.471 6	27.299 0	30.536 8	34.248 0	38.505 2	43.392 3	49.005 7	55.456 8	62.873 3	71.402 7
23	25.716 3	28.845 0	32.452 9	36.617 9	41.430 5	46.995 8	53.436 1	60.893 3	69.531 9	79.543 0
24	26.973 5	30.421 9	34.426 5	39.082 6	44.502 0	50.815 6	58.176 7	66.764 8	76.789 8	88.497 3
25	28.243 2	32.030 3	36.459 3	41.645 9	47.727 1	54.864 5	63.249 0	73.105 9	84.700 9	98.347 1
26	29.525 6	33.670 9	38.553 0	44.311 7	51.113 5	59.156 4	68.676 5	79.954 4	93.324 0	109.181 8
27	30.820 9	35.344 3	40.709 6	47.084 2	54.669 1	63.705 8	74.483 8	87.350 8	102.723 1	121.099 9
28	32.129 1	37.051 2	42.930 9	49.967 6	58.402 6	68.528 1	80.697 7	95.338 8	112.968 2	134.209 9
29	33.450 4	38.792 2	45.218 9	52.966 3	62.322 7	73.639 8	87.346 5	103.965 9	124.135 4	148.630 9
30	34.784 9	40.568 1	47.575 4	56.084 9	66.438 8	79.058 2	94.460 8	113.283 2	136.307 5	164.494 0

续表

i　n	11%	12%	13%	14%	15%	16%	17%	18%	19%	20%
1	1.000 0	1.000 0	1.000 0	1.000 0	1.000 0	1.000 0	1.000 0	1.000 0	1.000 0	1.000 0
2	2.110 0	2.120 0	2.130 0	2.140 0	2.150 0	2.160 0	2.170 0	2.180 0	2.190 0	2.200 0
3	3.342 1	3.374 4	3.406 9	3.439 6	3.472 5	3.505 6	3.538 9	3.572 4	3.606 1	3.640 0
4	4.709 7	4.779 3	4.849 8	4.921 1	4.993 4	5.066 5	5.140 5	5.215 4	5.291 3	5.368 0
5	6.227 8	6.352 8	6.480 3	6.610 1	6.742 4	6.877 1	7.014 4	7.154 2	7.296 6	7.441 6
6	7.912 9	8.115 2	8.322 7	8.535 5	8.753 7	8.977 5	9.206 8	9.442 0	9.683 0	9.929 9
7	9.783 3	10.089 0	10.404 7	10.730 5	11.066 8	11.413 9	11.772 0	12.141 5	12.522 7	12.915 9
8	11.859 4	12.299 7	12.757 3	13.232 8	13.726 8	14.240 1	14.773 3	15.327 0	15.902 0	16.499 1
9	14.164 0	14.775 7	15.415 7	16.085 3	16.785 8	17.518 5	18.284 7	19.085 9	19.923 4	20.798 9
10	16.722 0	17.548 7	18.419 7	19.337 3	20.303 7	21.321 5	22.393 1	23.521 3	24.708 9	25.958 7
11	19.561 4	20.654 6	21.814 3	23.044 5	24.349 3	25.732 9	27.199 9	28.755 1	30.403 5	32.150 4
12	22.713 2	24.133 1	25.650 2	27.270 7	29.001 7	30.850 2	32.823 9	34.931 1	37.180 2	39.580 5
13	26.211 6	28.029 1	29.984 7	32.088 7	34.351 9	36.786 2	39.404 0	42.218 7	45.244 5	48.496 6
14	30.094 9	32.392 6	34.882 7	37.581 1	40.504 7	43.672 0	47.102 7	50.818 0	54.840 9	59.195 9
15	34.405 4	37.279 7	40.417 5	43.842 4	47.580 4	51.659 5	56.110 1	60.965 3	66.260 7	72.035 1
16	39.189 9	42.753 3	46.671 7	50.980 4	55.717 5	60.925 0	66.648 8	72.939 0	79.850 2	87.442 1
17	44.500 8	48.883 7	53.739 1	59.117 6	65.075 1	71.673 0	78.979 2	87.068 0	96.021 8	105.930 6
18	50.395 9	55.749 7	61.725 1	68.394 1	75.836 4	84.140 7	93.405 6	103.740 3	115.265 9	128.116 7
19	56.939 5	63.439 7	70.749 4	78.969 2	88.211 8	98.603 2	110.284 6	123.413 5	138.166 4	154.740 0
20	64.202 8	72.052 4	80.946 8	91.024 9	102.443 6	115.379 7	130.032 9	146.628 0	165.418 0	186.688 0
21	72.265 1	81.698 7	92.469 9	104.768 4	118.810 1	134.840 5	153.138 5	174.021 0	197.847 4	225.025 6
22	81.214 3	92.502 6	105.491 0	120.436 0	137.631 6	157.415 0	180.172 1	206.344 8	236.438 5	271.030 7
23	91.147 9	104.602 9	120.204 8	138.297 0	159.276 4	183.601 4	211.801 3	244.486 8	282.361 8	326.236 9
24	102.174 2	118.155 2	136.831 5	158.658 6	184.167 8	213.977 6	248.807 6	289.494 5	337.010 5	392.484 2
25	114.413 3	133.333 9	155.619 6	181.870 8	212.793 0	249.214 0	292.104 9	342.603 5	402.042 5	471.981 1
26	127.998 8	150.333 9	176.850 1	208.332 7	245.712 0	290.088 3	342.762 7	405.272 1	479.430 6	567.377 3
27	143.078 6	169.374 0	200.840 6	238.499 3	283.568 8	337.502 4	402.032 3	479.221 1	571.522 4	681.852 8
28	159.817 3	190.698 9	227.949 9	272.889 2	327.104 1	392.502 8	471.377 8	566.480 9	681.111 6	819.223 3
29	178.397 2	214.582 8	258.583 4	312.093 7	377.169 7	456.303 2	552.512 1	669.447 5	811.522 8	984.068 0
30	199.020 9	241.332 7	293.199 2	356.786 8	434.745 1	530.311 7	647.439 1	790.948 0	966.712 2	1181.881 6

续表

n＼i	21％	22％	23％	24％	25％	26％	27％	28％	29％	30％
1	1.000 0	1.000 0	1.000 0	1.000 0	1.000 0	1.000 0	1.000 0	1.000 0	1.000 0	1.000 0
2	2.210 0	2.220 0	2.230 0	2.240 0	2.250 0	2.260 0	2.270 0	2.280 0	2.290 0	2.300 0
3	3.674 1	3.708 4	3.742 9	3.777 6	3.812 5	3.847 6	3.882 9	3.918 4	3.954 1	3.990 0
4	5.445 7	5.524 2	5.603 8	5.684 2	5.765 6	5.848 0	5.931 3	6.015 6	6.100 8	6.187 0
5	7.589 2	7.739 6	7.892 6	8.048 4	8.207 0	8.368 4	8.532 7	8.699 9	8.870 0	9.043 1
6	10.183 0	10.442 3	10.707 9	10.980 1	11.258 8	11.544 2	11.836 6	12.135 9	12.442 3	12.756 0
7	13.321 4	13.739 6	14.170 8	14.615 3	15.073 5	15.545 8	16.032 4	16.533 9	17.050 6	17.582 8
8	17.118 9	17.762 3	18.430 0	19.122 9	19.841 9	20.587 6	21.361 2	22.163 4	22.995 3	23.857 7
9	21.713 9	22.670 0	23.669 0	24.712 5	25.802 3	26.940 4	28.128 7	29.369 2	30.663 9	32.015 0
10	27.273 8	28.657 4	30.112 8	31.643 4	33.252 9	34.944 9	36.723 5	38.592 6	40.556 4	42.619 5
11	34.001 3	35.962 0	38.038 8	40.237 9	42.566 1	45.030 6	47.638 8	50.398 5	53.317 8	56.405 3
12	42.141 6	44.873 7	47.787 7	50.895 0	54.207 7	57.738 6	61.501 3	65.510 0	69.780 0	74.327 0
13	51.991 3	55.745 9	59.778 8	64.109 7	68.759 6	73.750 6	79.106 6	84.852 9	91.016 1	97.625 0
14	63.909 5	69.010 0	74.528 0	80.496 1	86.949 5	93.925 8	101.465 4	109.611 7	118.410 8	127.912 5
15	78.330 5	85.192 2	92.669 4	100.815 1	109.686 8	119.346 5	129.861 1	141.302 9	153.750 0	167.286 3
16	95.779 9	104.934 5	114.983 4	126.010 8	138.108 5	151.376 6	165.923 6	181.867 7	199.337 4	218.472 2
17	116.893 7	129.020 1	142.429 5	157.253 4	173.635 7	191.734 5	211.723 0	233.790 7	258.145 3	285.013 9
18	142.441 3	158.404 5	176.188 3	195.994 2	218.044 6	242.585 5	269.888 2	300.252 1	334.007 4	371.518 0
19	173.354 0	194.253 5	217.711 6	244.032 8	273.555 8	306.657 7	343.758 0	385.322 7	431.869 6	483.973 4
20	210.758 4	237.989 3	268.785 3	303.600 6	342.944 7	387.388 7	437.572 6	494.213 1	558.111 8	630.165 5
21	256.017 6	291.346 9	331.605 9	377.464 8	429.680 9	489.109 8	556.717 3	633.592 7	720.964 2	820.215 1
22	310.781 3	356.443 2	408.875 3	469.056 3	538.101 1	617.278 3	708.030 9	811.998 7	931.043 8	1 067.279 6
23	377.045 4	435.860 7	503.916 6	582.629 8	673.626 4	778.770 7	900.199 3	1 040.358 3	1 202.046 5	1 388.463 5
24	457.224 9	532.750 1	620.817 4	723.461 0	843.032 9	982.251 1	1 144.253 1	1 332.658 6	1 551.640 0	1 806.002 6
25	554.242 2	650.955 1	764.605 4	898.091 6	1 054.791 2	1 238.636 3	1 454.201 4	1 706.803 1	2 002.615 6	2 348.803 3
26	671.633 0	795.165 3	941.464 7	1 114.633 6	1 319.489 0	1 561.681 8	1 847.835 8	2 185.707 9	2 584.374 1	3 054.444 3
27	813.675 9	971.101 6	1 159.001 6	1 383.145 7	1 650.361 2	1 968.719 1	2 347.751 5	2 798.706 1	3 334.842 6	3 971.777 6
28	985.547 9	1 185.744 0	1 426.571 9	1 716.100 7	2 063.951 5	2 481.586 0	2 982.644 3	3 583.343 8	4 302.947 0	5 164.310 9
29	1 193.512 9	1 447.607 7	1 755.683 5	2 128.964 8	2 580.939 4	3 127.798 4	3 788.958 3	4 587.680 1	5 551.801 6	6 714.604 2
30	1 445.150 7	1 767.081 3	2 160.490 7	2 640.916 4	3 227.174 3	3 942.026 0	4 812.977 1	5 873.230 6	7 162.824 1	8 729.985 5

附录四
年金现值系数表

n \ i	1%	2%	3%	4%	5%	6%	7%	8%	9%	10%
1	0.990 1	0.980 4	0.970 9	0.961 5	0.952 4	0.943 4	0.934 6	0.925 9	0.917 4	0.909 1
2	1.970 4	1.941 6	1.913 5	1.886 1	1.859 4	1.833 4	1.808 0	1.783 3	1.759 1	1.735 5
3	2.941 0	2.883 9	2.828 6	2.775 1	2.723 2	2.673 0	2.624 3	2.577 1	2.531 3	2.486 9
4	3.902 0	3.807 7	3.717 1	3.629 9	3.546 0	3.465 1	3.387 2	3.312 1	3.239 7	3.169 9
5	4.853 4	4.713 5	4.579 7	4.451 8	4.329 5	4.212 4	4.100 2	3.992 7	3.889 7	3.790 8
6	5.795 5	5.601 4	5.417 2	5.242 1	5.075 7	4.917 3	4.766 5	4.622 9	4.485 9	4.355 3
7	6.728 2	6.472 0	6.230 3	6.002 1	5.786 4	5.582 4	5.389 3	5.206 4	5.033 0	4.868 4
8	7.651 7	7.325 5	7.019 7	6.732 7	6.463 2	6.209 8	5.971 3	5.746 6	5.534 8	5.334 9
9	8.566 0	8.162 2	7.786 1	7.435 3	7.107 8	6.801 7	6.515 2	6.246 9	5.995 2	5.759 0
10	9.471 3	8.982 6	8.530 2	8.110 9	7.721 7	7.360 1	7.023 6	6.710 1	6.417 7	6.144 6
11	10.367 6	9.786 8	9.252 6	8.760 5	8.306 4	7.886 9	7.498 7	7.139 0	6.805 2	6.495 1
12	11.255 1	10.575 3	9.954 0	9.385 1	8.863 3	8.383 8	7.942 7	7.536 1	7.160 7	6.813 7
13	12.133 7	11.348 4	10.635 0	9.985 6	9.393 6	8.852 7	8.357 7	7.903 8	7.486 9	7.103 4
14	13.003 7	12.106 2	11.296 1	10.563 1	9.898 6	9.295 0	8.745 5	8.244 2	7.786 2	7.366 7
15	13.865 1	12.849 3	11.937 9	11.118 4	10.379 7	9.712 2	9.107 9	8.559 5	8.060 7	7.606 1'
16	14.717 9	13.577 7	12.561 1	11.652 3	10.837 8	10.105 9	9.446 6	8.851 4	8.312 6	7.823 7
17	15.562 3	14.291 9	13.166 1	12.165 7	11.274 1	10.477 3	9.763 2	9.121 6	8.543 6	8.021 6
18	16.398 3	14.992 0	13.753 5	12.659 3	11.689 6	10.827 6	10.059 1	9.371 9	8.755 6	8.201 4
19	17.226 0	15.678 5	14.323 8	13.133 9	12.085 3	11.158 1	10.335 6	9.603 6	8.950 1	8.364 9
20	18.045 6	16.351 4	14.877 5	13.590 3	12.462 2	11.469 9	10.594 0	9.818 1	9.128 5	8.513 6
21	18.857 0	17.011 2	15.415 0	14.029 2	12.821 2	11.764 1	10.835 5	10.016 8	9.292 2	8.648 7
22	19.660 4	17.658 0	15.936 9	14.451 1	13.163 0	12.041 6	11.061 2	10.200 7	9.442 4	8.771 5
23	20.455 8	18.292 2	16.443 6	14.856 8	13.488 6	12.303 4	11.272 2	10.371 1	9.580 2	8.883 2
24	21.243 4	18.913 9	16.935 5	15.247 0	13.798 6	12.550 4	11.469 3	10.528 8	9.706 6	8.984 7
25	22.023 2	19.523 5	17.413 1	15.622 1	14.093 9	12.783 4	11.653 6	10.674 8	9.822 6	9.077 0
26	22.795 2	20.121 0	17.876 8	15.982 8	14.375 2	13.003 2	11.825 8	10.810 0	9.929 0	9.160 9
27	23.559 6	20.706 9	18.327 0	16.329 6	14.643 0	13.210 5	11.986 7	10.935 2	10.026 6	9.237 2
28	24.316 4	21.281 3	18.764 1	16.663 1	14.898 1	13.406 2	12.137 1	11.051 1	10.116 1	9.306 6
29	25.065 8	21.844 4	19.188 5	16.983 7	15.141 1	13.590 7	12.277 7	11.158 4	10.198 3	9.369 6
30	25.807 7	22.396 5	19.600 4	17.292 0	15.372 5	13.764 8	12.409 0	11.257 8	10.273 7	9.426 9

续表

i\n	11%	12%	13%	14%	15%	16%	17%	18%	19%	20%
1	0.900 9	0.892 9	0.885 0	0.877 2	0.869 6	0.862 1	0.854 7	0.847 5	0.840 3	0.833 3
2	1.712 5	1.690 1	1.668 1	1.646 7	1.625 7	1.605 2	1.585 2	1.565 6	1.546 5	1.527 8
3	2.443 7	2.401 8	2.361 2	2.321 6	2.283 2	2.245 9	2.209 6	2.174 3	2.139 9	2.106 5
4	3.102 4	3.037 3	2.974 5	2.913 7	2.855 0	2.798 2	2.743 2	2.690 1	2.638 6	2.588 7
5	3.695 9	3.604 8	3.517 2	3.433 1	3.352 2	3.274 3	3.199 3	3.127 2	3.057 6	2.990 6
6	4.230 5	4.111 4	3.997 5	3.888 7	3.784 5	3.684 7	3.589 2	3.497 6	3.409 8	3.325 5
7	4.712 2	4.563 8	4.422 6	4.288 3	4.160 4	4.038 6	3.922 4	3.811 5	3.705 7	3.604 6
8	5.146 1	4.967 6	4.798 8	4.638 9	4.487 3	4.343 6	4.207 2	4.077 6	3.954 4	3.837 2
9	5.537 0	5.328 2	5.131 7	4.946 4	4.771 6	4.606 5	4.450 6	4.303 0	4.163 3	4.031 0
10	5.889 2	5.650 2	5.426 2	5.216 1	5.018 8	4.833 2	4.658 6	4.494 1	4.338 9	4.192 5
11	6.206 5	5.937 7	5.686 9	5.452 7	5.233 7	5.028 6	4.836 4	4.656 0	4.486 5	4.327 1
12	6.492 4	6.194 4	5.917 6	5.660 3	5.420 6	5.197 1	4.988 4	4.793 2	4.610 5	4.439 2
13	6.749 9	6.423 5	6.121 8	5.842 4	5.583 1	5.342 3	5.118 3	4.909 5	4.714 7	4.532 7
14	6.981 9	6.628 2	6.302 5	6.002 1	5.724 5	5.467 5	5.229 3	5.008 1	4.802 3	4.610 6
15	7.190 9	6.810 9	6.462 4	6.142 2	5.847 4	5.575 5	5.324 2	5.091 6	4.875 9	4.675 5
16	7.379 2	6.974 0	6.603 9	6.265 1	5.954 2	5.668 5	5.405 3	5.162 4	4.937 7	4.729 6
17	7.548 8	7.119 6	6.729 1	6.372 9	6.047 2	5.748 7	5.474 6	5.222 3	4.989 7	4.774 6
18	7.701 6	7.249 7	6.839 9	6.467 4	6.128 0	5.817 8	5.533 9	5.273 2	5.033 3	4.812 2
19	7.839 3	7.365 8	6.938 0	6.550 4	6.198 2	5.877 5	5.584 5	5.316 2	5.070 0	4.843 5
20	7.963 3	7.469 4	7.024 8	6.623 1	6.259 3	5.928 8	5.627 8	5.352 7	5.100 9	4.869 6
21	8.075 1	7.562 0	7.101 6	6.687 0	6.312 5	5.973 1	5.664 8	5.383 7	5.126 8	4.891 3
22	8.175 7	7.644 6	7.169 5	6.742 9	6.358 7	6.011 3	5.696 4	5.409 9	5.148 6	4.909 4
23	8.266 4	7.718 4	7.229 7	6.792 1	6.398 8	6.044 2	5.723 4	5.432 1	5.166 8	4.924 5
24	8.348 1	7.784 3	7.282 9	6.835 1	6.433 8	6.072 6	5.746 5	5.450 9	5.182 2	4.937 1
25	8.421 7	7.843 1	7.330 0	6.872 9	6.464 1	6.097 1	5.766 2	5.466 9	5.195 1	4.947 6
26	8.488 1	7.895 7	7.371 7	6.906 1	6.490 6	6.118 2	5.783 1	5.480 4	5.206 0	4.956 3
27	8.547 8	7.942 6	7.408 6	6.935 2	6.513 5	6.136 4	5.797 5	5.491 9	5.215 1	4.963 6
28	8.601 6	7.984 4	7.441 2	6.960 7	6.533 5	6.152 0	5.809 9	5.501 6	5.222 8	4.969 7
29	8.650 1	8.021 8	7.470 1	6.983 0	6.550 9	6.165 6	5.820 4	5.509 8	5.229 2	4.974 7
30	8.693 8	8.055 2	7.495 7	7.002 7	6.566 0	6.177 2	5.829 4	5.516 8	5.234 7	4.978 9

续表

n \ i	21%	22%	23%	24%	25%	26%	27%	28%	29%	30%
1	0.826 4	0.819 7	0.813 0	0.806 5	0.800 0	0.793 7	0.787 4	0.781 3	0.775 2	0.769 2
2	1.509 5	1.491 5	1.474 0	1.456 8	1.440 0	1.423 5	1.407 4	1.391 6	1.376 1	1.360 9
3	2.073 9	2.042 2	2.011 4	1.981 3	1.952 0	1.923 4	1.895 6	1.868 4	1.842 0	1.816 1
4	2.540 4	2.493 6	2.448 3	2.404 3	2.361 6	2.320 2	2.280 0	2.241 0	2.203 1	2.166 2
5	2.926 0	2.863 6	2.803 5	2.745 4	2.689 3	2.635 1	2.582 7	2.532 0	2.483 0	2.435 6
6	3.244 6	3.166 9	3.092 3	3.020 5	2.951 4	2.885 0	2.821 0	2.759 4	2.700 0	2.642 7
7	3.507 9	3.415 5	3.327 0	3.242 3	3.161 1	3.083 3	3.008 7	2.937 0	2.868 2	2.802 1
8	3.725 6	3.619 3	3.517 9	3.421 2	3.328 9	3.240 7	3.156 4	3.075 8	2.998 6	2.924 7
9	3.905 4	3.786 3	3.673 1	3.565 5	3.463 1	3.365 7	3.272 8	3.184 2	3.099 7	3.019 0
10	4.054 1	3.923 2	3.799 3	3.681 9	3.570 5	3.464 8	3.364 4	3.268 9	3.178 1	3.091 5
11	4.176 9	4.035 4	3.901 8	3.775 7	3.656 4	3.543 5	3.436 5	3.335 1	3.238 8	3.147 3
12	4.278 4	4.127 4	3.985 2	3.851 4	3.725 1	3.605 9	3.493 3	3.386 8	3.285 9	3.190 3
13	4.362 4	4.202 8	4.053 0	3.912 4	3.780 1	3.655 5	3.538 1	3.427 2	3.322 4	3.223 3
14	4.431 7	4.264 6	4.108 2	3.961 6	3.824 1	3.694 9	3.573 3	3.458 7	3.350 7	3.248 7
15	4.489 0	4.315 2	4.153 0	4.001 3	3.859 3	3.726 1	3.601 0	3.483 4	3.372 6	3.268 2
16	4.536 4	4.356 7	4.189 4	4.033 3	3.887 4	3.750 9	3.622 8	3.502 6	3.389 6	3.283 2
17	4.575 5	4.390 8	4.219 0	4.059 1	3.909 9	3.770 5	3.640 0	3.517 7	3.402 8	3.294 8
18	4.607 9	4.418 7	4.243 1	4.079 9	3.927 9	3.786 1	3.653 6	3.529 4	3.413 0	3.303 7
19	4.634 6	4.441 5	4.262 7	4.096 7	3.942 4	3.798 5	3.664 2	3.538 6	3.421 0	3.310 5
20	4.656 7	4.460 3	4.278 6	4.110 3	3.953 9	3.808 3	3.672 6	3.545 8	3.427 1	3.315 8
21	4.675 0	4.475 6	4.291 6	4.121 2	3.963 1	3.816 1	3.679 2	3.551 4	3.431 9	3.319 8
22	4.690 0	4.488 2	4.302 1	4.130 0	3.970 5	3.822 3	3.684 4	3.555 8	3.435 6	3.323 0
23	4.702 5	4.498 5	4.310 6	4.137 1	3.976 4	3.827 3	3.688 5	3.559 2	3.438 4	3.325 4
24	4.712 8	4.507 0	4.317 6	4.142 8	3.981 1	3.831 2	3.691 8	3.561 9	3.440 6	3.327 2
25	4.721 3	4.513 9	4.323 2	4.147 4	3.984 9	3.834 2	3.694 3	3.564 0	3.442 3	3.328 6
26	4.728 4	4.519 6	4.327 8	4.151 1	3.987 9	3.836 7	3.696 3	3.565 6	3.443 7	3.329 7
27	4.734 2	4.524 3	4.331 6	4.154 2	3.990 3	3.838 7	3.697 9	3.566 9	3.444 7	3.330 5
28	4.739 0	4.528 1	4.334 6	4.156 6	3.992 3	3.840 2	3.699 1	3.567 9	3.445 5	3.331 2
29	4.743 0	4.531 2	4.337 1	4.158 5	3.993 8	3.841 4	3.700 1	3.568 7	3.446 1	3.331 7
30	4.746 3	4.533 8	4.339 1	4.160 1	3.995 0	3.842 4	3.700 9	3.569 3	3.446 6	3.332 1

参 考 文 献

[1] 财政部会计资格评价中心.财务管理 [M].北京：经济科学出版社，2022.

[2] 中国注册会计师协会.财务成本管理 [M].北京：中国财政经济出版社，2022.

[3] 王化成，刘俊彦，荆新.财务管理学 [M].9版.北京：中国人民大学出版社，2021.

[4] 孔德兰.财务管理实务 [M].3版.北京：高等教育出版社，2021.

[5] 刘娥平.企业财务管理 [M].2版.北京：北京大学出版社，2021.

[6] 鲍新中，徐鲲.财务管理案例教程 [M].北京：清华大学出版社，2021.